Unterrichtsmodell

Robert Musil

Die Verwirrungen des Zöglings Törleß

Erarbeitet von
Roland Kroemer und Thomas Zander

Herausgegeben von
Johannes Diekhans

EinFach DEUTSCH

Schöningh

Baustein 4: Die vier Zöglinge (S. 84–94 im Modell)

4.1	Figurencharakteristik	ges. Text	Schreibauftrag Tafelskizze
4.2	Törleß und Beineberg	S. 74–86 S. 169–174	Textarbeit Schreibauftrag Tafelskizze
4.3	Die ‚Projektionsfläche' Basini	S. 139–151 S. 136–139 S. 151–153	Textarbeit Schreibauftrag Tafelskizze

Baustein 5: Psychoanalytische Interpretation (S. 95–115 im Modell)

5.1	Sigmund Freud	ges. Text	Tafelskizze Arbeitsblatt 15 Arbeitsblatt 16
5.2	Instanzenmodell: Ich/Über-Ich/Es	S. 63–66 S. 151–153	Textarbeit szenisches Spiel Schreibauftrag Tafelskizze Arbeitsblatt 17 Arbeitsblatt 18
5.3	Der ödipale Konflikt	S. 38–49 ges. Text S. 199–200	Textarbeit Tafelskizze Schreibauftrag Arbeitsblatt 19 Arbeitsblatt 20

Baustein 6: Philosophische Perspektive – Krisenzeit um 1900 (S. 116–145 im Modell)

6.1	Friedrich Nietzsche	ges. Text	Tafelskizze Arbeitsblatt 21 Arbeitsblatt 22
6.2	Sprachskepsis	ges. Text	Textarbeit Schreibauftrag Tafelskizze Arbeitsblatt 23
6.3	Vernunftkritik	S. 102–124	Textarbeit Schreibauftrag Tafelskizze Arbeitsblatt 24 Arbeitsblatt 25 Arbeitsblatt 26 Arbeitsblatt 27
6.4	Der „Tod Gottes"	S. 12–14 S. 87–93	Textarbeit Schreibauftrag Tafelskizze Arbeitsblatt 28 Arbeitsblatt 29

Robert Musil: Die Verwirrungen des Zöglings Törleß

Baustein 1: Die Frage des Einstiegs (S. 18–29 im Modell)

1.1	Die Rezension	ges. Text	Schreibauftrag Arbeitsblatt 1
1.2	Die Kerngeschichte um Basini	ges. Text	Textarbeit Schreibauftrag szenisches Spiel Arbeitsblatt 2
1.3	Die ersten Seiten	S. 7–19	Textarbeit Tafelskizze

Baustein 2: Hintergrundwissen (S. 30–56 im Modell)

2.1	Robert Musil	ges. Text	Schreibauftrag Tafelskizze Arbeitsblatt 3 Arbeitsblatt 4 Arbeitsblatt 5 Arbeitsblatt 6 Arbeitsblatt 7
2.2	Die literarische Moderne	ges. Text	Tafelskizze Arbeitsblatt 8
2.3	Der Schulroman um 1900	ges. Text	Textarbeit Schreibauftrag Tafelskizze Arbeitsblatt 9 Arbeitsblatt 10

Baustein 3: Der Aufbau (S. 57–83 im Modell)

3.1	Die Gesamtstruktur	ges. Text	Arbeitsblatt 11 Arbeitsblatt 12
3.2	Der Bahnhof als Rahmen	S. 7–19 S. 199–200	Textarbeit Schreibauftrag Tafelskizze
3.3	Rückblick/Vorausblick – Der Erzähler	S. 7–19 S. 158–160	Textarbeit Schreibauftrag Tafelskizze
3.4	Die dramatische Struktur des Romans	ges. Text	Textarbeit Schreibauftrag Tafelskizze Arbeitsblatt 13 Arbeitsblatt 14

Bildnachweis

S. 9: Robert-Musil-Literatur-Museum, Klagenfurt
S. 45: © picture-alliance/dpa
S. 55, 56 o.: Burgenländisches Landesarchiv, Fotosammlung
S. 56 u.: Archiv der Arbeitsstelle für Österreichische Literatur & Kultur, Rober-Musil-Forschung. Aufgenommen für einen engeren Subskribentenkreis, herausgegeben von Joachim Steiner, k. u. k. Hauptmann

© 2007 Bildungshaus Schulbuchverlage
Westermann Schroedel Diesterweg Schöningh Winklers GmbH
Braunschweig, Paderborn, Darmstadt

www.schoeningh-schulbuch.de
Schöningh Verlag, Jühenplatz 1–3, 33098 Paderborn

Druck 5 4 3 2 1 / Jahr 2011 10 09 08 07
Die letzte Zahl bezeichnet das Jahr dieses Druckes.

Umschlaggestaltung: Peter Wypior, Bad Driburg
Umschlagmotiv: Szene aus dem Film „Der junge Törleß" (BRD/FR 1966, Regie: Volker Schlöndorff) © Cinetext
Druck und Bindung: AZ Druck und Datentechnik GmbH/Kempten (Allgäu)

ISBN 978-3-14-022400-0

Vorwort

Der vorliegende Band ist Teil einer Reihe, die Lehrerinnen und Lehrern erprobte und an den Bedürfnissen der Schulpraxis orientierte Unterrichtsmodelle zu ausgewählten Ganzschriften und weiteren relevanten Themen des Faches Deutsch bietet.

Im Mittelpunkt der Modelle stehen Bausteine, die jeweils thematische Schwerpunkte mit entsprechenden Untergliederungen beinhalten.

In übersichtlich gestalteter Form erhält der Benutzer/die Benutzerin zunächst einen Überblick zu den im Modell ausführlich behandelten Bausteinen.

Es folgen:

- Hinweise zu den Handlungsträgern
- Zusammenfassung des Inhalts und der Handlungsstruktur
- Vorüberlegungen zum Einsatz des Buches im Unterricht
- Hinweise zur Konzeption des Modells
- Ausführliche Darstellung der einzelnen Bausteine
- Zusatzmaterialien

Ein besonderes Merkmal der Unterrichtsmodelle ist die Praxisorientierung. Enthalten sind kopierfähige Arbeitsblätter, Vorschläge für Klassen- und Kursarbeiten, Tafelbilder, konkrete Arbeitsaufträge, Projektvorschläge. Handlungsorientierte Methoden sind in gleicher Weise berücksichtigt wie eher traditionelle Verfahren der Texterschließung und -bearbeitung.

Das Bausteinprinzip ermöglicht es dabei den Benutzern, Unterrichtsreihen in unterschiedlicher Weise und mit unterschiedlichen thematischen Akzentuierungen zu konzipieren. Auf diese Weise erleichtern die Modelle die Unterrichtsvorbereitung und tragen zu einer Entlastung der Benutzer bei.

Das vorliegende Modell bezieht sich auf folgende Textausgabe: Robert Musil: Die Verwirrungen des Zöglings Törleß. Reinbek bei Hamburg: Rowohlt (rororo)

 Arbeitsfrage

 Einzelarbeit

 Partnerarbeit

 Gruppenarbeit

 Unterrichtsgespräch

 Schreibauftrag

 szenisches Spiel, Rollenspiel

 Mal- und Zeichenauftrag

 Bastelauftrag

 Projekt, offene Aufgabe

Inhaltsverzeichnis

Die Verwirrungen des Zöglings Törleß

„Er hatte das Bedürfnis, rastlos nach einer Brücke, einem Zusammenhange, einem Vergleich zu suchen – zwischen sich und dem, was wortlos vor seinem Geiste stand.

Aber sooft er sich bei einem Gedanken beruhigt hatte, war wieder dieser unverständliche Einspruch da: Du lügst. Es war, als ob er eine unaufhörliche Division durchführen müsste, bei der immer wieder ein hartnäckiger Rest heraussprang, oder als ob er fiebernde Finger wundbemühte, um einen endlosen Knoten zu lösen."

Robert Musil: Die Verwirrungen des Zöglings Törleß, Reinbek bei Hamburg: Rowohlt, S. 92 (Abbildung: Titelseite der Erstausgabe von 1906)

Personen

Törleß:	Ein introvertierter, grübelnder Jugendlicher. Hat er nach dem Eintritt ins Internat unter großem Heimweh gelitten, schließt er sich bald den Mitschülern Reiting und Beineberg an, die zwar rauer und männlicher sind als er, bei denen er sich aber dennoch einen gewissen Respekt verschaffen kann. „Denn Törleß' Geist war der beweglichste. Einmal auf eine Fährte gesetzt, war er im Ausdenken der winkelzügigsten Kombinationen überaus fruchtbar. Es vermochte auch keiner so genau wie er die verschiedenen, von dem Verhalten eines Menschen in einer gegebenen Lage zu erwartenden Möglichkeiten vorauszusagen. Nur wo es sich darum handelte, einen Entschluss zu fassen, von den vorhandenen psychologischen Möglichkeiten eine auf eigene Gefahr als bestimmt anzunehmen und danach zu handeln, versagte er, verlor das Interesse und hatte keine Energie." (S. 56f.) Durch den Diebstahl des Mitschülers Basinis und dessen anschließende ‚Bestrafung' gerät Törleß in einen Mahlstrom intellektueller, sexueller und moralischer Verwirrungen, die er erst im Laufe der Romanhandlung überwinden kann.
Törleß' Eltern:	Sie treten am Anfang des Romans auf, als sie sich von ihrem Sohn am Bahnhof verabschieden. In der darauffolgenden Handlung sind sie lediglich in Form der sporadischen Briefe präsent, in denen sie die Normen und Werte einer gutbürgerlichen Welt vertreten. Am Ende des Romans holt Frau Törleß ihren nun erwachsen gewordenen Sohn aus dem Internat ab.
Der Fürstensohn H.:	Ein Zögling, der nur im Rückblick am Romananfang erwähnt wird. Für kurze Zeit hat Törleß Freundschaft mit ihm geschlossen, die aber bald im Streit über die Religiosität des Fürstensohns zerbricht.
Reiting:	Mitschüler von Törleß. Ein sadistischer, intriganter Machtmensch, der dennoch Charme besitzt. Er verkörpert eine realistische, pragmatische Sicht auf die Welt. „Reiting kannte kein größeres Vergnügen, als Menschen gegeneinander zu hetzen, den einen mithilfe des anderen unterzukriegen und sich an abgezwungenen Gefälligkeiten und Schmeicheleien zu weiden, hinter deren Hülle er noch das Widerstreben des Hasses fühlen konnte." (S. 55) Er überführt Basini des Diebstahls und ist auch für dessen anschließende, immer brutaler werdende ‚Bestrafung' verantwortlich. Gegen Romanende ist es seine Idee, Basini dem kollektiven Zorn der Klasse auszuliefern.
Beineberg:	Mitschüler von Törleß. Ebenso wie Reiting sadistisch und machtgierig, dabei aber stets auch auf der Suche nach einer transzendenten Welt. Er wirkt abgehoben und versponnen. „Seine Gelassenheit und seine philosophische Salbung flößten allen Misstrauen ein. Man vermutete garstige Exzesse irgendwelcher Art am Grunde seines Wesens." (S. 56) In Basini glaubt er, ein geeignetes Objekt für den Beweis seines fantastischen Weltbilds, eines Gemischs aus nur halb-

verdauten spiritistischen und buddhistischen Weisheiten, gefunden zu haben.

Basini: Ebenfalls ein Zögling in der Kadettenanstalt. „Er war etwas größer als Törleß, jedoch sehr schwächlich gebaut, hatte weiche, träge Bewegungen und weibische Gesichtszüge. Sein Verstand war gering, im Fechten und Turnen war er einer der letzten, doch war ihm eine angenehme Art koketter Liebenswürdigkeit eigen." (S. 70) Er stiehlt Beineberg Geld und gerät dadurch in Abhängigkeit von den drei anderen Zöglingen, die an ihm ihre sexuellen und sadistischen Bedürfnisse ausleben. Für Törleß wird Basini bald zur Personifikation der erahnten ‚anderen' Welt, zu einer Art Brennpunkt seiner Verwirrungen.

Boẑena: Heruntergekommene Prostituierte, die ihre Freier in einem Wirtshaus nahe dem Institut empfängt. „Sie war nicht geradezu hässlich geworden, aber ihr Gesicht entbehrte in auffallender Weise jeglicher Anmut, und sie gab sich förmlich Mühe, dies durch ihr Wesen noch mehr zur Geltung zu bringen." (S. 39) Nicht nur die Bauernburschen aus der Umgebung, auch die Zöglinge aus dem Internat besuchen sie hin und wieder, sind allerdings noch zu schüchtern, um mit ihr sexuell zu verkehren. Törleß erlebt seine ersten – sexuell konnotierten – Verwirrungen in der Konfrontation mit Boẑena, als er beim Anblick der Prostituierten auf einmal an seine Mutter denken muss.

Der Mathematik-lehrer: Ein Kopfmensch, der alles logisch und rational zu erklären versucht. „Er war ein junger Mann von höchstens dreißig Jahren; blond, nervös und ein ganz tüchtiger Mathematiker, welcher der Akademie schon einige wichtige Abhandlungen eingereicht hatte." (S. 106) Als Törleß das Rätselhafte der imaginären Zahlen bewusst wird, sucht er bei ihm Antworten – allerdings vergeblich: Der Lehrer hat ihm kaum mehr zu bieten als einen vagen Hinweis auf die Philosophie Kants.

Der Direktor: Tritt gegen Ende des Romans auf, als Törleß vor dem Lehrerkollegium sein Verhalten rechtfertigen soll. Für dessen ausschweifende philosophische Erklärungen hat er kein Verständnis. Er repräsentiert und personifiziert die Internatsordnung, alles andere scheint ihn wenig zu interessieren. So ist es nur konsequent, dass er Basini, aber auch Törleß schließlich aus dem Institut entlässt, stellen doch beide Zöglinge – der eine offensichtlich durch den Regelverstoß des Diebstahls, der andere subtil durch seine Fragen und Reflexionen – eine Gefahr für die soziale Ordnung dar.

Inhalt

Der Roman spielt in einer Kadettenanstalt der kaiserlich-königlichen Monarchie Österreich-Ungarn um 1900. Im Zentrum steht der pubertierende Zögling Törleß, der in der Konfrontation mit den Quälereien, die an einem Kameraden über Wochen hinweg von zwei anderen Zöglingen begangen werden, in eine Krise psychischer und intellektueller Verwirrungen gerät. Diese Verwirrungen lassen ihn bald an der Sinnhaftigkeit der gesamten Wirklichkeit zweifeln und sind erst gegen Ende der Handlung überwunden, als er das Internat, innerlich gereift und erwachsen geworden, verlässt.

Eingeleitet wird der Roman mit einer Abschiedsszene zwischen Törleß und seinen Eltern am Bahnhof, in die ein Rückblick auf die vergangenen vier Jahre im Internat eingeflochten ist. Der junge Törleß litt in der ersten Zeit unter starkem Heimweh und fühlte sich fremd in der neuen Welt der Anstalt. Nach der kurzen Freundschaft mit dem frommen Fürstensohn H., die durch einen Streit über religiöse Dinge bald wieder endete, schloss er sich den etwas älteren Kameraden Reiting und Beineberg an, die auch zum Zeitpunkt, an dem die aktuelle Handlung einsetzt, seine wichtigsten Bezugspersonen sind.

Nach der Verabschiedung von den Eltern besuchen Törleß und Beineberg die Prostituierte Božena, die in einem alten Wirtshaus in der Nähe der Schule wohnt. Obwohl die Zöglinge noch zu schüchtern sind, als dass sie als Freier zu Božena kämen, macht Törleß bereits die bloße Unterhaltung mit ihr verlegen. Durch ihre sexuellen Anspielungen verunsichert, glaubt er plötzlich, hinter dem normalen Alltag eine ‚andere', schmutzige und unheimliche Welt zu erahnen, die sich jedem sprachlichen und gedanklichen Zugriff entzieht.

In der Kadettenanstalt zurückgekehrt, erfährt Törleß, dass der Mitschüler Basini Beinebergs Schrank heimlich aufgebrochen und Geld gestohlen hat. Reiting hat ihn überführt und bespricht mit Beineberg und Törleß in einer verborgenen, nur ihnen bekannten Kammer auf dem Dachboden, was sie mit Basini nun unternehmen sollten. Törleß ist entsetzt darüber, dass ein Mitschüler gegen die Internatsordnung – und damit gegen die gesellschaftlichen Normen als Ganzes – verstoßen hat. Die Selbstverständlichkeit des Alltags, ja der gesamten Wirklichkeit erscheint ihm zunehmend fragwürdig.

Törleß' Verwirrungen steigern sich kurz darauf, als Reiting und Beineberg beschließen, Basini nicht beim Direktor anzuzeigen, sondern künftig zu überwachen. Was anfangs wie der Versuch erscheinen mag, Basini auf den rechten Pfad der Tugend zurückzuführen, entpuppt sich bald als eine Möglichkeit für Reiting und Beineberg, ihre sexuellen Triebe an einem hilflosen Opfer auszuleben. Immer brutaler und sadistischer werden ihre Methoden. Törleß beobachtet die Eskalation der Quälereien, an denen er sich selbst nie beteiligt, eine Weile lang, hofft er doch, durch diese Konfrontation seine immer existenzieller werdende Verunsicherung erklären zu können. Doch bald muss er erkennen, dass die Handlungen seiner Kameraden nur grob und dumm sind, sicherlich aber nicht geheimnisvoll.

Auch die Gespräche mit Beineberg, der sich zwar ebenfalls für philosophische Themen interessiert, sich aber in ein fantastisches esoterisches Weltbild eingesponnen hat, das scheinbar keine Fragen mehr offen lässt, helfen Törleß nicht weiter. Er ist auf sich selbst zurückgeworfen. Besonders deutlich wird seine Einsamkeit, als er sich im Park des Internats auf den Boden legt und in den Himmel schaut. Mit einem Mal wird ihm bewusst, wie rätselhaft die Vorstellung der Unendlichkeit ist. Er gerät in einen Mahlstrom der Verwirrungen und muss erkennen, dass sein gesamtes Weltbild, alle bisherigen Selbstverständlichkeiten ins Wanken geraten.

Von dieser wachsenden Unsicherheit ist bald auch die Mathematik betroffen. Durch die Auseinandersetzung mit den imaginären Zahlen, die für Törleß ähnlich wie das Unendliche plötzlich mysteriös werden, fürchtet er, dass sich selbst hier, in der scheinbar so festen und klar geordneten Welt der exakten Werte und Vorschriften, ein irrationaler Abgrund auftut. Der Mathematiklehrer, den Törleß für ein klärendes Gespräch aufsucht, kann ihm nicht weiterhelfen, er begreift die Problematik gar nicht erst. Und auch ein Buch von Immanuel Kant, auf das der Lehrer am Ende des Gesprächs verweist, bringt keine Lösung: Törleß gibt die mühsame Lektüre schon nach wenigen Seiten frustriert auf.

Nach dieser Enttäuschung richtet sich seine Aufmerksamkeit nun verstärkt auf Basini. Törleß hofft, in diesem Kameraden, der ja durch den begangenen Diebstahl der Auslöser seiner Verwirrungen ist, endlich den richtigen Gesprächspartner gefunden zu haben. Doch auch Basini hat kein Verständnis für die vorgetragenen Fragen. Allmählich wird deutlich, dass Törleß bei ihm in Wirklichkeit etwas ganz anderes sucht als intellektuelle Antworten. Hat er es bislang auch verdrängen können, so wird ihm nun immer bewusster, dass er Basini sexuell begehrt. Vorsichtig nähern sich die beiden Zöglinge einander an, bis Basini Törleß schließlich verführt. Für ein paar Tage lässt sich Törleß auf eine homoerotische Beziehung ein, dann aber wendet er sich kühl von Basini ab. Seine Verwirrungen sind nun überwunden.

Auch Reiting und Beineberg verlieren allmählich ihr Interesse an Basini. Noch einmal quälen sie ihn bis aufs Äußerste, dann beschließen sie, ihn der Klasse auszuliefern. Die Ereignisse überstürzen sich. Nachdem Basini von den Schülern für seine Verfehlung kollektiv bestraft wurde, erfahren auch die Lehrer von den Vorgängen. Eine Untersuchung wird durchgeführt. Reiting und Beineberg gelingt es, die Kommission von der alleinigen Schuld Basinis zu überzeugen. Er wird strafweise aus der Anstalt entlassen.

Schließlich muss auch Törleß vor den Lehrern aussagen. Befragt nach seinen Beweggründen im Falle Basini, nimmt er die Gelegenheit zum Anlass, über seine zurückliegenden Verwirrungen zu sprechen. Dabei gelingt es ihm zum ersten Mal, seine Probleme adäquat zu beschreiben. Den Lehrern, die seine Ausführungen nicht wirklich verstehen, fühlt er sich sogar überlegen. Er ist innerlich gereift, erwachsen geworden. Das Kadettenleben hat ihm nichts mehr zu bieten. Auch er verlässt das Internat.

Vorüberlegungen zum Einsatz des Romans im Unterricht

Robert Musils Erstlingsroman „Die Verwirrungen des Zöglings Törleß" sorgte bei seinem Erscheinen im Jahr 1906 durch seine offenen Schilderungen der Homosexualität unter Jugendlichen bei vielen bürgerlichen Lesern für Irritationen und Ärger. Beschrieb der 25-Jährige darin doch nichts weniger als gewalttätige, sadomasochistische Exzesse unter den Zöglingen einer elitären, kaiserlich-königlichen Militärakademie. Doch welche Aktualität kann diese Geschichte gut hundert Jahre später noch entfalten? Kann sie mit ihrer Darstellung der Sexualität unter Jugendlichen heute noch provozieren? Wohl kaum, hält sich der Roman doch bei der Schilderung konkreter Handlungen sehr bedeckt, deutet sie nur an. Im modernen Internet-Zeitalter sind sehr viel genauere Bilder sexueller Handlungen frei verfügbar – auch für Jugendliche. Doch wie sieht es mit der tatsächlichen Kommunikation über die eigene Sexualität unter Jugendlichen aus, mit ihrem Gefühls- und Seelenhaushalt abseits aller behaupteten und zur Schau gestellten Coolness? Was kann die Geschichte um Törleß, Basini, Reiting und Beineberg heutigen Jugendlichen sagen über sich selbst?

Der Roman kann auch heute noch als aussagekräftige, weil allgemeingültige Studie über die Unsicherheiten, Leidenschaften, Ängste und Abgründe des Heranwachsens gelesen werden. Doch er bietet viel mehr als eine bloße Studie über Pubertät. Er ist zugleich eine Parabel über soziale, gesellschaftliche, letztlich auch politische Mechanismen, über Verfahren des Ausgrenzens, des Folterns, des Mobbings und über die Frage persönlicher Verantwortung und Schuld. Heute wie damals kann er hitzige und kontroverse Debatten auslösen über die Fragen, ob sich Basini gegen seine Peiniger nicht heftiger zur Wehr hätte setzen müssen und inwieweit sich Törleß in gleicher Weise schuldig macht durch seine Zurückhaltung, seine passive Beobachterhaltung wie die aktiven Täter Reiting und Beineberg. Walter Jens spitzt dies zu: „hier wird die Geschichte eines Quasi-Mords aus der Perspektive des Ästheten geschildert, dem gerade das Grauenhafteste zur Beförderung seines Fühl- und Erkenntnisvermögens zu dienen hat."[1]

Jugendliche wachsen heute in einer Welt auf, in der ihre Zukunft, ihre soziale Rolle, ihre Identität mindestens ebenso unsicher sind wie vor hundert Jahren zur Zeit der Romanveröffentlichung. In einer Welt, in der sie ebenfalls in der Schule mit Gewalt und Ausgrenzung konfrontiert werden können, in der sie aber über moderne Massenmedien noch zusätzlich mit der Realität von Kriegen, Folterungen, Gewaltexzessen konfrontiert werden. Die grundlegende Problematik, wie man sich richtig verhält, um nicht selbst Opfer zu werden, inwieweit das richtige Verhalten kompliziert sein kann, welche ethischen, moralischen Werte heute eigentlich noch Gewicht haben und ob es sich für sie einzusetzen lohnt, kann der Roman in all ihrer Widersprüchlichkeit aufzeigen helfen und somit zum Nachdenken anregen. Denn er setzt an den Unsicherheiten und Brüchen eines Epochenwandels an, der bis heute anhält. Die geschützte „solid bürgerliche" Welt mit ihren Werten von Verständnis, Zärtlichkeit, Liebe, in der Törleß aufgewachsen ist, bedeutet in der rauen Internatswelt, die als ein Mikrokosmos der Gesellschaft konzipiert ist, nichts mehr. Sie wird abgelöst vom Recht des Stärkeren und von divergierenden Weltbildern, die sich nicht mehr verbinden lassen. Jegliche Autorität der Lehrer oder der Eltern mit ihren altbacken wirkenden, starr gewordenen oder schlicht überkommenen Idealen ist verloren gegangen. Die Jugendlichen müs-

---

[1] Walter Jens: Sadistische Spiele auf dem Dachboden: *Die Verwirrungen des Zöglings* Törless. In: Marcel Reich-Ranicki (Hg.): Romane von gestern – heute gelesen. Band I. 1900–1918. Erweiterte, aktualisierte Auflage. Frankfurt a. M. 1996, S. 55–63; hier: S. 56. (Siehe Zusatzmaterial 1.)

sen sich ihren Platz selbst erkämpfen oder behaupten. Wem dies nicht gelingt – wie Basini –, der geht gnadenlos unter. Funktioniert die Gesellschaft heute so? Gibt es Alternativen? Was kann man selber tun? Diese Fragen können im Unterricht eine Reflexion über gesellschaftliche Zustände und etwaige Verbesserungsmöglichkeiten auslösen. Gerade die Identifikation mit der Figur Törleß, aus dessen Perspektive die Geschichte erlebt wird, kann es den Schülerinnen und Schülern ermöglichen, ihre eigenen Unsicherheiten, Fragen, ihre Suche nach Wahrheiten und gültigen Antworten wie in einem Spiegel zu betrachten und sich über die eigenen Einstellungen zu befragen.

Wie vielfach bereits analysiert wurde, gelingt Musil mit diesem Roman auch eine erstaunlich hellsichtige Vorausschau auf die Exzesse und Brutalitäten des Dritten Reichs. Vom kaltblütig planenden und die Tat antreibenden Reiting, dem sadistischen Ideologen und ‚Weltverbesserer' Beineberg über den Mitläufer oder interessierten Wissenschaftler Törleß bis hin zum Opfer Basini werden Täter- und Opfertypologien, die später im Jahrhundert wirksam werden, erschreckend genau vorhergesagt und beschrieben. Auch auf diesen vieldiskutierten Bezug sollte der Unterricht eingehen, ermöglicht er doch einen Blick von einer neuen Seite auf die Verhaltensmuster im Dritten Reich.

Auch der geistesgeschichtlich-philosophische Gehalt des Romans bietet sich für eine ausführliche Bearbeitung im Unterricht an, kennzeichnet er doch einen Epochenwandel um 1900, der bis heute weiterwirkt und sich immer mehr ausdifferenziert. Um die Jahrhundertwende kam es zu einem Bruch des Denkens, zu Erschütterungen im traditionellen Weltbild, für die Nietzsches Philosophie, Freuds Psychoanalyse oder Einsteins Relativitätstheorie beispielhaft genannt werden können. Die literarische Moderne, zu der auch Musils Roman zählt, reagiert darauf mit einer neuen Sicht auf die Wirklichkeit, die das Zufällige, Heterogene, Disparate allen Geschehens betont und das Subjekt beschreibt in seiner problematisch gewordenen Suche nach Identität und Wahrheit. Im Brüchigwerden der Gewissheiten erhält das Subjekt zwar größere Handlungsfreiheit, die aber ebenso mit Gefühlen existenzieller Angst, Fremdheit, Verlassenheit einhergehen kann. Die Darstellung psychischer Innenwelten gerät in den Fokus der Beschreibung. Die Realität der Außenwelt wird fragwürdig, erscheint als konstruiert von den eigenen Wahrnehmungen. So erscheint die Welt zunehmend als paradox, fragmentarisch und widersprüchlich. Genau diesen Bezug zwischen dem Roman und dem in ihn eingeschriebenen Epochenbruch möchte das vorliegende Unterrichtsmodell aufzeigen und für eine Vermittlung im Unterricht fruchtbar machen. Denn Törleß erlebt diesen Bruch am eigenen Leib, der Riss der Epoche geht mitten durch sein Leben, verwirrt ihn existenziell. Er sucht nach Antworten und ist zerrissen durch den permanenten Wechsel der Perspektive und des damit verbundenen Anderswerdens der Realität. Gerade in der heutigen Zeit virtueller Realitäten und der immer schwieriger, weil komplexer werdenden Suche nach einer Identität kann die pragmatische Lösung der Verwirrungen, die Musil für Törleß am Ende anbietet, dabei ein besonders hilfreicher Denkanstoß sein.

Grundlagenliteratur:

Berghahn, Wilfried: Robert Musil. Hamburg 1963.

Corino, Karl: Törleß ignotus. Zu den biografischen Hintergründen von Robert Musils Roman „Die Verwirrungen des Zöglings Törleß". In: Text und Kritik 21/22 (1968), S. 18–25.

Corino, Karl: Robert Musil. Leben und Werk in Bildern und Texten. Reinbek bei Hamburg 1992.

Corino, Karl: Robert Musil. Eine Biografie. Hamburg 2003.

Johann, Klaus: Grenze und Halt: Der Einzelne im „Haus der Regeln". Zur deutschsprachigen Internatsliteratur. Heidelberg 2003, S. 206–422.

Kroemer, Roland: Ein endloser Knoten? Robert Musils „Verwirrungen des Zöglings Törleß" im Spiegel soziologischer, psychoanalytischer und philosophischer Diskurse. München 2004.

Luserke, Matthias: Robert Musil. Stuttgart 1995.

Pekar, Thomas: Robert Musil zur Einführung. Hamburg 1997.

Für die Hand der Schülerinnen und Schüler:

Eisenbeis, Manfred: Die Verwirrungen des Zöglings Törleß. Lektüreschlüssel für Schüler. Stuttgart 2004.

Grobe, Horst: Erläuterungen zu Robert Musil: Die Verwirrungen des Zöglings Törleß. Hollfeld 2006.

Grossmann, Bernhard: Robert Musil. Die Verwirrungen des Zöglings Törleß. Oldenbourg Interpretationen. 3., überarbeitete und korrigierte Auflage. München 1997.

Reisner, Hanns-Peter: Robert Musil. Die Verwirrungen des Zöglings Törleß. Lektürehilfen. Stuttgart 2007.

Schröder-Werle, Renate: Robert Musil. Die Verwirrungen des Zöglings Törleß. Erläuterungen und Dokumente. Stuttgart 2001.

Vorschläge für Klausuren und Facharbeiten sind im Zusatzmaterial 4, S. 152 zu finden.

Konzeption des Unterrichtsmodells

Das vorliegende Unterrichtsmodell versucht mithilfe unterschiedlicher Verfahren Schülerinnen und Schülern einen Zugang zum Roman „Die Verwirrungen des Zöglings Törleß" zu vermitteln. Textanalytische Zugriffe spielen dabei in gleicher Weise eine Rolle wie handlungs- und produktionsorientierte Verfahren. Insbesondere wurde bei der Konzeption der Bausteine darauf geachtet, durch geeignete Aufgabenstellungen, Diskussionsanregungen etc. eine Beziehung zwischen dem vor über 100 Jahren erschienenen Roman und der Lebenswirklichkeit heutiger Jugendlicher herzustellen.

Mit dem **Baustein 1** werden zunächst unterschiedliche Methoden vorgestellt, einen Einstieg in die Erarbeitung des Romans zu gestalten. Sie verstehen sich als Ergänzungen zum bekannten allgemeinen Erfahrungsaustausch über die Leseeindrücke. Bereits in diesem Baustein geht es zudem um eine erste unmittelbare Auseinandersetzung mit dem Text, da zum einen die „Kerngeschichte um Basini" thematisiert wird, zum anderen die „ersten Seiten" untersucht werden.

Baustein 2 versucht ein differenziertes Hintergrundwissen zum „Törleß" zu vermitteln. Dabei geht es zunächst um Informationen über Leben und Werk Robert Musils; danach um die Epoche der literarischen Moderne, in die der Roman einzuordnen ist; und schließlich um das um 1900 entstehende literarische Genre des Schulromans, wobei hier auch auf Musils eigene Zeit in Kadettenanstalten eingegangen wird.

Im **Baustein 3** wird der Aufbau des Romans untersucht. Dabei rücken Textpassagen, die für die Gesamtstruktur von besonderer Bedeutung sind – zum einen die Bahnhofsszene, zum anderen der Rückblick und der Vorausblick – ins Zentrum der Analyse. Auch die Rolle des Erzählers ist hier genauer zu betrachten. Abschließend soll herausgearbeitet werden, ob und inwiefern die Handlung des „Törleß" der dramatischen Struktur eines fünfaktigen Dramas folgt.

Im **Baustein 4** geht es um die vier Zöglinge Törleß, Reiting, Beineberg und Basini und ihre Beziehungen zueinander. Besondere Aufmerksamkeit gewinnen dabei die für den Handlungsverlauf besonders wichtigen Beziehungen Törleß/Beineberg und Törleß/Basini.

Baustein 5 stellt eine Möglichkeit vor, wie der Roman, insbesondere die mit der erwachenden Sexualität verbundenen Verwirrungen der Hauptfigur vor dem Hintergrund psychoanalytischer Erkenntnisse interpretiert werden könnten. Sigmund Freuds Instanzenmodell (Ich, Über-Ich, Es) und der Ödipuskomplex stehen dabei im Zentrum.

Baustein 6 stellt den „Törleß" in Zusammenhang mit dem Epochenwandel um 1900, der mit einer tiefgreifenden Erschütterung des traditionellen Welt- und Wirklichkeitsbildes verbunden ist. Zur Vertiefung dienen hier insbesondere Texte Friedrich Nietzsches, des für diese Krisenzeit repräsentativsten Philosophen. Besondere Gewichtung erhalten dabei die Themen „Sprachskepsis", „Vernunftkritik" und „Tod Gottes".

Das Unterrichtsmodell ist so konzipiert, dass die Kenntnis des gesamten Romans vor dem Beginn der Erarbeitung vorausgesetzt wird.

Die thematischen Bausteine des Unterrichtsmodells

Die Frage des Einstiegs

Im Baustein 1 soll sichergestellt werden, dass die Schülerinnen und Schüler trotz der zum Teil schwierigen Sprache des Romans und seiner anspruchsvollen, psychologisch wie philosophisch komplexen Thematik in die Geschichte hineinfinden und im Idealfall einen persönlichen Bezug zu ihr entwickeln. Er soll die Schüler motivieren, sich auf die Problematik der Verwirrungen des in etwa Gleichaltrigen einzulassen, ohne sie dabei zu überfordern. Die drei vorgestellten Unterrichtsschritte bauen nicht aufeinander auf und können daher auch einzeln bearbeitet werden. Voraussetzung bei all diesen Verfahren ist, dass alle Schülerinnen und Schüler den Roman gelesen haben. Im Einzelnen geht es um:

- das Verfassen einer Rezension
- die Kerngeschichte um Basini
- die Analyse der ersten Seiten

1.1 Die Rezension

Die Schülerinnen und Schüler arbeiten weitgehend selbstständig in Gruppen. Jede Gruppe erhält ein großes Blatt Papier (Rückseite eines Plakats o. Ä.) und schreibt den Titel „Die Verwirrungen des Zöglings Törleß" in die Mitte. Nun schreiben sie über einen bestimmten Zeitraum (5 – 10 Minuten) Begriffe um den Titel herum auf das Plakat, ohne dabei miteinander zu sprechen. Dabei kann es sich um Wertungsaspekte, inhaltliche Gesichtspunkte oder Verstehensakzente handeln. Abschließend erhalten sie folgenden Auftrag:

> ■ *Sie haben wahrscheinlich zahlreiche Begriffe um den Titel herum aufgeschrieben. Einigen Sie sich in der Gruppe auf sechs zentrale Begriffe, die Ihnen besonders wichtig erscheinen, und kreisen Sie diese rot ein. Begründen Sie im Anschluss vor dem Kurs Ihre Wahl.*

Es wird nun wahrscheinlich eine lebhafte Diskussion einsetzen, in der die Schülerinnen und Schüler ihre persönlichen Zugangsweisen und Verstehensmomente in Bezug auf den Text vor der Klasse begründen. Daran anknüpfend kann folgender Schreibauftrag anschließen:

■ *Stellen Sie sich vor, Sie sind in einer Zeitung als Literaturredakteur angestellt und müssten nun eine Rezension über den Roman schreiben. Verwenden Sie für diese Rezension die sechs zentralen Begriffe Ihrer Gruppe. In diese Rezension können selbstverständlich auch Ihre Probleme mit dem Text eingehen. Beschreiben Sie nicht nur, worum es in dem Buch geht, sondern bewerten Sie dieses auch. Würden Sie dieses Buch weiterempfehlen? Für welche Zielgruppe eignet es sich?*

Das ausgewählte und in den Texten verwendete Begriffsrepertoire gibt der Lehrperson deutlich Aufschluss über den Verstehenshorizont und die Erarbeitungsinteressen der Schülerinnen und Schüler. Diese können aufgegriffen und für die weitere Planung des Unterrichts genutzt werden. Nachdem einige Rezensionen vorgelesen wurden, können alle Schülertexte zusammen mit den beschriebenen Papierbögen im Klassenraum aufgehängt werden, damit immer wieder auf sie Bezug genommen werden kann.

Im Anschluss an die selbstverfassten Rezensionen kann zum Vergleich die im **Arbeitsblatt 1**, S. 28 beigelegte historische Rezension von Felix Poppenberg herangezogen werden. Es bietet sich an, die Rezension gemeinsam laut zu lesen. Poppenberg bezieht sich vor allem auf die Symptome des Übergangsalters, auf den noch unfertigen, überspannten, alle Reize widerstandslos aufnehmenden Törleß. Er zeichnet die Enge und Schwüle der Internatswelt nach und sieht in der sexuellen Dämmerung der Pubertät das inhaltliche Zentrum des Textes. Der Vergleich kann sich in einem Unterrichtsgespräch an folgenden Fragen orientieren:

■ *Welche Unterschiede zwischen Ihrer und der zeitgenössischen Rezension werden sichtbar? Stimmen Sie der Charakterisierung von Törleß durch Poppenberg zu? Was ist für Poppenberg das Zentrum des Textes, was für Sie?*

Zum Abschluss kann die Lerngruppe noch die Frage erörtern, inwieweit der Roman als Neuerscheinung heute noch provozieren würde:

■ *Wie würde der „Törleß" heute als Neuerscheinung aufgenommen? Würde er mit seiner Thematik noch provozieren?*

Die Bearbeitung dieser Frage ist auch als Hausaufgabe denkbar.
Ebenfalls ist es möglich, die Schülerinnen und Schüler in einer Schreib- oder einer Hausaufgabe einen Klappentext verfassen zu lassen, der für eine Neuerscheinung auch die Aktualität des Romans zu berücksichtigen hat:

■ *Verfassen Sie einen Klappentext für die Neuerscheinung des Romans und berücksichtigen Sie dabei insbesondere die Aktualität des Romans.*

Auch denkbar ist es, die Schülerinnen und Schüler einen Buchumschlag nach eigener Vorstellung gestalten zu lassen. Dies kann in einer Gruppenarbeit ebenso geschehen wie in einer Hausarbeit.

1.2 Die Kerngeschichte um Basini

Die Kerngeschichte um die ‚Bestrafung' Basinis bietet sich als Einstieg in die Grundthematik deswegen an, weil sie in konzentrierter Form den Zugang zu den verschiedenen Charakteren, Sichtweisen und Einstellungen der vier Hauptfiguren ermöglicht, emotionale Bewertungen und Einschätzungen der Schüler herausfordert und einen ersten Einblick in die Thematik der Verwirrungen von Törleß gewährt. Auch kann gefragt werden, wie aktuell der

Roman für die Schüler ist. Haben sie ähnliche Erfahrungen mit einer solchen negativen Gruppendynamik, mit Mobbing schon einmal gemacht?

Zunächst kann kurz in einem Klassengespräch die Kerngeschichte rekapituliert werden. Aus welchem Grund und auf welche Weise wird Basini durch seine Mitschüler Reiting, Beineberg und auch Törleß bestraft? Was war sein Vergehen? Wie ist es aus Sicht von Basini zu diesem Diebstahl gekommen? Warum wird er nicht beim Schuldirektor angezeigt? Welche Handlungen werden in der Folge konkret an ihm begangen?

Nach diesem nicht langen, die Geschichte nur kurz in ihren Grundzügen rekapitulierenden Teil arbeiten die Schüler selbstständig in Gruppen. Jede Gruppe bekommt ein großes Blatt Papier (Rückseite eines Plakats o. Ä.), auf den die Schüler einen Namen der drei Figuren Reiting, Beineberg und Törleß schreiben. Jede Gruppe versucht sich nun gemeinsam in diese Figur hineinzuversetzen, versucht ihre Motivation und ihre Perspektive in ihrer Beziehung zu Basini zu ergründen. Erst notieren die Schüler sich die Ergebnisse auf Konzeptzettel, dann einigen sie sich auf Kernaussagen und übertragen diese auf das große Blatt. An folgenden Fragen orientieren sie sich dabei:

■ *Aus welcher spezifischen Perspektive sieht die gewählte Figur (Reiting/Beineberg/ Törleß) den Kameraden Basini? Welchen Nutzen hat Basini für diese Figur? Was ist ihr jeweiliger Antrieb? Wie rechtfertigt sie ihre Taten? Wie bewerten Sie das Verhalten dieser Figur? (Die Reiting-Gruppe nutzt Textstellen auf den Seiten 54–56, 66 f., 163 f., die Beineberg-Gruppe auf den Seiten 67 f., 78–85, 164–169, 170–174, die Törleß-Gruppe orientiert sich an den Seiten 56–58, 63–66, 85 f., 98–101, 148 f.)*

Jede Gruppe wählt nun einen Sprecher, der die Ergebnisse kurz der Klasse vorträgt und begründet. Andere Gruppen, die die gleiche Figur erarbeitet haben, treten ergänzend hinzu. Anschließend kann eine Diskussion über die Bewertungen der Verhaltensweisen der drei Täter beginnen. Herausgearbeitet werden soll dabei, dass Reiting daran interessiert ist, Menschen zu manipulieren, Macht auszuüben, sich auf zynische Weise zu schulen für eine vermeintliche spätere Karriere im Militär oder in der Politik (S. 55). Beineberg dagegen möchte seine esoterischen Ansichten über die Weltseele an Basini bestätigen, im Hypnose-Experiment gar Kontakt zu übersinnlichen Kräften herstellen. In seinem Kosmos ist Basini ein „Wurm" oder ein „Stein am Weg" (S. 78). Nur die kleingeistige Moral der westlichen Welt, die es zu überwinden gelte, schütze solche unbedeutenden, nichtswürdigen Elemente. Törleß ist eher der Mitläufer und Beobachter, der das Opfer aber ebenfalls ‚missbraucht', um Erkenntnisse zu gewinnen. Er ist der Typ Wissenschaftler, der an der Folterung eigentlich nicht interessiert ist, sich auch nicht direkt an ihr beteiligt, aber seinen Nutzen aus ihr zieht. Auch er steht Basini nicht bei. Ihn interessiert an Basini der plötzliche Wechsel der Perspektive, das Anderswerden der Realität von einem Augenblick auf den nächsten. An Basini erhalten die Verwirrungen eine konkrete Gestalt, werden Wirklichkeit: „Da war nun etwas zum ersten Male wie ein Stein in die unbestimmte Einsamkeit seiner Träumereien gefallen; es war da; da ließ sich nichts machen; es war Wirklichkeit. Gestern war Basini noch genau so wie er selbst gewesen; eine Falltüre hatte sich geöffnet, und Basini war gestürzt. Genau so, wie es Reiting schilderte: eine plötzliche Veränderung, und der Mensch hat gewechselt ..." (S. 64) Im weiteren Romanverlauf versucht Törleß, in der Auseinandersetzung mit Basini seine Verwirrungen zu begreifen und zu lösen.

Genau zu bestimmen ist in einer folgenden Gruppenarbeit, in welchen unterschiedlichen Welten die drei Täter leben, welche moralischen Regeln in ihrer Welt jeweils gelten, inwieweit gesellschaftlich-ethisch verpflichtende Gesetze für sie eine Rolle spielen. Wie unterscheiden sie sich dabei voneinander, welches Beziehungsgeflecht unter ihnen und in Bezug auf Basini ist darstellbar? Festzustellen ist, dass sich Törleß deutlich von seinen zwei Kameraden unterscheidet. Irritieren ihn sowohl der Regelverstoß Basinis als auch die Gewalttaten von

Reiting und Beineberg im Kern seiner „solid bürgerlichen" (S. 57) Existenz, so betonen Reiting (S. 66 f.) und Beineberg (S. 81 f.), wie gleichgültig moralische Grenzen und Regeln für sie seien. Für diese Gleichgültigkeit haben aber auch sie unterschiedliche Gründe. Hindern Reiting die Gesetze oder Regeln des Anstandes an einer freien Ausübung seiner sadistischen Machtgelüste, sind sie ihm nur Spielball egoistischer Befriedigungen, so sucht Beineberg jenseits westlich-aufgeklärter Gesetzmäßigkeiten nach einer Erlösung in einer gänzlich anderen Sphäre. Reiting ist dabei in einer pragmatisch-realen Weltsicht verortet, Beineberg dagegen in einer übersinnlich-metaphysischen, während Törleß zwischen beiden Polen hin- und hergerissen wird. Erneut werden Gruppen gebildet, die folgende Fragestellung bearbeiten und dann in einer Zeichnung auf einer Folie grafisch darstellen:

■ *Welche Rolle spielen Moral, gesellschaftlich-ethisch verbindliche Regeln und Gesetze jeweils für die drei Täter? Wie unterscheiden sie sich dabei voneinander? Erarbeiten Sie eine Folie, auf der stichpunktartig die Weltsicht der drei Täter, ihr Verhältnis zueinander und ihre jeweilige Perspektive auf Basini deutlich werden. Finden Sie für jeden der drei Täter ein charakteristisches Zitat. Beziehen Sie dabei auch Ergebnisse der vorherigen Gruppenarbeit ein. Setzen Sie Basini als leeren Kreis in die Mitte der Grafik.*

Die Ergebnisse der Gruppenarbeit werden im Anschluss entlang der Folien vorgestellt und besprochen. Basini bleibt noch als leerer Kreis im Zentrum stehen. Später in der Unterrichtseinheit kann dieser dann bezeichnet werden.
Arbeitsblatt 2, S. 29 stellt eine Übersicht zum Personengeflecht dar, das den Schülerinnen und Schülern auch an die Hand gegeben werden kann, wenn die unmittelbare Erarbeitung entfallen soll.
Erstaunlich an der Schilderung der Quälereien Basinis durch Musil ist die Parallele zu Verhaltensmustern, die später im Dritten Reich wirksam werden: Da ist Reiting das kaltblütig planende und ausführende Organ der Tat, Beineberg repräsentiert den Typus des sadistischen Ideologen und ‚Weltverbesserers', Törleß den des Mitläufers oder passiv beobachtenden Wissenschaftlers. Falls die Schülerinnen und Schüler nicht von selbst auf diese Assoziation kommen, kann der Lehrer durch konkrete Fragen darauf hinleiten:

■ *Erinnern Sie die verschiedenen Verhaltensmuster der Zöglinge an Tätertypen im Dritten Reich? Welche Rolle nimmt dabei Basini ein?[1]*

Danach soll es einen Perspektivwechsel auf Basini geben. Wie erlebt er die Handlung? Wie spielt sich die Geschichte aus seiner Sicht ab? Hier ist zunächst die Vorstellung einer Internet-Recherche denkbar, die in der Vorstunde bereits als Hausarbeit oder als Referat-Thema verteilt wurde:

■ *Recherchieren Sie im Internet den Begriff „Sündenbock" und fassen Sie ihn zusammen. Führen Sie aus, inwiefern Basini diese Rolle für die anderen Zöglinge spielt. Finden Sie dazu passende Textstellen am Romanende.*

Nach dem Referat oder dem Vorlesen einiger Hausarbeiten sollte in etwa Folgendes dargestellt worden sein: Der Sündenbock ist die Bezeichnung für eine Person, die für die Schuld anderer büßen muss. Die Bezeichnung stammt ursprünglich von dem Bock, dem der jüdische Hohepriester am Versöhnungstag (Jom Kippur) als Zeichen der Übertragung der Sünden des Volkes die Hände auflegte und der dann in die Wüste zum alttestamentarischen Dämon der Wüste, Asasel, gejagt wurde. Auch Basini wird am Ende des Romans im über-

---

[1] Zu dieser Thematik findet sich am Ende dieses Kapitels eine Aufgabenstellung für eine Hausarbeit.

tragenen Sinn in die Wüste geschickt, aus dem Internat „strafweise entlassen", derweil in der Schule alles wieder „den gewohnten Gang" ging (S. 197). Nach „Basinis Entfernung" schien es so, „als ob dieser Mensch, der alle diese Beziehungen an sich gekettet hatte, sie nun auch mit sich fortgenommen hätte" (S. 198). Reiting und Beineberg „wälzten alle Schuld auf Basini" (S. 188) und werden selbst von jeder Schuld freigesprochen.

Im Anschluss an die Vorstellung der gewonnenen Ergebnisse assoziiert jeder Schüler für sich in einer kurzen Schreibaufgabe, die nicht länger als fünf Minuten dauern sollte, Basinis Charaktereigenschaften und Beschreibungen seiner sozialen Situation in Stichworten:

■ *Beschreiben Sie Charaktereigenschaften von Basini in möglichst eigenen Worten. Wie ist seine soziale Situation? Wie wird er von seinen Kameraden gesehen? Berücksichtigen Sie dabei Textstellen auf S. 47 f. und S. 70 f.*

Die Beschreibungen können im Anschluss für ein Tafelbild zusammengetragen und besprochen werden:

Basini

Charakter

in der Entwicklung zurückgeblieben, körperlich ungeschickt, will gefallen, kann charmant und liebenswürdig sein, sucht Bestätigung, kann nicht systematisch denken und folgt jeder Eingebung, verhält sich wie ein Chamäleon (nimmt immer die ‚Farbe' seiner Umgebung an), ist eitel

Soziale Situation

wird belächelt, nicht ernst genommen, ist isoliert, muss alleine zurechtkommen, wird durchschaut

→ Basini verhält sich aufgrund seiner sozialen Situation unsicher und linkisch. Da er unbedingt anerkannt werden möchte, macht er sich größer, als er tatsächlich ist. Dies wird durchschaut und treibt ihn erst recht in die Isolation.

Nachdem die Ergebnisse an der Tafel zusammengetragen wurden, kann thematisiert werden, inwieweit Basini auch mitschuldig an seiner Opferrolle ist und was ein Opfer zum Opfer macht. Wichtig dabei ist es herauszuarbeiten, dass Basini als so unscheinbar, wenig charakterfest, biegsam, weich und unbestimmt dargestellt ist, dass er für die Täter als eigener Mensch mit Gefühlen, Interessen gar nicht sichtbar ist, ausgeblendet wird. Hier wird eine allgemeingültige Opfer-Täter-Struktur sichtbar. Basini fungiert als passives Medium für die Fantasien, Begierden und Blickweisen der anderen. Jeder Blick auf Basini legt die innere Einstellung des Beobachtenden frei. Er fungiert als Spiegel, in dem sich jeder bestätigen will und er selbst, weil er sich nicht wehrt, nicht gesehen wird. Eine Diskussion kann hierüber stattfinden:

■ *Was hätten Sie an Basinis Stelle anders gemacht? Wird Basini von den Tätern überhaupt als Mensch wahrgenommen?*

Hier kann nun das bereits erarbeitete Tafelbild vollendet werden. Basini steht als Leerstelle, als Nicht-Gesehener im Zentrum der Geschichte. Der Kreis bleibt leer, kann aber mit dem Begriff der Leerstelle bezeichnet, ‚gefüllt' werden. Er versucht, jedem gerecht zu werden und alle Rollen, die ihm zugewiesen werden, mitzuspielen, da er den anderen ausgeliefert ist, sich ausliefern lässt. So hat jeder Macht über ihn. Niemandem, auch Törleß nicht, geht es darum, wie Basini sich fühlt, jeder versucht an ihm eine – *seine* – Wahrheit zu finden oder zu bestätigen.

In einer ergänzenden, die gewonnenen Ergebnisse vertiefenden Arbeit in Paaren könnten dann eigene Erlebnisse besprochen werden, vielleicht über die konkrete Gruppendynamik in der eigenen Klasse oder einer Clique:

> ■ *Haben Sie schon einmal ähnliche, wenn auch nicht so extreme Erfahrungen in einer Gruppe gemacht? Welche Rolle haben Sie selbst dabei gespielt? Welche Eigendynamik hat sich entwickelt? Kennen Sie solche Gruppenprozesse auch aus der eigenen Klasse?*

Die Ergebnisse werden anschließend der Klasse vorgetragen und können dort diskutiert werden. Hierzu ist ebenfalls eine Ergänzung über eine zuvor als Hausarbeit verteilte Internet-Recherche zum Thema „Mobbing" sinnvoll, die dann als Kurzreferat vorgetragen wird und daran anschließend von der Klasse gemeinsam erörtert werden kann:

> ■ *Recherchieren Sie zum Thema „Mobbing". Welche Gruppenmechanismen werden dort wirksam?*

Ebenfalls möglich ist eine Diskussion in der Klasse entlang folgender vorgestellter und eventuell auch vorgespielter Situation:

> ■ *Stellen Sie sich vor: In der Straßenbahn oder S-Bahn beleidigen und ohrfeigen zwei Männer einen Behinderten. Niemand greift ein. Wie verhalten Sie sich? Wie hätte sich Törleß verhalten? Spielen Sie eine derartige Situation.*

Für eine Hausarbeit bietet es sich an, die erste Reaktion von Törleß auf die von Reiting erzählte Diebstahlsgeschichte genauer zu betrachten und ihren Zusammenhang mit der Erschütterung seines bisherigen, in gut und böse, richtig und falsch aufgeteilten gutbürgerlichen Weltbildes zu analysieren. Gerade durch das wiederholte Bezeichnen von Basini als „Dieb" (S. 65) versucht Törleß seine bisherige Weltsicht wiederherzustellen, die Trennlinie von richtig und falsch wieder zu ziehen und somit das Falsche von sich zu weisen:

> ■ *Versuchen Sie, die erste Reaktion von Törleß auf die Diebstahlsgeschichte nachzuvollziehen (S. 63–69). Warum bezeichnet er Basini wiederholt als „Dieb" (S. 65) und warum wird es ihm dadurch leichter? Berücksichtigen Sie dabei das Elternhaus und den sozialen Hintergrund von Törleß, wie er auf S. 57 geschildert wird.*

Mögliches weiteres Thema einer Hausarbeit:

> ■ *Analysieren Sie den Auszug aus Walter Jens' Aufsatz (Zusatzmaterial 1) in Bezug auf die dort dargestellten Parallelen des Romans zum Dritten Reich. Arbeiten Sie diese heraus. Stimmen Sie ihm zu? Führen Sie genauer aus, welche verschiedenen Verhaltensweisen und Rollen Törleß im Dritten Reich hätte einnehmen können. Begründen Sie Ihre Ideen.*

1.3 Die ersten Seiten

Nach dem gemeinsamen Lesen des Romananfangs (S. 7–19) kann eine erste unmittelbare Auseinandersetzung über die Besprechung der ersten Seiten erfolgen. Darin sollte eine Analyse der psychischen und sozialen Ausgangssituation von Törleß ebenso enthalten sein wie eine Beschäftigung mit ersten Leseeindrücken oder Verständnisschwierigkeiten des Sprachstils von Musil.

Der Romanbeginn thematisiert in einer Rückschau die ersten vier Jahre von Törleß im Konvikt. Die Abschiedsszene am Bahnhof rahmt als Beginn der eigentlichen Romanhandlung diesen Rückblick ein. Dabei werden die maßgeblichen Stationen der ersten Jahre im Zeitraffer aufgeführt: erst die schmerzliche Trennung von den Eltern, das Gefühl der Einsamkeit, dann die Freundschaft zum Fürsten, schließlich die Abwendung von ihm und die gleichzeitige Hinwendung zu Freunden wie Reiting und Beineberg. Entlang dieser Entwicklungsgeschichte werden grundlegende Charaktereigenschaften von Törleß sichtbar, die als Erstes erarbeitet werden können. Es geht zunächst noch nicht um die einzelnen Entwicklungsstationen und ihre jeweilige Bedeutung, sondern um die charakterlichen Eigenschaften der Hauptfigur, mit denen sie bereits beim Eintritt ins Konvikt ausgestattet ist.

In kleineren Gruppen kann folgende Fragestellung stichwortartig bearbeitet werden:

■ *Im Text heißt es an einer Stelle: „Es schien damals, dass er überhaupt keinen Charakter habe." (S. 16) Halten Sie dagegen und finden Sie heraus, welche unterschiedlichen Charaktereigenschaften von Törleß auf den Seiten 7–19 tatsächlich sichtbar werden. Mit welchen Eigenschaften kommt er ins Konvikt? Welche Rolle spielt die gefundene Eigenschaft für den weiteren Romanverlauf?*

Folgende Fragen können die Schülerinnen und Schüler dabei leiten:

■ *Wo liegen Törleß' Stärken? Hat er spezielle Talente? Warum wird die Freundschaft zum Fürsten beendet, was trennt ihn von seinen neuen Freunden Reiting und Beineberg? Warum ist er ins Konvikt gegangen? Fällt Ihnen ein Beruf ein, den er später im Leben einmal ausüben könnte? Begründen Sie Ihre Idee.*

Herauszuarbeiten ist, dass Törleß sehr ehrgeizig ist. Nach seinem „ehrgeizigen Drängen" (S. 9) schicken die Eltern ihn aufs Konvikt. Auch im Nacheifern seiner neuen Freunde wird sein Ehrgeiz erwähnt (S. 17). Wichtig wird diese Eigenschaft im Hinblick auf seine hartnäckigen Versuche, seine Verwirrungen zu begreifen und in Worte zu fassen. Ebenfalls wird deutlich, dass er künstlerisch begabt ist. Beim Schreiben (an seine Eltern) fühlt er etwas „Auszeichnendes, Exklusives in sich" (S. 9). Ebenso wird erwähnt, er schreibe „auf jede Aufforderung hin" ein Gedicht, eine Erzählung oder ein romantisches Epos (S. 16). Im weiteren Romanverlauf versucht er immer wieder, schreibend seinen Verwirrungen näher zu kommen. Törleß wird als sehr sensibel und leidenschaftlich geschildert. Dies wird deutlich sowohl in der Schilderung seines extremen Heimwehs wie auch in seiner Freundschaft zum weiblichen, grazilen Fürsten, zu dem er eine tiefe seelische Verbindung aufbaut. Die Freundschaft zum Prinzen wird zur „Quelle eines feinen psychologischen Genusses", an dem Törleß seine „Menschenkenntnis" schult (S. 13). Törleß bleibt die religiöse Seite des Prinzen fremd. Er selbst stammt aus einem „bürgerlich-freidenkenden" (S. 13) Hause. Seine vernünftige, skeptische Seite lässt die Freundschaft zum Prinzen schließlich zerbrechen. Die Hinwendung zu den neuen Freunden, die als „lebensgerecht" und „kernig" (S. 15) charakterisiert sind, erfolgt aus direkter Abkehr vom Prinzen. Doch diese bleiben ihm ebenso fremd, er ist für sie zu „geistig" (S. 17) veranlagt.

Zusammengefasst: Törleß' Charakter besteht aus einer Mischung aus Feingeistigkeit, Feinfühligkeit, Realismus und Skepsis sowie einer guten Beobachtungsgabe. Eine Mischung, die einen zukünftigen Beruf als Schriftsteller als ideal erscheinen lässt. Genau diese komplexe, charakterliche Veranlagung ist der Nährboden für die dann folgende, eigentliche Romanhandlung.

Ein Tafelbild kann parallel zu dem Unterrichtsgespräch entstehen:

Törleß' charakterliche Anlagen

Charaktereigenschaften

ehrgeizig, künstlerisch begabt, sensibel, leidenschaftlich, guter Beobachter, skeptisch-vernünftig

Mögliche Berufe

Schriftsteller, Künstler, Psychologe etc.

→ Törleß' Charakter ist sehr komplex angelegt. Er wird als ebenso sensibel wie vernunftbegabt beschrieben und besteht aus einer Mischung aus Feingeistigkeit, Realismus, Skepsis und einer guten Beobachtungsgabe. Diese Mischung bildet den Nährboden für Törleß' Verwirrungen in der dann folgenden Romanhandlung.

Danach gerät die soziale Entwicklung von Törleß während der ersten vier Jahre im Konvikt in den Fokus der Betrachtung. Hier sind drei Phasen zu unterscheiden (1. Heimweh und Rückzug auf sich selbst; 2. Freundschaft zum Fürsten; 3. Freundschaft zu Reiting und Beineberg), mit denen sich jeweils unterschiedliche Gruppen von je 3–4 Schüler auseinandersetzen und die anschließend der Klasse vorgestellt werden. Jede Gruppe erhält eine gesonderte Aufgabenstellung:

Phase 1, S. 9–12: Törleß zieht sich in das Schreiben von Briefen an seine Eltern zurück, lebt und kostet seine Einsamkeitsgefühle voll aus. Abgeschnitten von seiner bisherigen sozialen Identität als Sohn, kann er mit niemandem aus der ihm fremd, „wie durch einen Schleier" (S. 9) erscheinenden neuen Welt über seine Gefühle sprechen. Im Schreiben findet er Zugang zu einer inneren, seelischen Realität, die ihm in ihrer Intensität der Gefühle wie „eine Insel voll wunderbarer Sonnen und Farben" (S. 9) erscheint. Selbst seine grenzenlosen Schmerzen entzücken ihn. Dagegen gleichen der Alltag und die Zerstreuungen im Konvikt einem „Meere grauer Empfindungen" (S. 9), die er mechanisch über sich ergehen lässt. Die Gruppen, die sich mit dieser Phase beschäftigen, erhalten folgende Fragestellung:

■ *Versuchen Sie sich in die Situation von Törleß zu Beginn seiner Zeit im Konvikt hineinzuversetzen. Beschreiben Sie mit eigenen Worten, wie er sich fühlt. Wie erlebt er den Alltag im Konvikt? Welche Funktion erfüllt für ihn das Schreiben der Briefe?*

■ *Beginnen Sie einen Brief an die Eltern. Darin soll der Bruch beschrieben werden zwischen der harmonischen Welt zu Hause, in der er im Mittelpunkt stand, und der neuen, raueren Umgebung inmitten fremder Menschen, die sich für ihn nicht interessieren. Ziel soll es sein, die daraus resultierende Mischung aus Kränkung, Stolz und Trotz zu beschreiben und nachvollziehbar werden zu lassen.*

Phase 2, S. 12–14: Törleß befreundet sich mit dem Fürsten, lebt „während dieser kurzen Zeit wie in einer Idylle" (S. 13). Die feine, weiche Ausdifferenziertheit seines Verhaltens fasziniert Törleß. Er lernt eine „andere Art Mensch" (S. 13) kennen, der zudem ganz selbstverständlich zu seinen Eigenarten steht, diese gleichsam ausstellt und nicht versteckt wie Törleß. Die Seele oder „Klangfarbe" (S. 17) des Fürsten, sein charakterlicher „Hintergrund" (S. 17) ist deutlich sichtbar wie eine Kapelle am Wegesrand, die man betreten und anschauen kann. Erzogen zur Repräsentation einer feinsinnig höheren, geistig-religiösen Schicht, hat er im Konvikt unter den kernigen, robusten Zöglingen keine Chance. Törleß dagegen wird offenbar gerade von diesem sensiblen, weichen Anderssein des Fürsten angezogen, da er sich selbst auch als anders erlebt. Die Freundschaft zerbricht dann an der völlig unterschiedlichen, ja entgegengesetzten Herkunft der beiden. Mit der Figur des Prinzen zeichnet Musil fast karikaturhaft eine untergehende, nicht mehr zeitgemäße Schicht, in der das Religiöse wie ein nutzloser „Zierat" (S. 14) verwendet wird, der im Internat so exotisch wirkt wie eine nach „seltsamen Gesetzen verschlungene Arabeske" (S. 14). Die Aufgabe für die bearbeitende Gruppe lautet:

■ *Was fasziniert Törleß am Fürsten? Worin unterscheidet dieser sich von den anderen Kameraden? Warum zerbricht die Freundschaft? Warum passt der Fürst nicht ins Internat und was sagt dies über die Rolle des Adels um die Jahrhundertwende?*

Phase 3, S. 15–18: Nach dem Ende der Freundschaft zum Fürsten wendet sich Törleß gerade den wildesten Zöglingen seines Jahrgangs zu, ohne sich ihnen wirklich nahe fühlen zu können. Hier wird deutlich, dass Törleß ein gutes, ein realitätsgerechtes Gespür dafür hat, mit welchen Verhaltensweisen im Konvikt das soziale ‚Überleben' gesichert werden kann. Aus eigener Unselbstständigkeit und Unsicherheit begibt er sich unter die Fittiche der Stärksten seiner Kameraden. Da er im Konvikt auch keine Lektüre oder andere Beschäftigung findet, mit der er seine innere Realität und damit eine soziale Identität stützen könnte, bekommt sein Wesen etwas Haltloses, „Unbestimmtes, eine innere Hilflosigkeit, die ihn nicht zu sich selbst finden ließ" (S. 17). So ist er hin- und hergerissen zwischen Anpassung (auch der Überanpassung) und Gefühlen des Alleinseins, der totalen Isolation. „Er saß oft lange – in finsterem Nachdenken – gleichsam über sich selbst gebeugt." (S. 18) Die Gruppe bearbeitet dazu folgende Frage:

■ *Arbeiten Sie heraus, warum Törleß sich plötzlich gerade die Wildesten und Rohesten seines Jahrgangs als neue Freunde aussucht. Warum bekommt sein Wesen etwas „Unbestimmtes"? Wie kommt es zu der inneren „Hilflosigkeit" (S. 17)?*

Nach der Vorstellung der Ergebnisse kann in einem Klassengespräch nach dem Zusammenhang dieser drei Phasen gefragt werden. An der sozialen Situation von Törleß hat sich trotz der vermeintlichen Freundschaft zu Reiting und Beineberg in den vier Jahren nichts grundlegend geändert. Er ist einsam und völlig auf sich allein gestellt. Seine Verzweiflung, aus der er zu Beginn noch Kraft schöpfen konnte, hat sich sogar noch verschärft.

■ *Vergleichen Sie die soziale Situation von Törleß zu Beginn und am Ende der geschilderten ersten vier Jahre im Konvikt. Hat sich etwas verändert?*

Anschließend kann sich jeder Schüler in einer kurzen Schreibaufgabe Gedanken über die Funktion des Romanbeginns machen und in zwei bis drei Kernsätzen beschreiben:

■ *Worin könnte die Funktion des Romanbeginns liegen? Fassen Sie diese kurz zusammen.*

Die Funktion der ersten Seiten des Romans liegt darin, in den Charakter von Törleß einzuführen und auf expositorische Weise den Keim für die dann ausblühenden Verwirrungen zu legen und sichtbar zu machen. Törleß spürt den Riss zwischen seiner bisherigen beschützten Welt und der neuen, raueren Welt im Konvikt fundamental. Seine Isolation wird hier ebenso dargestellt wie sein Versuch, sich anzupassen, und sein Talent, genau zu beobachten.
Zusatz: Falls Schülerinnen und Schüler Verständnisschwierigkeiten mit dem Sprachstil Musils äußern, können diese genutzt werden, um sich die Stilmittel genauer anzuschauen, mit denen Musil Charakterzeichnungen und Beschreibungen der seelischen Realität von Törleß vornimmt. Besonderes Augenmerk verdienen dabei die Metaphern, mit denen Musil die innere Realität von Törleß in ihrer Komplexität und Widersprüchlichkeit darstellen kann, aber auch eine Figur wie den Fürsten versinnbildlicht. Die Metapher einer Kapelle bietet Musil gleich zwei Mal auf:

- auf S. 10 f. als Darstellung der Gefühlsrealität von Törleß: „Der Gedanke an seine Eltern wurde ihm hierbei mehr und mehr zu einer bloßen Gelegenheitsursache, dieses egoistische Leiden in sich zu erzeugen, das ihn in seinen wollüstigen Stolz einschloss wie in die Abgeschiedenheit einer Kapelle, in der von hundert flammenden Kerzen und von hundert Augen heiliger Bilder Weihrauch zwischen die Schmerzen der sich selbst Geißelnden gestreut wird."
- und auf S. 14 als Illustration des Fürsten: „In der Gesellschaft dieses Prinzen fühlte er sich etwa wie in einer abseits des Weges liegenden Kapelle, so dass der Gedanke, dass er eigentlich nicht dorthin gehöre, ganz gegen den Genuss verschwand, das Tageslicht einmal durch Kirchenfenster anzusehen und das Auge so lange über den nutzlosen, vergoldeten Zierat gleiten zu lassen, der in der Seele dieses Menschen aufgehäuft war, bis er von dieser selbst ein undeutliches Bild empfing, so, als ob er, ohne sich Gedanken darüber machen zu können, mit dem Finger eine schöne, aber nach seltsamen Gesetzen verschlungene Arabeske nachzöge."

Während mit dem ersten Bild die widerstreitenden Elemente einer sehr lebendigen, dramatischen Gefühlswelt von Törleß gezeigt werden, ist die Kapelle der Figur des Fürsten zugestellt mit nutzlosem, leblosem Zierat. Sie ist zwar fein gezeichnet, aber eine Pose. Die eine versinnbildlicht also das pochende, tosende Leben des Inneren, die andere die reine Pose der Äußerlichkeit. Dies kann folgendermaßen vertieft werden:

> *Vergleichen Sie die beiden Kapellenmetaphern (S. 10 f. und S. 14) miteinander. Was sagen sie aus über die jeweiligen Personen, denen sie zugeordnet sind? Welche Funktion hat das Stilmittel der Metapher in beiden Fällen? Hätte man die gleiche inhaltliche Aussage auch anders treffen können? Versuchen Sie es.*

Notizen

_____

_____

_____

_____

_____

_____

_____

Zeitgenössische Rezension zum „Törleß"

„Die sexuelle Dämmerung des Übergangsalters lockt vor allem zum Schauen solcher Dämonien. Ihre tief sich einbrennenden Seelenmale drängt mit furchtbarer Gegenwart das Buch Robert Musils *Die Verwir-*
5 *rungen des Zöglings Törleß* uns auf. Hier ist die Höhle der Hexe von Endor[1], wo die grauenvollsten schlangenumknäulten Vampyre und Spukgeister in phallischer Ungestalt aus den Gräbern gelockt werden zu einer Satansmesse voll Buhlkrämpfen und Folterzu-
10 ckungen.

Dem Stoff nach eine Institutsgeschichte mit den Schlafsaalheimlichkeiten der Knaben; ein Zögling wird von den Kameraden als Dieb entlarvt und verfällt dadurch der qualvollen Sklaverei ihrer tyran-
15 nischen und geilen Grausamkeit. Das wahre Thema aber ist, wie diese Geschehnisse von der überwachen, ins Grenzenlose überspannten Empfänglichkeit des jungen Törleß miterlebt werden. Aufzeichnungen über alle Grade psychisch reizbarer Schwäche sind
20 hier gegeben. Durchaus in die Zwielichtatmosphäre der nächtlichen Ereignisse gebannt, so wie sie den Erlebenden flügelschlagend in den versteckten Schlupfwinkeln umweht, und doch dabei herrisch und überlegen zur Erscheinung gebracht von einem
25 Bändiger, dessen geistige Kraft dem Hexenkreise heil entronnen und der später mit einer gelassenen Miene und einer überlegen fast suffisanten Wissenssicherheit von den Nützlichkeiten solcher Jugenderfahrungen zu sprechen weiß.
30 Wie in den ‚Schwestern'[2] ist auch hier das wesentliche die monströse gespenstische Umbildung aller äußeren Eindrücke in einer widerstandslos alle Rei-

zungen aufnehmenden Gefühlswelt, und sie wird – Kubin[3] könnte das malen – von einem starrenden vielgliedrigen Polypen[4] beherrscht, dem Geschlechts- 35 zentrum. Durch alle Phasen dieser ziellosen geistigen Situation führt uns die Schilderung: durch die träumerischen Zustände voll bilderdurchzuckten Schweigens, melancholischer auf niemand bezogener Sinnlichkeit des Reifenden, ebenso verstehend wie durch 40 die krallenden würgenden Konvulsionen[5] epileptischer Sinneskrämpfe. Eine Analyse der lebensgefährlichen Kinderkrankenheiten des Gehirns und der fährnisreichen[6] Wachstumskrisen der Seele an einem Versuchsobjekt von ungewöhnlicher fast artifiziell 45 gezüchteter Disposition[7]."

Felix Poppenberg: Die tiefen Blicke. In: Die Neue Rundschau 1907. Bd. 1.
S. 375–377, zitiert nach: Renate Schröder-Werle: Robert Musil. Die Verwirrungen des Zöglings Törleß. Stuttgart 2001 (= Erläuterungen und Dokumente); S. 93f.

---

[1] In 1. Sam. 28,7–25 Totenbeschwörerin, die König Saul vor seiner letzten Schlacht gegen die Philister durch den Geist Samuels wahrsagt. Endor ist ein Ort in Israel, südlich des Berges Tabor.
[2] Gemeint ist der Roman *Geschwister* (1903) von Friedrich Huch (1873–1913), einem Vetter Ricarda Huchs, der in *Mao* (1907) vom Scheitern eines empfindsamen Jungen an der Wirklichkeit erzählt.
[3] Alfred Kubin (1877–1959), Zeichner und Illustrator, der vor allem mit Federzeichnungen, die Empfindungen und Gefühle wiedergeben, bekannt wurde
[4] Nesseltier mit Fangarmen
[5] Schüttelkrämpfe
[6] gefahrvoll
[7] künstlich gezüchteter Empfänglichkeit

■ *Wie charakterisiert Felix Poppenberg in seiner Rezension Törleß?*

■ *Stimmen Sie dieser Charakterisierung zu?*

■ *Was ist für den Rezensenten das Zentrum des Romans, was für Sie?*

Personenkonstellation

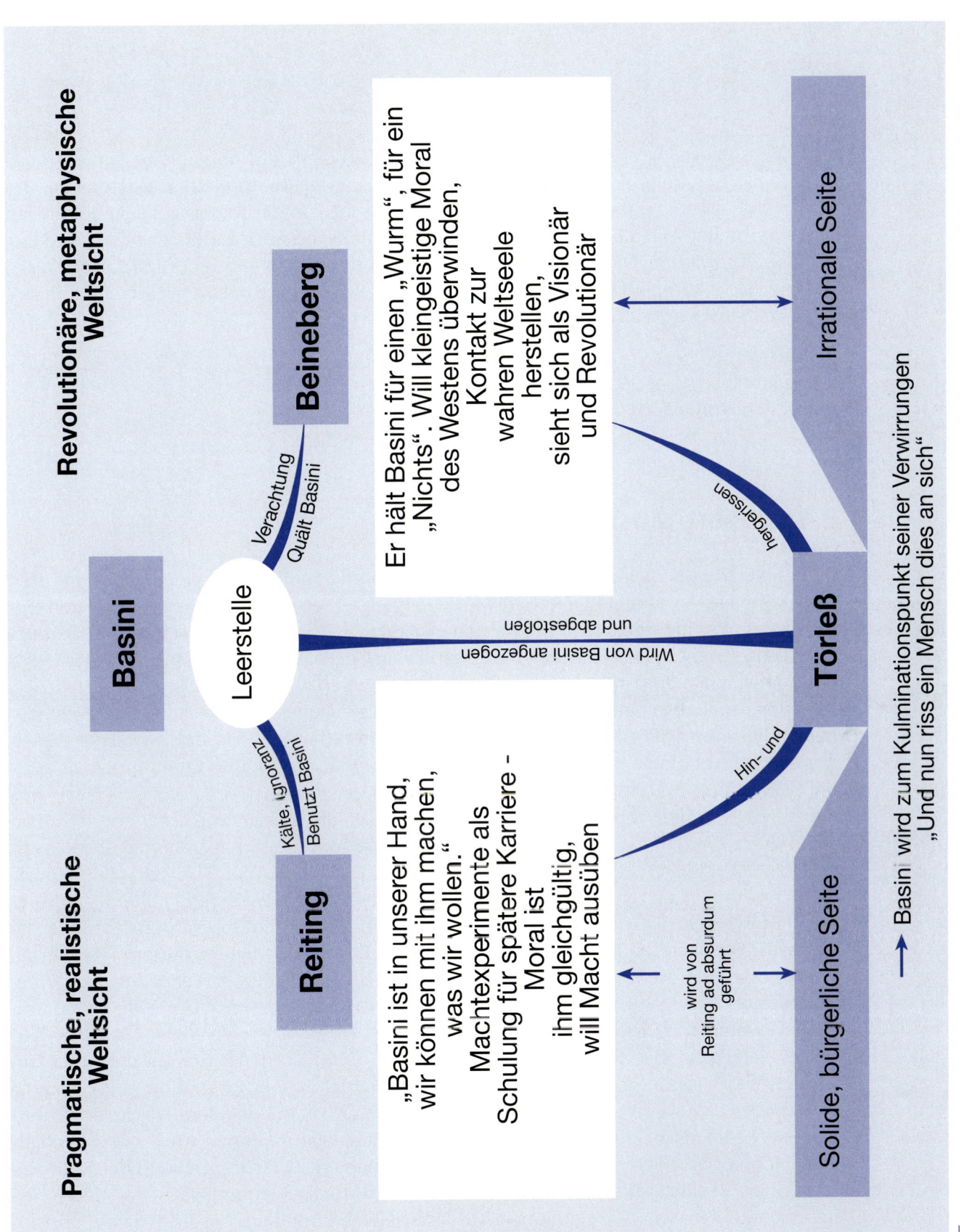

Hintergrundwissen

Ziel dieses Bausteins ist es, den Schülerinnen und Schülern das notwendige Hintergrundwissen zu vermitteln, mit dem der Roman differenzierter interpretiert werden kann. Das Verständnis eines literarischen Textes ist natürlich nicht von der Kenntnis seiner kulturellen und historischen Entstehungsbedingungen abhängig, kann aber dadurch an Tiefe und Detailschärfe gewinnen. Die einzelnen Erarbeitungsschritte dieses Bausteins sind so konzipiert, dass sie weder komplett noch in der hier gewählten Reihenfolge behandelt werden müssen. Im Einzelnen geht es um folgende Aspekte:

- Robert Musil
- Die literarische Moderne
- Der Schulroman um 1900

2.1 Robert Musil

In dieser Erarbeitungsphase sollen die Schülerinnen und Schüler zum einen die wichtigsten Daten und Fakten zum Leben Robert Musils kennen lernen, zum anderen einen ersten Einblick in die Besonderheit seines literarischen Werkes gewinnen. Einen schnellen Überblick über Leben und Œuvre bietet der Lexikonartikel auf dem **Arbeitsblatt 3**, S. 45. Musil wird am 6. November 1880 in Klagenfurt (Österreich) geboren und besucht als Jugendlicher zwei Kadettenanstalten in der damaligen k.u.k. Monarchie. Nach einem dreijährigen Maschinenbaustudium von 1898–1901 beginnt er 1903 ein Studium der Philosophie und der Experimentellen Psychologie in Berlin. Sowohl die im Internat gemachten Erfahrungen als auch die Erkenntnisse aus seinem Studium fließen in „Die Verwirrungen des Zöglings Törleß" ein, die er 1902 im Alter von 22 Jahren beginnt und 1905 abschließt. In diesem ersten Roman sind bereits die zentralen Themen und Motive enthalten, die Musils gesamtes Werk – von dem Erzählband „Vereinigungen" über das Drama „Die Schwärmer" und den Novellenzyklus „Drei Frauen" bis hin zu seinem Hauptwerk „Der Mann ohne Eigenschaften" – bestimmen. So handeln die meisten seiner Texte von der abgründigen und dunklen Seite der menschlichen Seele, häufig von sexuell Abseitigem. Eng verbunden mit diesem Tabuisierten und Verdrängten ist Musils Interesse an einem mystischen Erleben, das er später den ‚anderen Zustand' nennen wird. Vor allem in seinem unvollendeten, weit über 1000 Seiten umfassenden Roman „Der Mann ohne Eigenschaften" versucht er sich diesem ‚anderen Zustand' literarisch, aber auch essayistisch zu nähern. Von diesem Thema seit der Arbeit am „Törleß" stark fasziniert, entscheidet er sich bereits nach seiner Promotion in Philosophie 1908 gegen eine weitere wissenschaftliche Laufbahn und wählt den Beruf des freien Schriftstellers. Diese Entscheidung führt Musil und seine Frau Martha immer wieder in wirtschaftliche Not, insbesondere in den 30er-Jahren. 1933, nach der Machtergreifung der Nationalsozialisten, verlässt Musil Berlin, um nach Wien zurückzukehren. Nach der deutschen Besetzung Österreichs 1938 emigriert Musil schließlich über Italien in die Schweiz. Er stirbt am 15. April 1942 in Genf.

Sinnvoll ist es, wenn die Schülerinnen und Schüler zunächst den Lexikonartikel (**Arbeitsblatt 3**, S. 45) über Robert Musil lesen, um die Eckdaten seines Lebens und ein paar erste Informationen über sein Werk kennen zu lernen:

> ■ *Lesen Sie den Lexikonartikel über Robert Musil und unterstreichen Sie sowohl wichtige Daten zu seinem Leben als auch erste Informationen zu seinem Werk.*

Das Unterrichtsgespräch, in dem die Lernenden den Text mit ihren Unterstreichungen zur Hand nehmen dürfen, kann durch folgende Fragen angeregt werden:

> ■ *Inwiefern hat Musils Leben konkrete Auswirkungen auf sein literarisches Werk?*

> ■ *Nennen Sie Stationen seines Lebens, die für die Entstehung seines Erstlingsromans „Törleß" wichtig sind.*

> ■ *Welche Merkmale von Musils Werk werden im Lexikonartikel hervorgehoben?*

Der Lexikonartikel deutet an, dass Musils Werk durch seine lebenslange Auseinandersetzung mit (natur-)wissenschaftlichen Erkenntnissen beeinflusst ist. Im Hinblick auf den „Törleß" sind Musils eigene Jahre in Kadettenanstalten und sein späteres Philosophiestudium hervorzuheben: Wie im Baustein 6 ausführlich zu zeigen sein wird, lassen sich zentrale philosophische Fragestellungen, die das kulturelle Klima um 1900 bestimmten, auch im „Törleß" entdecken. Drei der Merkmale von Musils Werk sind bereits oben genannt worden: die Dichotomie zwischen Rationalität und Mystik, seine Stellung zwischen Kunst und Wissenschaft und Musils Vorliebe für gesellschaftlich tabuisierte Themen.
Die zu erwartenden Ergebnisse der Lektüre des Lexikonartikels sind auf dem **Arbeitsblatt 4**, S. 46 zusammengefasst und können als Kopie an die Schülerinnen und Schüler verteilt werden.
Im weiteren Unterrichtsverlauf können einzelne, im Lexikonartikel genannte Aspekte von Musils Werk vertieft werden. Die drei auf dem **Arbeitsblatt 4** aufgeführten Merkmale werden im Folgenden, auch unter Hinzuziehung weiterer Texte Musils, näher vorgestellt. In diesem Unterrichtsschritt soll nur peripher auf den „Törleß" eingegangen werden, da es zunächst allgemein um Musil und sein Werk geht. Fußnoten verweisen allerdings auf spätere Bausteine, in denen das jeweilige Thema ausführlicher behandelt werden wird.

Rationalität und Mystik

Wie im Lexikonartikel bereits angedeutet, war Musil fasziniert von mystischen Augenblicken, in denen die Wirklichkeit ihre scheinbare Selbstverständlichkeit verliert und eine geheimnisvolle, dunkle Seite zeigt. Schon in der frühen Tagebuchskizze „Aus dem stilisierten Jahrhundert" beschreibt er ein solches Grenzerlebnis: Alltägliche Dinge wie eine Straße werden für den Erzähler plötzlich fremd und rätselhaft, scheinen sich dem sprachlichen und gedanklichen Zugriff zu entziehen. Diese mystische Erfahrung, die Musil im „Mann ohne Eigenschaften" den ‚anderen Zustand' nennt, steht im Zentrum vieler seiner Werke.
Doch Musil geht es nicht um eine bloße literarische Beschreibung dieses Zustandes, er bemüht sich auch um dessen rationales Verständnis. Roberto Olmi konstatiert: „Ewige Spannung, ewige Oszillation zwischen intuitiver, mystischer Erkenntnis und rationalem Denken: das ganze Werk Musils ist ein Versuch, zwischen den gegenteiligen Polen des Geistes eine neue Harmonie zu schaffen."[1] Trotz aller Offenheit für mystische, übersinnliche Erfahrungen bleibt Musil – ehemaliger Student der Logik und Mathematik – doch immer auch der skeptische Rationalist, der mit bloßen Schwärmereien über Mystik, Intuition und Gefühl nichts

---

[1] Roberto Olmi: Musil und Nietzsche. In: Musil-Forum 7 (1981), H. 1/2, S. 119–129; hier: S. 121

anfangen kann. In seinem Essay „Der mathematische Mensch", in dem er die Wichtigkeit des exakten Denkens betont, heißt es über die in seiner Zeit typische Schwärmerei: „Wir haben damit unsre Dichtkunst schon so weit ruiniert, dass man nach je zwei hintereinander gelesenen deutschen Romanen ein Integral auflösen muss, um abzumagern."[1]

Die Dichotomie zwischen „Rationalität und Mystik",[2] die im Lexikonartikel zu Musil (**Arbeitsblatt 3**, S. 45) bereits erwähnt wurde, kann nun in einem Unterrichtsgespräch entlang der folgenden Fragen einleitend thematisiert werden:

■ *Was verstehen Sie unter den Begriffen „Rationalität" und „Mystik"? Auch wenn Sie die Begriffe nicht konkret definieren können – welche Assoziationen haben Sie, wenn Sie sie hören? In welchem Verhältnis stehen diese beiden Begriffe Ihrer Meinung nach zueinander?*

An der Tafel können die Antworten und Assoziationen der Schülerinnen und Schüler festgehalten werden. Darauf kann eine kurze Schreibaufgabe folgen:

■ *Verfassen Sie anhand der gesammelten Assoziationen zwei Einträge für ein Lexikon über die beiden Begriffe „Rationalität" und „Mystik", die nicht mehr als ein paar Sätze umfassen.*

Die Definitionen der Schülerinnen und Schüler könnten nach der Lektüre einiger Beispiele durch folgende Informationen des Lehrers ergänzt werden: Allgemein ausgedrückt, bezeichnet Rationalität (von lat. *rationalitas* = Denkvermögen) das vernünftige Denken und Handeln, zu dem nur der Mensch im Stande ist. Die Epoche der Aufklärung glaubte daran, dass er sich selbst und die Welt verstehen lernt, wenn er sich nur konsequent seines Verstandes und seiner Vernunft bedient.[3] Mystik (von lat. *mysticus*: unbeschreiblich, unaussprechlich, geheimnisvoll) hingegen bezeichnet die Erfahrung einer höchsten oder anderen Wirklichkeit, die sich jedem gedanklichen oder sprachlichen Zugriff entzieht und daher auch nicht wirklich mitteilbar ist.

Nachdem die Begriffe allgemein eingeführt und besprochen worden sind, geht es im Folgenden um Musils spezielle Vorstellung von Mystik und Rationalität. Dazu bietet sich die Lektüre des Tagebuchtexts auf dem **Arbeitsblatt 5**, S. 47 an, in dem Musil das plötzliche Fremdwerden des Alltags beschreibt. Die Schülerinnen und Schüler erhalten folgenden Auftrag:

■ *Lesen Sie die Passage aus Musils Tagebucheintragung „Aus dem stilisierten Jahrhundert". Beantworten Sie danach schriftlich folgende Fragen: Von welcher Erfahrung berichtet der Erzähler? Wie fühlt er sich in diesen Momenten gegenüber den anderen Menschen? Was versteht er unter den „2 x 2 = 4 Menschen"? Haben Sie ähnliche Momente wie der Erzähler schon selbst erlebt?*

Musil beschreibt einen Augenblick, in dem etwas so scheinbar Normales wie eine Straße – und mit ihr der ganze Alltag – plötzlich fremd und geheimnisvoll wird. Den meisten Menschen, den „2 x 2 = 4 Menschen", bleibt diese Sicht verschlossen. Sie glauben, die gesamte Wirklichkeit durch Verstand und Logik erklären zu können, übersehen dabei aber, dass es sich bei diesen Wirklichkeitsbeschreibungen letztlich um bloße Konventionen handelt. So fühlt sich der Mensch, der eine ‚andere', geheimnisvolle Seite der Wirklichkeit spürt, den anderen überlegen, er fühlt sich wie ein Hellseher unter Blinden.

---

[1] Robert Musil: Essays und Reden. Hg. v. Adolf Frisé. Reinbek bei Hamburg 1983, S. 1007
[2] „Rationalität u. Mystik, das sind die Pole der Zeit", schreibt Musil selbst in einem späten Tagebuch. (Robert Musil: Tagebücher I. Hg. v. Adolf Frisé. Reinbek bei Hamburg 1983, S. 389)
[3] Vgl. dazu auch Baustein 6.3.

Einige Antworten der Schülerinnen und Schüler werden vorgelesen. Ziel des anschließenden Unterrichtsgesprächs sollte es sein, dass die Lernenden erahnen können, was Musil unter dem ‚anderen' Zustand versteht, den er hier – wie auch in seinem Erstlingsroman „Törleß" – beschreibt. Vielleicht kennen einige aus der Klasse selbst ähnliche Augenblicke, in denen die Wirklichkeit auf einmal fremd und rätselhaft wird, etwa in Situationen großer Emotionen.

Bei aller Kritik an einer ausschließlich rationalen Sicht auf die Wirklichkeit befürwortet Musil aber keineswegs „gedankenlose" esoterische Schwärmereien über Mystik, Intuition und Gefühl. Er glaubt, dass sich philosophische Fragen nur durch *beide* Seiten – durch Rationalität *und* Mystik, durch Logik *und* Intuition, durch Denken *und* Gefühl – beantworten lassen. So stellt er den ‚anderen', mystischen Zustand zwar ins Zentrum vieler seiner Texte, bemüht sich aber darum, diesen Zustand rational zu erfassen. Seine Wertschätzung gegenüber (richtig verstandener, also nicht einseitig eingesetzter) Rationalität und Logik wird auch in seinem Essay „Der mathematische Mensch" deutlich. Die Schülerinnen und Schüler erhalten folgenden Auftrag:

> ■ *Lesen Sie den zweiten Textabschnitt auf dem Arbeitsblatt 5. Was kritisiert Musil hier an der Literatur seiner Zeit?*

Musil kritisiert, dass in der zeitgenössischen Literatur einerseits zu viel Wert auf das Gefühl gelegt, der Intellekt andererseits aber zu wenig beachtet, wenn nicht sogar abgewertet wird. Dadurch entsteht bloße, wertlose Schwärmerei. Um dem zu entgehen, bemüht sich Musil in seinem eigenen Werk um die Synthese von Gefühl und Intellekt, von Mystik und Rationalität.[1]

Die Ergebnisse dieses Unterrichtsschrittes lassen sich durch folgende Gegenüberstellung an der Tafel sichern:

„Die Pole der Zeit" (Robert Musil)

Rationalität	Mystik
Vernunft/Verstand/Logik	Gefühl/Intuition
Normalität	anderer Zustand
sprachlich beschreibbar ⟷	sprachlich nicht ausdrückbar
hell	dunkel
ungefährlich	gefährlich
Welt ist erklärbar	Welt ist rätselhaft

→ Musil bemüht sich in seinem Werk um eine Synthese der beiden Pole. Philosophische Fragen lassen sich seines Erachtens nur durch Rationalität *und* Mystik beantworten.

Literatur und Wissenschaft

Eng verbunden mit Musils Verhältnis zu Mystik und Rationalität ist seine Stellung zwischen Literatur und Wissenschaft. Wie kaum ein anderer Autor der Moderne ließ er Ergebnisse aus den unterschiedlichsten wissenschaftlichen Fachgebieten – wie Psychologie, Mathematik, Logik, Philosophie etc. – in sein literarisches Werk mit einfließen oder ging sogar explizit auf sie ein. Besonders deutlich ist diese Grenzwanderung im „Mann ohne Eigenschaften", in dem sich manche Kapitel thematisch wie stilistisch fast wie Essays lesen und die Romanfi-

---

[1] Vgl. zu diesen Dichotomien auch Baustein 6.3.

guren zum Teil ausdrücklich über wissenschaftliche und philosophische Themen diskutieren. Doch der Einfluss der Wissenschaft ist auch schon im Erstlingsroman spürbar, beispielsweise in der Episode über die imaginären Zahlen, in der sich Törleß an den Mathematiklehrer wendet.[1] Musil war sich dieser Stellung zwischen Literatur und Wissenschaft wohlbewusst, wie ein „Selbstgespräch" zeigt, das er kurz nach Beendigung des „Törleß" in seinem Tagebuch führt. In deutlicher Selbstkritik reflektiert er hier über den grundsätzlichen Unterschied zwischen den beiden Bereichen und muss sich eingestehen, dass er sie, bezogen auf sein eigenes Werk, kaum voneinander abgrenzen kann.

Dieser Unterrichtsschritt lässt sich wiederum gut mit dem bereits zu Beginn gelesenen Lexikonartikel zu Musil auf dem **Arbeitsblatt 3**, S. 45 beginnen, beispielsweise durch folgenden Arbeitsimpuls:

■ *Was sagt der Artikel über Musils Verhältnis zwischen Literatur und Wissenschaft aus? Welche wissenschaftlichen Gebiete haben ihn besonders beeinflusst?*

Voraussichtlich werden die Schülerinnen und Schüler schnell darauf kommen, dass Musils literarisches Werk stark von wissenschaftlichen Erkenntnissen und Methoden geprägt ist; im Artikel werden „seine Exaktheitsversessenheit, seine Orientierung an der Gestaltpsychologie, an moderner Logik und naturwissenschaftlicher Methodenlehre" ausdrücklich genannt. Die Diskussion ließe sich schließlich durch folgende allgemeine Frage auf den eigentlichen Unterrichtsgegenstand lenken:

■ *Inwiefern spiegelt sich dieses Verhältnis zur Wissenschaft auch im „Törleß" wider?*

In dem Gespräch kann und soll es natürlich noch nicht um Interpretationen einzelner Szenen gehen, sondern nur um allgemeine Beschreibungen über die Stellung des Romans zwischen Kunst und Wissenschaft. So könnte man hervorheben, dass die Romanfigur Törleß – ähnlich wie ihr Autor Musil – nach exakten, wissenschaftlichen Erklärungen für die erlebten Verwirrungen sucht. In der Sekundärliteratur wurde darüber hinaus immer wieder auch betont, dass der Roman wie ein wissenschaftliches Experiment angelegt sei, um psychologische und philosophische Fragen zu klären. So schreibt Jacqueline Magnou mit Blick auf den „Törleß", dass „Musil eine Reihe von Elementen ordnet, die das Feld des Experiments konstituieren wollen, und dann beobachtet, wie dieses Experiment verläuft".[2]

An dieser Stelle sollte nochmals daran erinnert werden, dass Musil zur Zeit der Romanentstehung Philosophie und Psychologie studiert hat und das erworbene Wissen offensichtlich in seinem Erstlingsroman verarbeitet hat. Hier lässt sich ein Referat über Musils Studienzeit in Berlin einbauen. Vor allem sollte es auf die von Musil rezipierten Philosophen und Psychologen namentlich eingehen, damit sich die Schülerinnen und Schüler ein erstes Bild von den wissenschaftlichen Einflüssen im „Törleß" machen können: Insbesondere sind hier Friedrich Nietzsche, Ernst Mach und Edmund Husserl zu nennen.[3] [4]

Die an das Referat anschließende Diskussion lässt sich durch Hinzuziehung von Musils im Tagebuch geführten Selbstgespräch (**Arbeitsblatt 6**, S. 48) vertiefen, das deutlich macht, dass er seine Stellung zwischen Literatur und Wissenschaft (hier speziell: Philosophie) zwar

---

[1] Siehe zur Episode der imaginären Zahlen ausführlich Baustein 6.3.

[2] Jacqueline Magnou: ‚Törleß' – Eine Variation über den Ödipus-Komplex? Einige Bemerkungen zur Struktur des Romans. In: Renate von Heydebrand (Hg.): Robert Musil. Darmstadt 1982 (= Wege der Forschung, Bd. 588), S. 296–318; hier S. 299

[3] Literaturempfehlungen für dieses Referat: Silvia Bonacchi: Robert Musils Studienjahre in Berlin 1903–1908. Saarbrücken 1992; Roland Kroemer: Ein endloser Knoten? Robert Musils „Verwirrungen des Zöglings Törleß" im Spiegel soziologischer, psychoanalytischer und philosophischer Diskurse. München 2004, S. 62–85

[4] Zum philosophischen Hintergrund im „Törleß" siehe ausführlich Baustein 6.

einerseits erkannt, andererseits aber als durchaus problematisch empfunden hat. Nach der gemeinsamen Lektüre des Tagebucheintrags erhalten die Schülerinnen und Schüler folgenden Schreibauftrag:

> ■ *Beschreiben Sie in wenigen eigenen Sätzen, worunter Musil leidet. Welche Unterschiede zwischen Dichtern und Philosophen nennt er in dem Tagebucheintrag? Zu wessen Seite zählt er sich selbst?*

Musil erkennt mit Befremden, dass sich Philosophisches in sein literarisches Werk mischt. Er versucht, die beiden Bereiche voneinander zu unterscheiden, und gelangt jeweils zu Vor- und Nachteilen: So vermisse er bei den Dichtern häufig das exakte, tiefgehende Denken, das typisch für den Philosophen sei. Dem wiederum gelinge es häufig nicht, seine Gedanken so gut und einfühlsam zu vermitteln wie dem Dichter. Angesichts der modernen Psychologie, die in immer tiefere Schichten der menschlichen Seele vordringt, fragt sich Musil, ob es überhaupt die Aufgabe der Literatur sei, ebenfalls neue Erkenntnisse zu gewinnen und darzustellen.

Während die Antworten der Schülerinnen und Schüler vorgelesen und diskutiert werden, könnten die Ergebnisse an der Tafel mitnotiert werden. Hier ein Vorschlag:

Musils Stellung zwischen Dichtung und Philosophie (Selbstgespräch im Tagebuch)

Dichter	Philosoph
zu wenig philosophisch	zu wenig menschlich
ihm fehlt häufig der tiefe Gedanke ←→	tiefe Gedanken
erreicht den Menschen	erreicht den Menschen häufig nicht

→ Offen bleibende Frage: Hat die Literatur überhaupt die Aufgabe, (wissenschaftliche) Erkenntnisse darzustellen?

Zum Abschluss dieses Unterrichtsschrittes könnte man mit den Schülerinnen und Schülern über ihr eigenes Verständnis von Literatur und Philosophie (resp. von Kunst und Wissenschaft) sprechen:

> ■ *Was halten Sie von Musils Auffassung? Welche Unterschiede sehen Sie zwischen Literatur und Philosophie? Welche unterschiedlichen Aufgaben sollen die Literatur und die Philosophie Ihrer Meinung nach erfüllen?*

In dem sich entwickelnden Gespräch werden die Lernenden voraussichtlich auf sehr unterschiedliche Antworten kommen. So etwa, dass die Philosophie die Wirklichkeit möglichst exakt und bis zu ihrem letzten Grund zu erklären, die Literatur hingegen die Stellung des einzelnen Menschen in dieser Wirklichkeit künstlerisch zu gestalten versucht. Vielleicht meinen manche auch, dass die Aufgabe der Philosophie vor allem in der Aufklärung und Erkenntnisgewinnung liege, die Aufgabe der Literatur hingegen eher in der Unterhaltung. Wie unterschiedlich die Antworten auch ausfallen mögen – eine einzig richtige Antwort kann es bei solch grundsätzlichen Fragen nicht geben. Das Ziel der Unterrichtsdiskussion sollte deshalb auch keine abschließende Ergebnissicherung sein; viel wichtiger ist es, dass die Schülerinnen und Schüler überhaupt zur Reflexion über das Thema angeregt werden.

Das Unanständige und Kranke

Im Lexikonartikel auf **Arbeitsblatt 3**, S. 45 wird auch darauf hingewiesen, dass in Musils Werk die Darstellung des Abseitigen, sexuell „Perversen" und Tabuisierten im Zentrum steht. So geht es im „Törleß" unter anderem um Homosexualität und Sadismus, in den „Vereini-gungen" um Sadismus, Fetischismus und Sodomie, im „Mann ohne Eigenschaften" um Inzest zwischen Geschwistern. Um die Schülerinnen und Schüler an diese Thematik heranzuführen, bietet sich der Unterrichtseinstieg direkt über den „Törleß" an. Zunächst wird gemeinsam die Szene gelesen, in der Törleß von Basini sexuell verführt wird (von S. 152: „Kein Traum zog durch seine Ruhe ..." bis S. 153: „Morgen erst wieder werde ich es sein! ... Morgen ...").[1] Danach sollen die Schülerinnen und Schüler in Paaren folgende Fragen beantworten:

■ *Was haben Sie bei der Lektüre der Verführungsszene empfunden? Wie hat Musil den Geschlechtsakt zwischen Törleß und Basini dargestellt? Achten Sie dabei auch auf seinen Stil. Was genau beschreibt er eigentlich, was machen die beiden Zöglinge miteinander?*

■ *Halten Sie seine Beschreibung für pervers oder pornographisch? Begründen Sie Ihre Meinung.*

Nach einer festgesetzten Zeit werden die Antworten vorgetragen und diskutiert. Vermutlich halten die Schülerinnen und Schüler die Szene keineswegs für pornographisch oder pervers. Im Gegensatz zur Pornographie, deren Absicht es ist, durch die direkte und konkrete Be-schreibung des Geschlechtsakts Lust zu erzeugen, deutet Musil die Sexualität zwischen Törleß und Basini lediglich an. Die Beschreibungen sind derart vage, dass nicht einmal zu sagen ist, *was genau* die beiden Zöglinge miteinander tun. Gerade deshalb können die Fantasien im Kopf des Lesers entstehen. Anstelle von konkreten Beschreibungen verwendet Musil Metaphern („in allen Gängen schienen die dunklen Fluten des Schweigens unbeweg-lich zu schlafen", S. 153) und Vergleiche („Während Basini sprach, [...], war er wieder wie ein tiefgrünes Meer über seine Sinne gesunken", S. 152). Selbst Törleß' Orgasmus am Ende wird lediglich angedeutet, umschrieben: „Nur in dem Augenblicke, als es ihn fortriß, wach-te er sekundenlang auf". (S. 153) Angesichts dieser Subtilität der Beschreibungen sexueller Vorgänge ist es aus heutiger Sicht kaum noch nachvollziehbar, weshalb der „Törleß" nach seinem Erscheinen vor 100 Jahren derart provozieren konnte.
Die Diskussion kann durch folgende allgemeine Frage weitergeführt werden:

■ *Was ist der Unterschied zwischen Pornographie und Kunst?*

Zur Vertiefung der Fragestellung kann auch der Ausschnitt aus Musils Essay „Das Unanstän-dige und Kranke in der Kunst" auf **Arbeitsblatt 7**, S. 49 herangezogen werden. Die Darstel-lung und Rezeption des Unanständigen und Kranken in der Kunst befriedigt, so Musil, ausschließlich künstlerische Interessen. Andere Bedürfnisse werden direkt, ohne Umweg und Sublimierung, in der Wirklichkeit befriedigt, Kunst braucht es dafür nicht. Der Kunst geht es darum, das Unanständige in seinen Beziehungen zu anderen Faktoren darzustellen, um es begreifbar und fühlbar zu machen. Hierbei gleicht die Kunst der Wissenschaft, die Sachver-halte ja ebenfalls in Beziehungsgefüge einbettet, um sie zu verstehen. Beide haben demnach das gleiche Ziel bei der Darstellung von Unanständigem und Krankem: Wissen und Erkennt-nis über diese Phänomene. Im Gegensatz aber zur Wissenschaft, die nach allgemein gültigen Erkenntnissen und Kausalitäten, nach einem zusammenfassenden Schema sucht, stellt Kunst den Einzelfall dar, sie interessiert sich für den individuellen Gefühlszusammenhang eines Menschen.

---

[1] Vgl. zu dieser Szene aus psychoanalytischer Sicht auch Baustein 5.2.

Die Schülerinnen und Schüler erhalten den folgenden Arbeitsauftrag:

■ *Lesen Sie den Ausschnitt aus Musils Essay auf Arbeitsblatt 7 und beantworten Sie folgende Fragen: Wie begründet Musil, dass die Darstellung des „Unanständigen" in der Literatur nicht unanständig ist? Welches Ziel verfolgt der Künstler mit der Darstellung des „Unanständigen"? Womit vergleicht Musil die Kunst in diesem Abschnitt? Was sind die Gemeinsamkeiten, was die Unterschiede?*

Die Ergebnisse können wie folgt an der Tafel zusammengefasst werden:

„Das Unanständige und Kranke in der Kunst" (Essay Musils)

- Die Darstellung des Unanständigen und Kranken in der Kunst befriedigt ausschließlich künstlerische Interessen.
- Wie die Wissenschaft sucht auch die Kunst nach Zusammenhängen zu anderen Faktoren, um das Unanständige und Kranke besser begreifen zu können.
- Kunst und Wissenschaft verfolgen also das gleiche Ziel, die Erweiterung des Wissens.
- Wissenschaft sucht nach allgemeinen Zusammenhängen, Kunst nach dem Einzelfall.

Als Abschluss und Rekapitulation dieses Unterrichtsschritts ist folgende schriftliche Hausarbeit denkbar:

■ *Musil wurde nach seiner Veröffentlichung des „Törleß" wegen der Schilderung homosexueller und sadistischer Vorgänge zwischen Heranwachsenden vor allem von bürgerlicher Seite stark kritisiert. Manche hielten den Roman sogar für pornographisch. Nehmen Sie dazu Stellung. Beziehen Sie sich in Ihrer Argumentation auch auf Musils eigene Ausführungen in seinem Essay „Das Unanständige und Kranke in der Kunst".*

2.2 Die literarische Moderne

Für ein besseres Verständnis eines literarischen Werks ist es sinnvoll, die Literaturepoche zu kennen, in der es entstanden ist. Der „Törleß" gehört zur literarischen Moderne, der Epoche ungefähr zwischen 1880 und 1920. „Literarische Moderne" ist die – recht unscharfe – Gesamtbezeichnung für alle literarischen Bewegungen der klassischen Avantgarde, zu der der Naturalismus, der Impressionismus, der Jugendstil und der Expressionismus zählen. Die Autoren dieser Epoche reagieren mit ihren Werken auf die tiefgreifenden sozialen und kulturellen Umbrüche gegen Ende des 19. Jahrhunderts. In dieser Zeit kam es zu immer stärkeren Erschütterungen des traditionellen Weltbilds, etwa durch Friedrich Nietzsches Philosophie, Sigmund Freuds Psychoanalyse, Albert Einsteins Relativitätstheorie und Max Plancks Quantentheorie. Deren neue Sicht auf die Wirklichkeit, die das Zufällige, Heterogene und Disparate allen Geschehens betonte, forderte den Schriftstellern eine neue literarische Beschreibung der Welt und der menschlichen Existenz ab. In dem Lexikonartikel auf dem **Arbeitsblatt 8**, S. 50 werden einige Besonderheiten der modernen Literatur vorgestellt. So reflektieren die Schriftsteller der literarischen Moderne verstärkt das gewachsene Selbstbewusstsein des Menschen, das einerseits mit einer größeren Handlungsfreiheit, andererseits aber auch mit Erfahrungen existenzieller Angst und Ohnmacht verbunden ist. Viele der Texte handeln von der Fremdheit und Verlassenheit des Menschen in einer nicht mehr durchschaubaren, sinnlos erscheinenden Welt. Die Darstellung der psychischen Innenwelt wird wichtiger als die Beschreibung der realen Außenwelt, wobei der Begriff der Realität ohnehin zunehmend problematisch wird. Die Wirklichkeit lässt sich nicht mehr länger einheitlich und konsistent darstellen, viele Autoren betonen denn auch das Widersprüchliche, Fragmentarische, Komplexe und Paradoxe des Seins. Auch die Sprache verliert ihre Selbstverständlichkeit und wird in zahlreichen Werken der literarischen Moderne explizit kritisiert und hinterfragt.

Als Einstieg in diese Unterrichtseinheit könnte man den Schülerinnen und Schülern in der Stunde zuvor folgende Hausaufgabe geben:

■ *Recherchieren Sie im Internet nach der Epoche der literarischen Moderne. In welchen Zeitraum wird diese Epoche eingeordnet? Was sind ihre Merkmale?*

Die gewonnenen Ergebnisse können stichpunktartig an die Tafel geschrieben werden, sodass sich allmählich eine konkretere Vorstellung über die Epoche der literarischen Moderne ergibt. Zusätzlich bietet sich die gemeinsame Lektüre des Lexikonartikels auf dem **Arbeitsblatt 8**, S. 50 an. In dem folgenden Unterrichtsgespräch über den Artikel sollte es weniger darum gehen, mit den Lernenden Detailinformationen zu besprechen, als vielmehr eine Ahnung von dem tiefgreifenden sozialen und kulturellen Epochenwandel um 1900 zu vermitteln, der mit Namen wie Friedrich Nietzsche, Sigmund Freud, Albert Einstein oder Max Planck verbunden ist und auf den die literarische Moderne ästhetisch reagiert.[1]

Die aus der Internetrecherche und der Lektüre des Lexikonartikels gewonnenen Ergebnisse können in folgendem Tafelbild festgehalten werden:

Literarische Moderne (ca. 1880–1920)

Sammelbegriff einzelner moderner Literaturepochen: Naturalismus, Impressionismus, Jugendstil und Expressionismus

Literatur reagiert auf die Erschütterung des traditionellen Weltbilds (etwa durch F. Nietzsche, S. Freud, A. Einstein, M. Planck)

Wichtige Merkmale:

- Reflexion des Selbstbewusstseins
- Verändertes Realitätsverständnis
- Bedeutung des Augenblicks
- Problematisierung der Sprache

…

Zur Vertiefung können die Ergebnisse im weiteren Unterrichtsgespräch auf den „Törleß" übertragen werden. Hierbei kann folgende Frage das Gespräch anregen:

■ *Haben Sie eine Idee, inwieweit der „Törleß" ein Vertreter der literarischen Moderne ist?*

---

[1] Zu Freud siehe Baustein 5; zu Nietzsche siehe Baustein 6.

Die Schülerinnen und Schüler sollen diskutieren, ob und inwiefern Musils Roman ein typischer Vertreter der literarischen Moderne ist. Dabei könnte insbesondere überlegt werden, ob die im Tafelbild angeführten Merkmale dieser Epoche auch auf den „Törleß" zutreffen. Natürlich kann man nicht davon ausgehen, dass die Lernenden den Roman schon so gut kennen, dass sie für ihre Antworten auf spezielle Textpassagen hinweisen können; aber allgemeine Ideen, inwiefern sich Merkmale der literarischen Moderne im Roman wiederfinden, sind durchaus auch nach einer ersten Lektüre erwartbar: Mögliche Antworten werden hier nur in aller Kürze skizziert, da die angesprochenen Themen in den folgenden Bausteinen ausführlicher dargestellt werden:

Reflexion des Selbstbewusstseins: Der Lexikonartikel auf dem **Arbeitsblatt 8**, S. 50 betont, dass Texte der literarischen Moderne vorwiegend das gewachsene Selbstbewusstsein des modernen Subjekts reflektieren. Thema ist häufig seine paradoxe Stellung zwischen Autonomie und der permanenten Angst, an der neuen Verantwortung zu scheitern. Die Darstellung der menschlichen Innenwelt und der subjektiven Wahrnehmung tritt an die Stelle von Beschreibungen der Außenwelt. Schon dieser Aspekt macht Musils Roman zu einem typischen Vertreter der literarischen Moderne. Bereits sein Titel „Die Verwirrungen des Zöglings Törleß" weist darauf hin, dass es in dem Text vor allem um psychische Vorgänge geht. Und tatsächlich nimmt die Beschreibung der Innenwelt des Protagonisten wesentlich mehr Raum ein als die Beschreibungen der Außenwelt, die zudem häufig die Befindlichkeit von Törleß widerspiegeln. (Vgl. zu Törleß' psychischer Entwicklung insbesondere Baustein 5.)

Verändertes Realitätsverständnis: Das Realitätsverständnis hat sich in der Moderne radikal verändert. Die Wirklichkeit lässt sich nicht mehr eindeutig beschreiben, sie ist unsicher und komplex geworden. Aus dieser Unsicherheit resultiert eine Vielzahl unterschiedlichster, sich teils widersprechender Welterklärungen. Niemand kann mehr Anspruch auf die einzig gültige Wahrheit erheben. Auch in Musils Erstlingsroman spiegelt sich das veränderte Realitätsverständnis wider. So fühlt sich Törleß in der Welt nicht mehr heimisch, er ist einsam und entfremdet. Auf seiner Suche nach Antworten stößt er immer wieder auf andere Wirklichkeitskonzepte – ob nun auf das esoterische Beinebergs, das wissenschaftliche des Mathematiklehrers oder das christliche des Religionslehrers etc. –, die ihn in ihrer Heterogenität aber nur noch mehr verunsichern. Letztgültige Antworten findet er nicht, *kann* er als Figur der literarischen Moderne nicht finden. (Vgl. zur Erschütterung des traditionellen Welt- und Wirklichkeitsbilds Baustein 6.)

Bedeutung des Augenblicks: Wie der Artikel darstellt, wird die Wirklichkeit in der Moderne zunehmend fragil, traditionelle Raum- und Zeitkonzepte drohen sich aufzulösen, Innen- und Außenwelt fließen ineinander über. Die Veränderungen sind derart tiefgreifend, dass die Identität des Subjekts zunehmend problematisch wird. Vor diesem Hintergrund ist es verständlich, dass in der Moderne der Augenblick an Bedeutung gewinnt. Denn dieser Moment im Hier und Jetzt ist für das moderne Ich gleichsam die Möglichkeit, sich seiner selbst – trotz aller Bedrohungen – zu versichern. Auch in Musils Roman spielt der Augenblick eine besondere Rolle. Hier ist es der von Törleß erlebte Moment des „Sprungs", des Wechsels von der hellen Alltagswelt in eine ‚andere' dunkle Welt. (Vgl. zum Sprung zwischen Ich und Es Baustein 5.2.)

Problematisierung der Sprache: In einer Welt, in der die Wirklichkeit immer unsicherer wird, muss auch die Sprache ihre einstige Selbstverständlichkeit verlieren. Immer lauter wurde in der Moderne daher die Frage, ob Worte die Realität, aber auch subjektive Wahrnehmungen adäquat abbilden können. Die daraus resultierende Sprachskepsis spiegelt sich, wie der Lexikonartikel betont, in der literarischen Moderne wider. So unternehmen viele moderne Texte den paradox anmutenden Versuch, über die Grenzen der Sprache – durch

Sprache – zu sprechen. Eines der bekanntesten Beispiele für diese Sprachskepsis der literarischen Moderne ist Musils „Törleß". Immer wieder muss die Titelfigur die Erfahrung machen, ihre Empfindungen nicht wirklich ausdrücken zu können. Mit einigem Recht ließe sich daher behaupten, dass die Grenzen der Sprache das eigentliche Thema des Romans sind und die Verwirrungen von Törleß letztlich verursachen. (Vgl. zur Sprachskepsis im „Törleß" Baustein 6.2.)

2.3 Der Schulroman um 1900

Anfang des 20. Jahrhunderts entdeckten zahlreiche Schriftsteller des Deutschen Kaiserreiches und der k.u.k. Monarchie Österreich-Ungarn einen neuen, in der Literatur bislang nur selten gewählten Stoff: die Schule, damals häufig eine Kadettenanstalt. Vor dem Hintergrund eigener Erfahrungen schufen die meist noch jungen Autoren Werke, in denen das herrschende Erziehungssystem hart kritisiert wurde. Eine neue literarische Gattung war geboren, der Schul- und Kadettenroman. Von den damals in kaum überschaubarer Anzahl erschienenen Romanen und Geschichten sind auch heute noch etliche bekannt. Viele der Autoren, die später Weltruhm erlangt haben, verfassten – häufig als Erstlingswerk – einen Text dieses Genres. In Emil Strauß' Roman „Freund Hein" (1902) beispielsweise zerbricht der sensible und künstlerisch begabte Schüler Heiner an den Erwartungen von Eltern und Schule; als seine Versetzung in Gefahr ist, erschießt er sich. Ähnlich ergeht es Hans Giebenrath, dem Protagonisten aus Hermann Hesses „Unterm Rad" (1906): Auch sein Leben endet unter dem übersteigerten Erwartungsdruck der Schule noch in jungen Jahren. In anderen Romanen und Erzählungen stehen die Lehrer und Erzieher, häufig gnadenlose und egozentrische Machtmenschen, im Zentrum. So schuf Heinrich Mann mit „Professor Unrat" (1905) das Urbild des Lehrertyrannen, wie es im Wilhelminischen Kaiserreich nur allzu häufig vertreten war. Und Rainer Maria Rilke, der selbst in einer streng militärisch geführten Kadettenanstalt erzogen wurde, gestaltete in seiner frühen Erzählung „Die Turnstunde" (1902) eine Szene, die auch heute nichts an ihrer Drastik verloren hat: Nachdem ein Kadett im Turnsaal vor Überanstrengung gestorben ist, lassen die Lehrer – hier keine Pädagogen, sondern Offiziere – die Mitschüler in Reih und Glied antreten: „Euer Kamerad Gruber ist soeben gestorben. Herzschlag. Abmarsch!"

Als Einstieg in diese Unterrichtsphase bietet sich ein Referat oder auch ein kurzer Lehrervortrag über das Genre des Schulromans um 1900 an.[1] Die Lernenden gewinnen so einen ersten Überblick über die damalige literarische Modeerscheinung und erfahren vor allem, dass Musils „Törleß" als Schulroman in einer langen Reihe vergleichbarer Werke steht. Günstig wäre es, wenn auch allgemein auf die gesellschaftlichen Bedingungen, insbesondere auf das strenge, militärisch durchdrungene Erziehungssystem der damaligen k.u.k. Monarchie und des Deutschen Kaiserreichs eingegangen würde. Nur so wird es verständlich, weshalb derart viele – meist überaus kritische – Texte über Schulen und Kadettenanstalten entstanden sind.

Fortfahren könnte man mit der Lektüre der „Turnstunde" von Rilke (**Arbeitsblatt 9**, S. 52). Diese Geschichte eignet sich als Textbeispiel für den Unterricht zum einen aufgrund ihrer Kürze, zum anderen weil sie in ihrer Schilderung des strengen Schulbetriebs repräsentativ für viele andere Kadettengeschichten um 1900 ist. Nach der gemeinsamen Lektüre und dem

---

[1] Literaturempfehlungen für dieses Referat: Robert Minder: Kadettenhaus, Gruppendynamik und Stilwandel von Wildenbruch bis Rilke und Musil. In: Ders.: Kultur und Literatur in Deutschland und Frankreich. Fünf Essays. Frankfurt a.M. 1977, S. 76–95; York-Gothart Mix: Die Schulen der Nation. Bildungskritik in der Literatur der Moderne. Stuttgart 1995; Stefan Rogal: Unterrichtsmodell zu Hermann Hesse: Unterm Rad. EinFach Deutsch. Hg. von Johannes Diekhans. 3. Aufl. Paderborn 2005

daran anschließenden allgemeinen Gespräch über die Leseeindrücke der Schülerinnen und Schüler lässt sich der Unterrichtsfortgang durch folgende Fragen lenken:

■ *Was erfahren Sie über die hier geschilderte Schule? Welchen Eindruck vermitteln die Schilderungen? Woran erinnern Sie die Beschreibungen?*

Die Lehrkraft notiert die Antworten – das können sowohl einzelne Begriffe aus dem Text als auch allgemein gewonnene Lektüreeindrücke sein – stichpunktartig an die Tafel. So entsteht allmählich das Bild einer streng geführten Kadettenanstalt, die eher einer Kaserne als einer Schule gleicht. Das Tafelbild könnte schließlich folgendermaßen ausschauen:

Die Schule in Rainer Maria Rilkes Geschichte „Die Turnstunde"

- Militärschule
- streng, gnadenlos, brutal
- Disziplin
- Keine Privatsphäre
- Lehrer sind Soldaten: Unteroffiziere, Feldwebel, Oberstleutnant
- Kurze Kommandos wie beim Militär, z. B.: „Compagnie, Marsch!"
- Regimentsarzt
- Schüler tragen Uniformen
- Glocke, Stundenzeichen

→ Die von Rilke beschriebene Kadettenanstalt erinnert eher an eine Militärkaserne, in der Soldaten gedrillt, als an eine Schule, in der junge Menschen erzogen werden sollen.

Rilke konnte bei der Arbeit an der „Turnstunde" auf eigene Erfahrungen zurückgreifen: Unter anderem war er Kadett in der Militär-Oberrealschule Mährisch-Weißkirchen, musste diese Schule aber bald wegen Krankheit verlassen. Fast wären er und Musil Schulkameraden geworden! Denn Musil kam nach seiner Zeit in der Militär-Realschule Eisenstadt (1892–1894) auf die gleiche Militär-Oberrealschule, allerdings wenige Jahre nach Rilkes Austritt. Beide Dichter haben ihre damaligen Internatserfahrungen literarisiert.

Wie Karl Corino aufgezeigt hat, finden sich zahlreiche Parallelen zwischen Musils Erlebnissen in den besuchten Kadettenanstalten und seinen Schilderungen im „Törleß". Auch aus den späteren Tagebucheintragungen und Briefen Musils lassen sich solche Korrelationen entnehmen. Die Überschneidungen von Realität und Fiktion im „Törleß" reichen von Orten, wie dem Bahnhof oder dem alten Badehaus, über Parallelen zwischen der Romanhandlung und den realen, in den damaligen Jahrbüchern vermerkten Vorgängen im Institut bis hin zu auffälligen Namensähnlichkeiten. So wurde beispielsweise aus Musils Mitschüler Richard Freiherr von Boineburg-Lengsfeld die literarische Figur Beineberg, Jarto Reising von Reisinger ist das historische Pendant von Reiting, und Basini verdankt seinen Namen dem Internatszögling Alexander Baksy.

Nach der Lektüre und dem Unterrichtsgespräch über Rilkes Kadettengeschichte bietet es sich an, die historischen Fotografien der Militärschulen Eisenstadt und Mährisch-Weißkirchen (**Arbeitsblatt 10**, S. 55) zu zeigen, die Musil selbst besucht hat. (Am sinnvollsten ist wohl, die Fotografien auf eine Folie zu kopieren, um sie auf einem Overhead-Projektor zeigen zu können.) Nach den Beschreibungen in Rilkes Text gewinnen die Schülerinnen und Schüler nun auch einen visuellen Eindruck vom damaligen Erziehungssystem. Sie erhalten folgenden Schreibauftrag:

■ *Begeben Sie sich in die Bilder. Was empfinden Sie, was sehen und hören Sie? Welche Atmosphäre vermitteln die Bilder?*

Wie Rilkes Geschichte, so wecken auch die Fotografien eher Assoziationen an Militär und Drill als an Schule und Erziehung. Die in Reih und Glied marschierenden Uniformierten gleichen eher Soldaten als Schülern. Auch der Speisesaal und der Schlafsaal, die an Einrichtungen in einer Kaserne erinnern, lassen die Enge und Strenge des damaligen Erziehungssystems erahnen.

Zur Vertiefung dieses Unterrichtsschrittes bietet sich an dieser Stelle ein Referat über Musils Kadettenjahre in den Militärschulen Eisenstadt und Mährisch-Weißkirchen an. Der Referent sollte hier insbesondere auf die zahlreichen Parallelen zwischen Realität und Fiktion eingehen. Es ist sicherlich interessant zu erfahren, dass und inwiefern sich reale Schauplätze und Personen, teils nur leicht abgewandelt, im Roman wiederfinden. Die Schülerinnen und Schüler haben damit Gelegenheit, die Entstehung eines literarischen Werkes nachzuvollziehen und Einblicke in den Schaffensprozess eines Dichters zu gewinnen.[1]

Durch das Schülerreferat sind teils erstaunliche Parallelen zwischen Realität und Fiktion deutlich geworden. Vergleicht man Musils autobiographischen Hintergrund mit den im „Törleß" geschilderten Details, fallen allerdings auch Unterschiede auf. Der wichtigste ist sicherlich die Darstellung des Internats selbst. Im Gegensatz zur realen Militärschule in Mährisch-Weißkirchen, die Musil im Rückblick drastisch das „A-loch des Teufels" nennt, ist die Schule im Roman ein feudales Konvikt, das „auf dem Boden einer frommen Stiftung errichtet worden war" (S. 8). Sofern überhaupt vom Schulbetrieb berichtet wird, scheint das Institut nicht streng-militärisch, sondern vornehm, fast gemütlich zu sein, hier gibt es sogar „koffertragende[] Diener" (S. 135). Keine Rede im Roman vom „UO-geist der Militärerziehung", keine Rede von „Kavalleriekadetten", „Militäroberrealschüler",[2] „Klassenfeldwebel" und „Artillerieoffiziere", an die sich Musil in seinem Tagebuch erinnert. Auch von der „Paradeuniform" und den „aller Beschreibung spottenden Schulmonturen" in Mährisch-Weißkirchen ist im Roman nichts zu lesen. „Ärger als Sträflinge"[3] haben es die Romanfiguren sicherlich nicht, der Unterricht scheint ihnen sogar noch viel Freizeit und Freiraum für andere Beschäftigungen zu lassen. Auch die Lehrer werden im Roman wesentlich humaner dargestellt, als sie es in der Realität waren. Sie sind keine erbarmungslosen Offiziere, als die sie Rilke in Erinnerung an Mährisch-Weißkirchen beschrieben hat, sondern harmlose, fast spießbürgerliche Zivilisten mit „schmalen Schultern, mit spitzen Bäuchen auf dünnen Beinen und mit Augen, die hinter ihren Brillen harmlos wie Schäfchen weideten, als sei das Leben nichts als ein Feld voll Blumen ernster Erbaulichkeit" (S. 161).

Diese Unterschiede sollen die Schülerinnen und Schüler in kleinen Gruppen (zu je 3–4 Schülern) herausarbeiten. Sie erhalten dafür **Arbeitsblatt 10**, S. 55 mit folgendem Auftrag:

■ *Lesen Sie Musils Tagebucherinnerungen an seine Kadettenzeit und betrachten Sie noch einmal die Fotografien der Kadettenanstalten. Inwiefern unterscheiden sich die hier beschriebenen und abgebildeten realen Schulen von der Anstalt, die im Roman beschrieben ist? Achten Sie dabei z. B. auf die Lehrer, auf die herrschende Atmosphäre etc.*

---

[1] Literaturempfehlungen für dieses Referat: Karl Corino: Törleß ignotus. Zu den biographischen Hintergründen von Robert Musils Roman „Die Verwirrungen des Zöglings Törleß". In: Text und Kritik 21/22 (1968), S. 18–25; Karl Corino: Robert Musil. Leben und Werk in Bildern und Texten. Reinbek bei Hamburg 1992, S. 51–65; Karl Corino: Robert Musil. Eine Biographie. Hamburg 2003, S. 93–120

[2] Alle Zitate: Robert Musil: Tagebücher I. Hg. v. Adolf Frisé. Reinbek bei Hamburg 1983, S. 953

[3] Alle Zitate: Ebd., S. 936

Zur Beantwortung könnte man sich zum einen auf einzelne Textpassagen im Roman beziehen (siehe Zitate in der folgenden Tafelanschrift), in denen die Schule und die Lehrer explizit beschrieben werden, zum anderen aber auch auf die allgemeine Atmosphäre hinweisen, die im Internat zu herrschen scheint. So gewinnt man bei der Romanlektüre eigentlich nicht den Eindruck, dass die Schüler in einem besonders strengen, gar militärischen Umfeld erzogen werden. Im Gegenteil, die Anforderungen des Tages lassen ihnen offensichtlich noch genug Energie und Freizeit, um in der Nacht ihren heimlichen Beschäftigungen auf dem Dachboden nachzugehen.

Die Ergebnisse der Gruppenarbeiten können durch folgende Gegenüberstellung an der Tafel zusammengefasst werden:

Musils Kadettenanstalten – Realität und Fiktion

	Musil	„Törleß"
Name der Kadettenanstalten	Militär-Realschule Eisenstadt Militär-Oberrealschule Mährisch-Weißkirchen	Konvikt zu W. (S. 9)
Atmosphäre	Streng, militärisch „A-loch des Teufels" „UO-geist der Militärerziehung" „Ärger als Sträflinge"	Gemütlich, vornehm Feudales Konvikt, das „auf dem Boden einer frommen Stiftung errichtet worden war" (S. 8)
Erzieher und Personal	Soldaten „Klassenfeldwebel" „Artillerieoffiziere"	Zivilisten Lehrer mit „schmalen Schultern, mit spitzen Bäuchen auf dünnen Beinen und mit Augen, die hinter ihren Brillen harmlos wie Schäfchen weideten" (S. 161) „koffertragende Diener" (S. 135)

→ Die Kadettenanstalten, die Musil real besucht hat, waren wesentlich strenger und militärischer als das eher bürgerliche Internat, das Musil im „Törleß" beschreibt.

Als Abschluss dieser Erarbeitungsphase kann darüber diskutiert werden, weshalb Musil die Schule im Roman um einiges harmloser dargestellt hat, als er sie selbst erlebt hat. Das Unterrichtsgespräch könnte durch folgende Fragen eingeleitet werden:

■ *Welchen Grund könnte Musil dafür gehabt haben, die Schule im „Törleß" nicht genauso streng und beengend darzustellen, wie er sie als Jugendlicher erlebt hat? Welche Konsequenzen hätte es für die Romaninterpretation, wenn der Fokus der Erzählung auf der Beziehung zwischen Kadetten und Lehrern gelegen hätte?*

Musil stellt das Internat im „Törleß" nicht als gnadenlose, militärisch streng geführte Kadettenanstalt dar, weil es ihm weder um eine (naturalistische) Beschreibung der damaligen Schulen noch um eine damit verbundene Kritik am herrschenden Erziehungssystem geht. Die Interpretationen, die nach der Veröffentlichung seines Romans in genau diese Richtung gingen, wies er ausdrücklich zurück: „Man rühmte an mir die ‚Psychologie' und den ‚Realismus', u. viele glaubten ein ‚Erlebnis-', wenn nicht gar ‚Bekenntnisbuch' vor sich zu haben; namentlich Pädagogen wollten von mir ‚Genaueres' erfahren, worin ich sie in meinen Antworten dann nach Kräften enttäuschte."[1] Musil ging es nicht um eine Kritik des Erziehungssystems, sondern darum, die psychische Entwicklung und die daraus entstehenden philosophischen Fragen seiner Titelfigur darzustellen. Hätte er den Schulalltag so beengend und die Lehrer so streng beschrieben, wie er sie selbst in der Realität erlebt hatte, so hätte man Törleß' Verwirrungen allzu schnell durch die im Internat herrschenden gesellschaftlichen Strukturen zu erklären versucht. So aber muss man bei der Lektüre nach anderen Erklärungen suchen, wie sie beispielsweise in späteren Bausteinen dieses Unterrichtsmodells (insbesondere 5 und 6) vorgestellt werden.

Als Ausklang dieses Bausteins könnte man der Klasse die Romanverfilmung „Der junge Törleß" (1966) von Volker Schlöndorff zeigen. Die Vorführung bietet sich an dieser Stelle nicht zuletzt deshalb an, weil durch sie noch einmal ein sehr starker Eindruck von der Atmosphäre der Kadettenanstalten um 1900 entsteht.

Alternativ wäre auch die Vorführung des Films „Crazy" (2000) von Hans-Christian Schmid denkbar, der auf Benjamin Leberts gleichnamigem Schulroman (1999) basiert. Der Film, der von Jugendlichen in einem Internat aus unserer Zeit erzählt, bietet einen guten Kontrast zu den Beschreibungen der Erziehungsanstalten vor über 100 Jahren.

Notizen

_____

_____

_____

_____

_____

_____

_____

_____

_____

_____

_____

_____

_____

_____

---

[1] Robert Musil: Gesammelte Werke in neun Bänden. Hg. v. Adolf Frisé, Reinbek bei Hamburg 1978. Bd. 7, S. 967

Robert Musil (Lexikonartikel)

Musil, Robert (Edler von), österr. Schriftsteller, * Klagenfurt 6.11.1880, † Genf 15.4.1942. – Nach seinen Kindheitsjahren in Komotau, Steyr und Brünn besuchte der
5 Sohn eines Ingenieurs und späteren Professors zwischen 1892 und 1897 die Kadettenanstalten von Eisenstadt und Mährisch-Weißkirchen. Das Szenario zu seinem ersten Roman, *Die Verwirrungen des Zög-*
10 *lings Törleß* (1906), bezog M. aus dieser Erfahrung. Ein Maschinenbaustudium in Brünn (1901 Ingenieur) und die folgende Assistenztätigkeit an der Technischen Hochschule Stuttgart empfand er als unbefriedigend. Ab 1903 lebte er als
15 Student der Philosophie und Experimentellen Psychologie in Berlin. 1908 promovierte er mit einer Arbeit über Ernst Mach zum Dr. phil., schlug aber eine weitere wissenschaftliche Tätigkeit aus, um sich ganz der „künstlerischen Literatur" zuzuwenden.
20 Nach Erscheinen des Novellenbandes *Vereinigungen* (1911) arbeitete M. zunächst als Bibliothekar (1911–13), nach seinem Kriegseinsatz an der Isonzo-Front (bis 1916) als Redakteur einer Soldatenzeitung und später als Beamter in österreichischen Ministeri-
25 en. Die Veröffentlichung des Dramas *Die Schwärmer* (1921) ermutigte M. zu einem Leben als Theaterkritiker und freier Schriftsteller.
Erwähnungen eines Romanprojekts mit wechselnden Titeln reichen im Tagebuch bis zum Jahr 1905
30 zurück. In den 20er-Jahren verfaßte M. zwar noch die Posse *Vinzenz und die Freundin bedeutender Männer* (1924) und publizierte den Novellenband *Drei Frauen* (1924, NA 1952), doch arbeitete er fast ausschließlich und unter zunehmendem finanziellen Druck an sei-
35 nem großen Roman *Der Mann ohne Eigenschaften*, der 1930 und 1933 in Teilbänden fragmentarisch erschien. In diesen Jahren lebte M. in Berlin, kehrte aber 1933 „nach Errichtung des ‚Dritten Reiches', obwohl kein äußerer Zwang auf ihn wirkte, Deutsch-
40 land den Rücken" (Musil) und ging nach Wien zurück. Die deutsche Besetzung Österreichs 1938 veranlasste ihn zur Emigration (mit seiner jüdischen Frau Martha) über Italien in die Schweiz, wo er isoliert, verarmt und weitgehend vergessen an einem Gehirnschlag 45 starb.

So oft M.s Werk auch wegen eines durchgehenden Zuges von „Rationalität und Mystik", von „Ironie und Utopie" mit romantischen Ideen, vor allem mit Novalis 50 und F. v. Schlegel, in Verbindung gebracht worden ist, so sehr ist es durch seine Exaktheitsversessenheit, seine Orientierung an der Gestaltpsychologie, an moderner Logik und naturwissenschaftlicher Methodenlehre wesentlich von der 55 Literaturtradition des 19. Jh.s unterschieden. Auch wenn sich M. dazu bekannte, „in Formfragen konservativ" zu sein, so galt ihm die Literaturgeschichte doch nur als Vorstufe zur Lösung moralischer Fragen; selbst von großen Werken konnte er anführen, dass 60 sie in wesentlichen Teilen „verwittert" seien. Die Einflüsse F. Nietzsches auf M.s Werk gehen so weit, dass man diesem philosophische Originalität überhaupt abgesprochen hat. Zu den literarischen Vorbildern gehören G. Büchner, Ch. F. Hebbel und F. M. Dosto- 65 jewski. In der Literatur des 20. Jh.s wird M. vorwiegend mit H. Broch und P. Valéry in Verbindung gebracht.

Die Darstellung des „Unanständigen und Kranken in der Kunst", wie es im Titel von M.s erstem Essay 70 heißt, bestimmt das Gesamtwerk vom *Törleß* an. Doch ebenso wie dort der Autor die Homosexualität nur als „Vorwand" verstanden wissen wollte, werden auch in den *Vereinigungen* Sadismus, Fetischismus und Sodomie weniger tiefenpsychologisch erfasst als 75 vielmehr ästhetisch motiviert. Im „Perversen" deckte M. Möglichkeiten des „Ausnahmsmenschen" auf; Dichtung verstand er als Teilnahme an der „Erfindung des inneren Menschen", der oft gerade in extremen Situationen souverän wird. [...] 80

Aus: Harenberg Lexikon der Weltliteratur. Autoren – Werke – Begriffe. Vollständig überarbeitete und aktualisierte Studienausgabe. Dortmund: Harenberg 1989, S. 2067 f. © Bibliographisches Institut & F. A. Brockhaus, Mannheim

Robert Musil, 1930

- *Inwiefern hat Musils Leben konkrete Auswirkungen auf sein literarisches Werk?*

- *Nennen Sie Stationen seines Lebens, die für die Entstehung seines Erstlingsromans „Törleß" wichtig sind.*

- *Welche Merkmale von Musils Werk werden im Lexikonartikel hervorgehoben?*

- *Was sagt der Artikel über Musils Verhältnis zu Literatur und Wissenschaft aus? Welche wissenschaftlichen Gebiete haben ihn besonders beeinflusst?*

Zusammenfassung des Lexikonartikels zu Robert Musil

Robert Musil – Leben und Werk

Wichtige Lebensstationen:

6.11.1880:	Geburt in Klagenfurt
1892–1894:	Besuch der Militär-Unterrealschule in Eisenstadt
1894–1897:	Besuch der Militär-Oberrealschule in Mährisch-Weißkirchen
1898–1901:	Maschinenbau-Studium an der Technischen Hochschule Brünn
1903–1908:	Studium der Philosophie, besonders der Logik, und der Experimentellen Psychologie an der Universität Berlin
1908	Promotion in Philosophie, Physik und Mathematik mit einer Dissertation über den Philosophen und Physiker Ernst Mach
ab 1908:	Arbeit als freier Schriftsteller
1933:	Umzug von Berlin nach Wien
1938:	Emigration in die Schweiz
15.4.1942:	Tod in Genf

Wichtige Werke:

1906:	Die Verwirrungen des Zöglings Törleß (Roman)
1911:	Vereinigungen (Novellen)
1921:	Die Schwärmer (Drama)
1923:	Vinzenz und die Freundin bedeutender Männer (Posse)
1924:	Drei Frauen (Novellen)
1930:	Der Mann ohne Eigenschaften, 1. Teil (Roman)
1932:	Der Mann ohne Eigenschaften, 2. Teil (Roman)

Merkmale seines Werkes:

- Rationalität und Mystik
- Literatur zwischen Kunst und Wissenschaft
- Das Abgründige, Dunkle der menschlichen Seele; häufig sexuelle „Perversionen"

Ausschnitte aus Musils Essays

Aus dem stilisierten Jahrhundert

Wissen Sie, wie eine Straße aussieht? Ja?! Wer sagt Ihnen dass eine Straße nur das ist, wofür Sie es halten. Sie können sich nicht vorstellen, dass es noch etwas anderes sein könnte? –

5 Das kommt von der zweimalzwei ist vier – Logik. Ja aber 2 x 2 ist doch 4! Gewiss, wir sagen es und weiter geht die Sache niemanden an.

Aber es gibt doch auch Dinge die ihre Existenz nicht bloß einem Übereinkommen unter uns Menschen

10 verdanken und da können wir unserer Logik nicht so unbedingt trauen. Wozu übrigens sich weiter beschweren. Was ich Ihnen sagen will bedarf gar keiner solchen Einleitungen es beruht bloß auf einem Empfindungsgegensatze: Treten Sie auf die Straße hinaus

15 so sind Sie plötzlich unter lauter 2 x 2 = 4 Menschen. Fragen Sie einen von diesen: Bitte was ist eine Straße,

so erhalten Sie die Antwort: „Straße – Straße, Schluss, bitte stören Sie mich nicht weiter" Sie schütteln den Kopf: Straße = Straße: Sie denken nach und beobachten Ihre Umgebung. Nach einiger Zeit finden Sie: 20 „Aha Straße, die Leute sagen, etwas gerades, taghelles, dient um sich darauf fortzubewegen. Und Sie empfinden plötzlich ein colossales Überlegenheitsgefühl, wie ein Hellsehender unter Blinden. Sie sagen sich: Ich weiß ganz bestimmt, dass eine Straße nichts ge- 25 rades, taghelles ist, sondern dass sie vergleichsweise ebensogut etwas Vielverzweigtes, Geheimnis- und Rätselvolles ist, sein kann, mit Fallgruben und unterirdischen Gängen, versteckten Kerkern und vergrabenen Kirchen. Sie wundern sich wieso Ihnen gerade 30 das einfällt und lassen es doch im Geiste bei diesen Ausdrücken bewenden ...

Aus: Robert Musil, „Tagebücher". Herausgegeben von Adolf Frisé. Copyright © 1976, 1983 by Rowohlt Verlag GmbH, Reinbek bei Hamburg

■ *Von welcher Erfahrung berichtet der Erzähler?*

■ *Wie fühlt er sich in diesen Momenten gegenüber den anderen Menschen?*

■ *Was versteht er unter den „2 x 2 = 4 Menschen"?*

■ *Haben Sie ähnliche Momente wie der Erzähler schon selbst erlebt?*

Der mathematische Mensch

Ein kleines Misslingen genügte, uns vom Verstand abzubringen, und wir gestatten jedem öden Schwärmer, das Wollen eines d'Alembert oder Diderot[1] eitlen Rationalismus zu schelten. Wir plärren für das Gefühl gegen den Intellekt und vergessen, dass Gefühl ohne 5 diesen – abgesehen von Ausnahmefällen – eine Sache so dick wie ein Mops ist. Wir haben damit unsre Dichtkunst schon so weit ruiniert, dass man nach je zwei hintereinander gelesenen deutschen Romanen ein Integral auflösen muss, um abzumagern. 10

Aus: Robert Musil, Gesammelte Werke Bd. 8, Essays und Reden, hrsg. von Adolf Frisé. Copyright © 1978 by Rowohlt Verlag GmbH, Reinbek bei Hamburg

---

[1] zwei dem Rationalismus verpflichtete Aufklärer

■ *Was kritisiert Musil hier an der Literatur seiner Zeit?*

Musils Selbstgespräch über Dichtung und Philosophie

13. V. Unterhalten wir uns ein wenig mit uns selbst
Herr Musil. Sie haben also Tage, wo sie die Künstler
nicht lieben?
Ja.
5 Und auch solche, wo Sie die Philosophen meiden?'
In der Tat. Bald sind mir die Einen zu wenig philosophisch, bald die Anderen zu wenig menschlich.
Und heute?
Heute halte ich es mit den Künstlern. Ich habe mich
10 im Institut geärgert und saß dafür abends neben
einem Tisch mit Künstlern, deren harmlose Heiterkeit mich ergötzte.
Harmlose Heiterkeit ist beinahe ein Schlagwort; es ist
die Art, wie man ehemals den Künstler einschätzte.
15 Hm wohl, Sie rühren da an eine heikle Stelle.
Verzeihung.
Nicht nötig. Wir müssen uns hierüber einmal aussprechen. Ich muss gestehen, dass ich – trotzdem ich
glaube ein Künstler zu sein – nicht weiß, was das ist.
20 Das Philosophische irritiert mich. Ich leide unter dieser Vermengung. Leide tatsächlich. Mein Begriff von
Philosoph ist anspruchsvoller geworden; er reißt das
an sich, was ich bisher als das Wesentliche am Künstler ansah.
25 Sie machten mir schon einmal hierüber Andeu-
tungen. Der Philosoph lässt den tiefsinnigen Künstler
nicht gelten, sagten Sie.
So ist es. Tiefsinn kann nicht tief genug, nicht exakt
genug sein.
30 Das würde sich aber zunächst doch nur gegen die
Maeterlincks, Hardenbergs, Emersons u. Ä. richten.
Diese werden ihren Einfällen nicht gerecht, lassen
sich zu sehr durch dieselben faszinieren u. dgl. Ein
Dichter ist aber doch erst der, welcher einen solchen
35 Gedanken in einen Menschen hineinsetzt, seine Wir-

kung in menschlichen Beziehungen schildert u. dgl.
Dazu fehlt doch dem Philosophen das Talent?
Das wohl; aber dem Dichter der Gedanke. Er kann
einen Gedanken nicht mit der Feinheit durchbilden,
die der Geschmack des Philosophen beansprucht. 40
Ist dies aber auch nötig? Soll der Dichter nicht gerade
in einem gewissen mittleren Niveau seine Gedanken
suchen und sie vivifizieren?
Auch ich habe hieran schon gedacht. Und zwar in
Betrachtung der Psychologie. Dieselbe hat heute sehr 45
exakte indirekte Methoden, mittels derer sie sonst
ganz der Beobachtung unzugängliche Vorgänge bloß-
legt, – eine Art von Gehirnspiegeln. Dies wird voraussichtlich noch weiter fortschreiten. Es werden immer
tiefer liegende Elemente freigelegt. Berührt dies aber 50
die Darstellung des Schriftstellers? Er arbeitet immer
nur mit den Complexen, die sich dem ersten Blick
darbieten. Wie der Maler nicht Atome sondern luft-
umhüllte Körper darstellt, so er die an der Oberfläche
liegenden Gedanken u. Gefühle und nicht psychische 55
Elemente.
Nun rühmt man es aber an einem Schriftsteller, wenn
er in die Tiefe dringt!
Und gerade hierin suchte ich ja das Auszeichnende!
Und ersichtlich geschieht es mit der Selbstbeobach- 60
tung als mit einem untauglichen Werkzeug! Es ist
aussichtslos, falsch hierein seinen Ehrgeiz zu setzen!
Deswegen gewinnen jene abgeschmackten Theorien,
vom Spiel der Fantasiekräfte, vom schönen Schein u.
dgl. für mich jetzt neue Bedeutung. Doch ich bin 65
müde, wir kommen heute nicht zu Ende. Gute Nacht
Herr Musil
Gute Nacht Herr Musil.

■ *Beschreiben Sie in wenigen eigenen Sätzen, worunter Musil leidet.*

■ *Welche Unterschiede zwischen Dichtern und Philosophen nennt er in dem Tagebucheintrag?*

■ *Zu wessen Seite zählt er sich selbst?*

Robert Musil: Das Unanständige und Kranke in der Kunst

Kunst kann Unanständiges und Krankes wohl zum Ausgangspunkt wählen, aber das daraufhin Dargestellte – nicht die Darstellung, sondern das dargestellte Unanständige und Kranke – ist weder unanständig
5 mehr noch krank. Ohne alles Sakristeigeplapper von der Mission des Künstlers ist das ein Axiom[1], das allein schon aus der nüchternen Betrachtung der spezifischen Funktion folgt, durch die das Kunstwerk zustande kommt. Andere Begierden als künstlerische
10 befriedigt man nämlich nicht durch sie; man kann solche viel einfacher und ohne ablenkende Anstrengungen in der Wirklichkeit befriedigen und man befriedigt sie mit hinreichender Genugtuung überhaupt nur in der Wirklichkeit. Das Bedürfnis nach (künstle-
15 rischer) Darstellung empfinden, heißt – selbst dann, wenn Begierden des wirklichen Lebens den Anstoß geben sollten – kein dringendes Bedürfnis nach ihrer direkten Befriedigung haben. Es heißt etwas darstellen: seine Beziehungen zu hundert andern Dingen
20 darstellen; weil es objektiv nicht anders möglich ist, weil man nur so etwas begreifbar und fühlbar machen kann, ... wie ja auch wissenschaftliches Verständnis nur durch Vergleichen und Verknüpfen entsteht, wie menschliches Verstehen überhaupt entsteht. Und
25 wenn auch diese hundert anderen Dinge wieder unanständig oder krank wären: die Beziehungen sind es nicht, das Auffinden von Beziehungen ist es niemals. Es ist nicht anders als bei der Wissenschaft; in wissenschaftlichen Büchern findet man alles, die harm-
30 losen anatomischen Unanständigkeiten und Perversitäten, deren inneres Bild man aus den Elementen einer gesunden Seele kaum mehr rekonstruieren kann; man lasse sich durch Deckeinstellungen, wie Mitgefühl, soziale Verpflichtung oder die (zwin-
35 kernde) Heilandsmaske der Mediziner nicht täuschen, das Interesse an den Vorgängen ist ein direktes, es sucht Wissen. Und auch die Kunst sucht Wissen; sie stellt das Unanständige und Kranke durch seine Beziehungen um Anständigen und Gesunden
40 dar, das heißt nicht anderes als: sie erweitert ihr Wissen vom Anständigen und Gesunden.

Der Eindruck, den ein Künstler erhält, irgend etwas Gemiedenes, eine unbestimmte Empfindung, ein Gefühl, eine Willensregung, zerlegt sich in ihm und die Bestandteile, losgelöst aus ihrem gewohnheitsstarren 45 Zusammenhange, gewinnen plötzlich unerwartete Beziehungen zu oft ganz anderen Gegenständen, deren Zerlegung dabei unwillkürlich mit anklingt. Bahnungen werden so geschaffen und Zusammenhänge gesprengt, das Bewusstsein bohrt sich seine Zugänge. Das Ergeb- 50 nis ist: eine meist nur ungenaue Vorstellung des zu schildernden Vorganges, aber ringsherum ein dunkles Klingen seelischer Verwandtschaften, ein langsames Bewegen weiter Gefühls-, Willens- und Gedankenzusammenhänge. Dies ist, was wirklich geschieht, und 55 so sieht ein kranker, häßlicher, unverständlicher oder bloß konventionell missachteter Vorgang in dem Gehirn des Künstlers aus. So aber – in eine Kette von Beziehungen verknüpft, von einer Bewegung ergriffen, die ihn hebt, mit sich zieht und den Druck seiner 60 Schwere aufhebt – muss es auch in dem Gehirn dessen aussehen, der die Darstellung versteht. Dieses Ganze ist der Gegenstand, der dargestellt wird, und darauf beruht – und auf nichts anderem, auf keiner mit Hofschauspielerdezenz leierschlagenden Sittlichkeit – ei- 65 ne reinigende, automatisch entsinnlichende Wirkung der Kunst. Was in der Wirklichkeit wie ein heißer Tropfen zusammengeballt bleibt, wird hier aufgelöst, auseinandergezogen, verflochten, – verseligt, vermenschlicht. Es genügt, einmal das Werk eines Kranken in 70 Händen gehabt zu haben, um den Unterschied des Produktes zu verstehen.

Freilich, die Kunst stellt nicht begrifflich, sondern sinnfällig dar, nicht Allgemeines, sondern Einzelfälle, in deren kompliziertem Klang die Allgemeinheiten 75 ungewiss mittönen, und während bei dem gleichen Fall ein Mediziner für den allgemeingültigen Kausalzusammenhang sich interessiert, interessiert sich der Künstler für einen individuellen Gefühlszusammenhang, der Wissenschaftler für ein zusammenfassendes 80 Schema des Wirklichen, der Künstler für die Erweiterung des Registers von innerlich noch Möglichem und darum ist Kunst auch nicht Rechtsklugheit, sondern – eine andere. [...]

---

[1] Grundlegender, ohne Beweis einleuchtender Lehrsatz

Aus: Robert Musil, Gesammelte Werke Bd. 8, Essays und Reden, hrsg. von Adolf Frisé. Copyright © 1978 by Rowohlt Verlag GmbH, Reinbek bei Hamburg

■ *Wie begründet Musil, dass die Darstellung des „Unanständigen" in der Literatur nicht unanständig ist?*

■ *Welches Ziel verfolgt der Künstler mit der Darstellung des „Unanständigen"?*

■ *Womit vergleicht Musil die Kunst in diesem Abschnitt? Was sind die Gemeinsamkeiten, was die Unterschiede?*

Literarische Moderne (Lexikonartikel)

[...] Spätestens seit dem 19. Jh. sind die Menschen in den dynamischen modernen Prozess verwickelt, der durch Individualisierung, Differenzierung, Spezialisierung und Abstraktion gekennzeichnet ist sowie
5 durch Technologisierung, Säkularisierung[1], Rationalisierung und Verwissenschaftlichung. Die moderne Welt ist „entzaubert" (M. Weber), alles Über-Natürliche ist ihr genommen, und das Künstliche als das vom Menschen Geschaffene wird ihre eigentliche
10 Natur. Moderne Kunst ahmt daher nicht mehr Natur nach, sie ist nicht mehr von einem traditionellen Konzept der Mimesis[2] geprägt, sondern ihr obliegt es, relevante Inhalte erst zu gestalten. Wahrheit, Schönheit und Gutes sind dabei nicht mehr in einem Pla-
15 tonischen Sinne absolut, sondern multidimensional und nur relativ gültig. Dazu treten in den Poetiken des 19. Jh.s radikale Änderungen der klassischen Kategorien des Schönen: Ch. Baudelaire z. B. feiert nicht das Schöne, sondern das Künstliche und das Neue,
20 inklusive des Hässlichen und des Schmerzes. Alle Versuche, die Widersprüchlichkeit, Zwiespältigkeit, Relativität und Multiperspektivität der M. zu überwinden, erscheinen als verzweifelte Bemühungen, das Leiden an der modernen Vielfalt und der Eigenver-
25 antwortung im Leben zu beseitigen, das Leben weniger komplex und widersprüchlich zu machen. Ein solcher Versuch, der als typisch modern gesehen wird, ist z. B. der Faschismus. Auch der Kommunismus steht als Idee zur Aufhebung von Gegensätzen
30 im modernen Kontext, wie ebenso verschiedenste Formen des Fundamentalismus, der sich immer als wahre und monolithische[3] Lösung in komplexen Situationen, und damit auch als Aufhebung der M., anbietet. – Die literar. M. reflektiert das gewachsene
35 Selbstbewusstsein und ist wesentlich durch die typisch moderne Paradoxie geprägt, was zu einer großen Vielfalt der Darstellungen der modernen Situation führt. Sie sind danach sortierbar, ob sie Zwiespältigkeit und Gegensätzlichkeit beibehalten oder eine ein-
40 seitige Position favorisieren, wie etwa der sozialistische Realismus, der Naturalismus oder auch der Realismus. Der Realismus und Naturalismus des 19. Jh.s wurden zunächst als typisch moderne Formen der Lit. verstanden, da sie versprachen, die zeitge-
45 mäße Wirklichkeit in angemessener Weise wiederzugeben. Mit dem sich ändernden Verständnis von Realität und den Formen ihrer Wahrnehmung und Darstellung wandelt sich jeweils auch die Sicht in bezug auf die Art und Weise der Repräsentation von Wirklichkeit in Lit. Die Darstellung der menschlichen 50 Innenwelt und der subjektiven Wahrnehmung wird im 20. Jh. immer wichtiger gegenüber der Darstellung von Außenwelt. Klassische Lit. der M., wie etwa J. Joyces Ulysses (1922), zeigt dabei deutlich, wie sehr Innenwelt und Außenwelt ständig ineinanderflie- 55 ßen. Die Epiphanieerlebnisse[4] der Joyce'schen Figur Daedalus im Dublin zu Beginn des 20. Jh.s sind ebenso nur von relativer Gültigkeit wie die der Leser. In ihnen verbinden sich immer materielle Alltäglichkeiten mit ideeller, subjektiver Bedeutungszuwei- 60 sung, und die Relevanz der Epiphanie verschiebt sich bei jeder Veränderung in den Polen Innen und Außen wieder von neuem. Die Bedeutung des Augenblicks, die u.a. K. H. Bohrer (1981) für die Ästhetik der M. hervorhebt, basiert auf dieser sich ständig verschie- 65 benden Relevanz der Verbindung von Innen und Außen, die keine feste Identität der Protagonisten mehr zulässt. Die moderne Erfahrung, wie sie Ulysses vermittelt, ist geprägt durch die Betonung von Widersprüchlichkeit, Fragmentarisierung, Komplexität 70 und Paradoxie, die zu Pluralität, Vielschichtigkeit und permanentem Wandel führt. Da die traditionellen Sinngebungen des Lebens, die klassischen Mythen, in der M. nicht mehr ihre Funktion erfüllen, werden sie zerstört, parodiert und in der Lit. rekons- 75 truiert bzw. durch neue Mythen von nur relativer Gültigkeit ersetzt. Die M. und ihre Geschichte erscheint als „anarchisch" (T. S. Eliot), ohne Ordnungs- und Sinngefüge, sodass E. Durkheim für sie den Begriff „Anatomie" verwendet, der auf einen 80 wesentlichen Grund für die hohe Selbstmordrate in der M. verweist. Für C. G. Jung ist Schizophrenie eine typische Zeiterscheinung der M. Da es in der M. keine überzeitlich gültigen Mythen mehr geben kann, Sinngebungen für menschliches Leben aber unerläss- 85 lich sind, wächst die Bedeutung von Lit. und mit ihr die Relevanz der Sinn konstituierenden Leser, denn der „Wahrheitsgehalt der Werke der literar. M. liegt diesen nicht voraus, weder im Leben des Autors noch in der Gesellschaft, der sie sich verdanken. Wir müs- 90 sen ihn durch denkende Aneignung hervorbringen" (Bürger 1996, S. 1311). Das macht die oft beklagte

---

[1] Verweltlichung, Loslösung von den Bindungen an die Kirche
[2] Nachahmung
[3] von „Monolith": aus einem einzigen Stein gehauenes Denkmal
[4] Epiphanie = Erscheinung

Schwierigkeit moderner Lit. aus, aber auch ihren bes.
Reiz. Moderne Lit. reflektiert das neue und sich im-
95 mer wieder wandelnde Selbstbewusstsein der Menschen zwischen den Extremen der Autonomie und
der völligen Abhängigkeit von den gesellschaftlichen
Umständen. Die M. wird als eine Krisensituation dargestellt, in der alle Traditionen und Sicherheiten ver-
100 loren sind und der Mensch häufig unbehaust, im
Exil, auf Wanderschaft, vereinsamt oder entfremdet
ist. Neben der Problematisierung des menschlichen
Selbstverständnisses steht dabei die Infragestellung
aller Wahrnehmungsformen im Vordergrund. Nicht
105 die Handlung als äußerliches Geschehen ist das
Wichtigste, sondern der Versuch, aus Handlungs-,
Erlebnis- und Wahrnehmungsfragmenten eine sinn-
volle Struktur zu gestalten. Der Bewusstseinsstrom
erscheint in diesem Kontext als eine typisch moderne

Form der Wahrnehmungsdarstellung, die mit einer 110
für die M. ebenso typischen Differenzierung einer
Einheit, nämlich S. Freuds Aufspaltung des Subjekts
in Ich, Über-Ich und Es, korrespondiert. Chronologie
als wichtiges Ordnungselement geht in moderner Lit.
häufig verloren; auch die Zeit erscheint als eine bloße 115
Relation in Abhängigkeit von anderen Variablen. Ge-
dankenlogik oder eindeutige Gefühle werden ersetzt
durch fragmentarische Bilder und komplexe Anspielungen. Sprache und ihre Fähigkeit zur Repräsentation wird zu einem herausragenden Problem, da Be- 120
deutung nicht mehr vorgegeben, sondern von aktiven
konkreten Sinnsetzungen der Menschen innerhalb
bestimmter Situationen abhängig ist. [...]

Aus: Metzler Lexikon Literatur- und Kulturtheorie. Ansätze – Personen – Grundbegriffe. Herausgegeben von Ansgar Nünning. S. 379f. © 2004 J. B. Metzlersche
Verlagsbuchhandlung Carl Ernst Poeschel Verlag GmbH in Stuttgart

■ *Welche Merkmale der literarischen Moderne werden im Lexikonartikel genannt?*

■ *Inwiefern steht die Literatur der Moderne vor ganz anderen Herausforderungen als die frühere
Literatur?*

Rainer Maria Rilke: Die Turnstunde[1]

In der Militärschule zu Sankt Severin. Turnsaal. Der Jahrgang steht in den hellen Zwillichblusen, in zwei Reihen geordnet, unter den großen Gaskronen. Der Turnlehrer, ein junger Offizier mit hartem braunen 5 Gesicht und höhnischen Augen, hat Freiübungen kommandiert und verteilt nun die Riegen. „Erste Riege Reck, zweite Riege Barren, dritte Riege Bock, vierte Riege Klettern! Abtreten!" Und rasch, auf den leichten, mit Kolophonium isolierten Schuhen, zerstreuen 10 sich die Knaben. Einige bleiben mitten im Saale stehen, zögernd, gleichsam unwillig. Es ist die vierte Riege, die schlechten Turner, die keine Freude haben an der Bewegung bei den Geräten und schon müde sind von den zwanzig Kniebeugen und ein wenig 15 verwirrt und atemlos.

Nur Einer, der sonst der Allerletzte blieb bei solchen Anlässen, Karl Gruber, steht schon an den Kletterstangen, die in einer etwas dämmerigen Ecke des Saales, hart vor den Nischen, in denen die abgelegten 20 Uniformröcke hängen, angebracht sind. Er hat die nächste Stange erfasst und zieht sie mit ungewöhnlicher Kraft nach vorn, sodass sie frei an dem zur Übung geeigneten Platze schwankt. Gruber lässt nicht einmal die Hände von ihr, er springt auf und bleibt, 25 ziemlich hoch, die Beine ganz unwillkürlich im Kletterschluss verschränkt, den er sonst niemals begreifen konnte, an der Stange hängen. So erwartet er die Riege und betrachtet – wie es scheint – mit besonderem Vergnügen den erstaunten Ärger des kleinen pol- 30 nischen Unteroffiziers, der ihm zuruft, abzuspringen. Aber Gruber ist diesmal sogar ungehorsam und Jastersky, der blonde Unteroffizier, schreit endlich: „Also, entweder Sie kommen herunter oder Sie klettern hinauf, Gruber! Sonst melde ich dem Herrn Ober- 35 lieutenant ..." Und da beginnt Gruber, zu klettern, erst heftig mit Überstürzung, die Beine wenig aufziehend und die Blicke aufwärts gerichtet, mit einer gewissen Angst das unermessliche Stück Stange abschätzend, das noch bevorsteht. Dann verlangsamt sich seine 40 Bewegung; und als ob er jeden Griff genösse, wie etwas Neues, Angenehmes, zieht er sich höher, als man gewöhnlich zu klettern pflegt. Er beachtet nicht die Aufregung des ohnehin gereizten Unteroffiziers, klettert und klettert, die Blicke immerfort aufwärts ge- 45 richtet, als hätte er einen Ausweg in der Decke des Saales entdeckt und strebte danach, ihn zu erreichen. Die ganze Riege folgt ihm mit den Augen. Und auch aus den anderen Riegen richtet man schon da und dort die Aufmerksamkeit auf den Kletterer, der sonst 50 kaum das erste Drittel der Stange keuchend, mit ro-

tem Gesicht und bösen Augen erklomm. „Bravo, Gruber!", ruft jemand aus der ersten Riege herüber. Da wenden viele ihre Blicke aufwärts, und es wird eine Weile still im Saal, – aber gerade in diesem Augenblick, da alle Blicke an der Gestalt Grubers hängen, 55 macht er hoch oben unter der Decke eine Bewegung, als wollte er sie abschütteln; und da ihm das offenbar nicht gelingt, bindet er alle diese Blicke oben an den nackten eisernen Haken und saust die glatte Stange herunter, sodass alle immer noch hinaufsehen, als er 60 schon längst, schwindelnd und heiß, unten steht und mit seltsam glanzlosen Augen in seine glühenden Handflächen schaut. Da fragt ihn der eine oder der andere der ihm zunächst stehenden Kameraden, was denn heute in ihn gefahren sei. „Willst wohl in die 65 erste Riege kommen?" Gruber lacht und scheint etwas antworten zu wollen, aber er überlegt es sich und senkt schnell die Augen. Und dann, als das Geräusch und Getöse wieder seinen Fortgang hat, zieht er sich leise in die Nische zurück, setzt sich nieder, schaut 70 ängstlich um sich und holt Atem, zweimal rasch, und lacht wieder und will was sagen ... aber schon achtet niemand mehr seiner. Nur Jerome, der auch in der vierten Riege ist, sieht, dass er wieder seine Hände betrachtet, ganz darüber gebückt wie einer, der bei 75 wenig Licht einen Brief entziffern will. Und er tritt nach einer Weile zu ihm hin und fragt: „Hast du dir weh getan?" Gruber erschrickt. „Was?", macht er mit seiner gewöhnlichen, in Speichel watenden Stimme. „Zeig mal!" Jerome nimmt die eine Hand Grubers 80 und neigt sie gegen das Licht. Sie ist am Ballen ein wenig abgeschürft. „Weißt du, ich habe etwas dafür", sagt Jerome, der immer Englisches Pflaster von zu Hause geschickt bekommt, „komm dann nachher zu mir." Aber es ist, als hätte Gruber nicht gehört; er 85 schaut geradeaus in den Saal hinein, aber so, als sähe er etwas Unbestimmtes, vielleicht nicht im Saal, draußen vielleicht, vor den Fenstern, obwohl es dunkel ist, spät und Herbst.

In diesem Augenblick schreit der Unteroffizier in sei- 90 ner hochfahrenden Art: „Gruber!" Gruber bleibt unverändert, nur seine Füße, die vor ihm ausgestreckt sind, gleiten, steif und ungeschickt, ein wenig auf dem glatten Parkett vorwärts. „Gruber!", brüllt der Unteroffizier und die Stimme schlägt ihm über. Dann 95 wartet er eine Weile und sagt rasch und heiser, ohne den Gerufenen anzusehen: „Sie melden sich nach der Stunde. Ich werde Ihnen schon ..." Und die Stunde geht weiter. „Gruber", sagt Jerome und neigt sich zu dem Kameraden, der sich immer tiefer in die Nische 100

---

[1] erste Niederschrift: 1899; ausgearbeitet: Ende 1901; gedruckt: 1902 (endgültige Fassung)

zurücklehnt, „es war schon wieder an dir, zu klettern, auf dem Strick, geh mal, versuchs, sonst macht dir der Jastersky irgendeine Geschichte, weißt du ..." Gruber nickt. Aber statt aufzustehen, schließt er
105 plötzlich die Augen und gleitet unter den Worten Jeromes durch, als ob eine Welle ihn trüge, fort, gleitet langsam und lautlos tiefer, tiefer, gleitet vom Sitz, und Jerome weiß erst, was geschieht, als er hört, wie der Kopf Grubers hart an das Holz des Sitzes prallt
110 und dann vornüberfällt ... „Gruber!", ruft er heiser. Erst merkt es niemand. Und Jerome steht ratlos mit hängenden Händen und ruft: „Gruber, Gruber!" Es fällt ihm nicht ein, den anderen aufzurichten. Da erhält er einen Stoß, jemand sagt ihm: „Schaf", ein
115 anderer schiebt ihn fort, und er sieht, wie sie den Reglosen aufheben. Sie tragen ihn vorbei, irgendwohin, wahrscheinlich in die Kammer nebenan. Der Oberleutnant springt herzu. Er gibt mit harter, lauter Stimme sehr kurze Befehle. Sein Kommando
120 schneidet das Summen der vielen schwatzenden Knaben scharf ab. Stille. Man sieht nur da und dort noch Bewegungen, ein Ausschwingen am Gerät, einen leisen Absprung, ein verspätetes Lachen von einem, der nicht weiß, um was es sich handelt. Dann hastige
125 Fragen: „Was? Was? Wer? Der Gruber? Wo?" Und immer mehr Fragen. Dann sagt jemand laut: „Ohnmächtig." Und der Zugführer Jastersky läuft mit rotem Kopf hinter dem Oberleutnant her und schreit mit seiner boshaften Stimme, zitternd vor Wut. „Ein
130 Simulant, Herr Oberleutnant, ein Simulant!" Der Oberleutnant beachtet ihn gar nicht. Er sieht geradeaus, nagt an seinem Schnurrbart, wodurch das harte Kinn noch eckiger und energischer vortritt, und gibt von Zeit zu Zeit eine knappe Weisung. Vier Zög-
135 linge, die Gruber tragen, und der Oberleutnant verschwinden in der Kammer. Gleich darauf kommen die vier Zöglinge zurück. Ein Diener läuft durch den Saal. Die vier werden groß angeschaut und mit Fragen bedrängt: „Wie sieht er aus? Was ist mit ihm? Ist er
140 schon zu sich gekommen?" Keiner von ihnen weiß eigentlich was. Und da ruft auch schon der Oberleutnant herein, das Turnen möge weitergehen, und übergibt dem Feldwebel Goldstein das Kommando. Also wird wieder geturnt, beim Barren, beim
145 Reck, und die kleinen dicken Leute der dritten Riege kriechen mit weitgekretschten Beinen über den hohen Bock. Aber doch sind alle Bewegungen anders als vorher; als hätte ein Horchen sich über sie gelegt. Die Schwingungen am Reck brechen so plötzlich ab und
150 am Barren werden nur lauter kleine Übungen gemacht. Die Stimmen sind weniger verworren und ihre Summe summt feiner, als ob alle immer nur ein Wort sagten: „Ess, Ess, Ess ..." Der kleine schlaue Krix horcht inzwischen an der Kammertür. Der Unteroffi-
155 zier der zweiten Riege jagt ihn davon, indem er zu einem Schlage auf seinen Hintern ausholt. Krix

springt zurück, katzenhaft, mit hinterlistig blitzenden Augen. Er weiß schon genug. Und nach einer Weile, als ihn niemand betrachtet, gibt er dem Pawlowitsch weiter: „Der Regimentsarzt ist gekommen." 160
Nun, man kennt ja den Pawlowitsch; mit seiner ganzen Frechheit geht er, als hätte ihm irgendwer einen Befehl gegeben, quer durch den Saal von Riege zu Riege und sagt ziemlich laut: „Der Regimentsarzt ist drin." Und es scheint, auch die Unteroffiziere in- 165
teressieren sich für diese Nachricht. Immer häufiger wenden sich die Blicke nach der Tür, immer langsamer werden die Übungen; und ein Kleiner mit schwarzen Augen ist oben auf dem Bock hocken geblieben und starrt mit offenem Mund nach der Kam- 170
mer. Etwas Lähmendes scheint in der Luft zu liegen. Die Stärksten bei der ersten Riege machen zwar noch einige Anstrengungen, gehen dagegen an, kreisen mit den Beinen; und Pombert, der kräftige Tiroler, biegt seinen Arm und betrachtet seine Muskeln, die 175
sich durch den Zwillich hindurch breit und straff ausprägen. Ja, der kleine, gelenkige Baum schlägt sogar noch einige Armwellen, und plötzlich ist diese heftige Bewegung die einzige im ganzen Saal, ein großer flimmernder Kreis, der etwas Unheimliches 180
hat inmitten der allgemeinen Ruhe. Und mit einem Ruck bringt sich der kleine Mensch zum Stehen, lässt sich einfach unwillig in die Knie fallen und macht ein Gesicht, als ob er alle verachte. Aber auch seine kleinen stumpfen Augen bleiben schließlich an der 185
Kammertür hängen.
Jetzt hört man das Singen der Gasflammen und das Gehen der Wanduhr. Und dann schnarrt die Glocke, die das Stundenzeichen gibt. Fremd und eigentümlich ist heute ihr Ton; sie hört auch ganz unvermittelt 190
auf, unterbricht sich mitten im Wort. Feldwebel Goldstein aber kennt seine Pflicht. Er ruft: „Antreten!" Kein Mensch hört ihn. Keiner kann sich erinnern, welchen Sinn dieses Wort besaß, – vorher. Wann vorher? „Antreten!", krächzt der Feldwebel bö- 195
se und gleich schreien jetzt die anderen Unteroffiziere ihm nach: „Antreten!" Und auch mancher von den Zöglingen sagt wie zu sich selbst, wie im Schlaf: „Antreten! Antreten!" Aber im Grunde wissen alle, dass sie noch etwas abwarten müssen. Und da geht 200
auch schon die Kammertür auf; eine Weile nichts; dann tritt Oberleutnant Wehl heraus und seine Augen sind groß und zornig und seine Schritte fest. Er marschiert wie beim Defilieren und sagt heiser: „Antreten!" Mit unbeschreiblicher Geschwindigkeit fin- 205
det sich alles in Reihe und Glied. Keiner rührt sich. Als wenn ein Feldzeugmeister da wäre. Und jetzt das Kommando: „Achtung!" Pause und dann, trocken und hart: „Euer Kamerad Gruber ist soeben gestorben. Herzschlag. Abmarsch!" Pause. 210
Und erst nach einer Weile die Stimme des diensttuenden Zöglings, klein und leise: „Links um! Marschie-

ren: Compagnie, Marsch!" Ohne Schritt und langsam wendet sich der Jahrgang zur Tür. Jerome als der
215 Letzte. Keiner sieht sich um. Die Luft aus dem Gang kommt, kalt und dumpfig, den Knaben entgegen. Einer meint, es rieche nach Karbol. Pombert macht laut einen gemeinen Witz in Bezug auf den Gestank. Niemand lacht. Jerome fühlt sich plötzlich am Arm
220 gefasst, so angesprungen. Krix hängt daran. Seine Augen glänzen und seine Zähne schimmern, als ob er beißen wollte. „Ich hab ihn gesehen", flüstert er atemlos und presst Jeromes Arm und ein Lachen ist innen in ihm und rüttelt ihn hin und her. Er kann kaum weiter: „Ganz nackt ist er und eingefallen und ganz 225 lang. Und an den Fußsohlen ist er versiegelt ..."
Und dann kichert er, spitz und kitzlich, kichert und beißt sich in den Ärmel Jeromes hinein.

Aus: Rainer Maria Rilke: Die Turnstunde. In: Ders.: Werke. Bd. III, 1, Prosa. Frankfurt am Main. 1996, S. 63–70

■ *Was erfahren Sie über die hier geschilderte Schule? Welchen Eindruck vermitteln die Schilderungen? Woran erinnern Sie die Beschreibungen?*

Historische Fotografien und Erinnerungen Musils an seine Kadettenzeit

Die entscheidende Wendung Eisenstadt: Ich wollte hin, weil ich lange Hosen tragen wollte. Papa wollte es im Gedenken an Onkel Rudolf u. in der Berechnung: Mit 19 ½ Jahren sei ich Leutnant, ernähre mich selbst u. sei mit einem erschwinglichen Taschengeld ein wohlhabender Mann, dessen Zukunft sicher ist. Mama schien wohl die Idee gefasst zu haben, dass man mir nicht alles

5 durchlassen dürfe. Vielleicht war sie manchmal streng oder heftig, was meine Knabenwürde verletzte u. eine wütende Reaktion auslöste. Ich ließ mich nicht erziehen, u. schon gar nicht mit Gewalt. So waren wir alle einvernehmlich, uns zu trennen. Aber kaum geschehen, packte mich in E. das leidenschaftliche Heimweh! Leidenschaftliches Kind.

Heute erinnere ich mich zufällig u. plötzlich an das Umgebensein von vielen Artillerieoffizieren

10 in der Akademie. Liebe zu dieser Uniform, die ruhig im Bunten ist; damals spürte ich aber keine.

Die Erziehung war, mit Ausnahme der Akademie, fast ganz unteroffiziersmäßig. Die Lehrgehilfen u. der Klassenfeldwebel (u. meine Opposition gegen ihn). Die Monturen u. das Schuhwerk. Die bloß nicht passende Paradeuniform u. die aller Beschreibung spottenden Schulmonturen. Ärger

15 als Sträflinge. Die Waschgelegenheiten u. „Globusterbeeren". Die Abtritte. Dabei ein Bild der Schulwiese in Eisenstadt mit den überall turnenden Zöglingen.

Meine Reinlichkeit heute noch eine Überkompensation?

Warum haben meine Eltern nicht protestiert? Heute noch unverständlich.

Mensch!

K. u. R. Militär-Unterrealschule in Kismarton (Speisesaal).

Speisesaal der Militär-Realschule Eisenstadt

MW-Hranice (Das A-loch des Teufels.) Kavalleriekadetten u. Militäroberrealschüler. Die wahre Geschichte des Törleß. Der alte UO-geist der Militärerziehung. Unterschied in der Akademie u. plötzlich schwerer Abschied.

Militär-Realschule Eisenstadt

Waschkammer der K. u. K. Militär-Oberrealschule und Ansichten von Mährisch-Weiskirchen

■ *Begeben Sie sich in die Bilder. Was empfinden Sie, was sehen und hören Sie? Lassen Sie auch Musils Erinnerungen auf sich wirken. Welche Atmosphäre vermitteln die Bilder und Texte?*

Baustein 3

Der Aufbau

Die Erarbeitung formaler Strukturen kann den Schülerinnen und Schülern dabei helfen, einen Überblick über die im Roman sehr komplex und feingliedrig gestaltete Entwicklungsgeschichte von Törleß zu bekommen. Der Baustein ist hierzu so gestaltet, dass mit jedem Unterkapitel die Gesamtstruktur immer weiter spezifiziert werden kann. Diese Unterkapitel bauen aufeinander auf, können aber auch separat genutzt werden. Im Einzelnen geht es um:

- die Gesamtstruktur
- den Bahnhof als Einrahmung
- den Rückblick und den Vorausblick (sowie den Erzähler)
- die dramatische Struktur des Romans

3.1 Die Gesamtstruktur

Der Überblick über die thematischen Abschnitte des Romans kann von den Schülerinnen und Schülern in Paaren selbstständig erarbeitet werden. Dafür müssen die einzelnen Abschnitte ohne Nummerierung und Seitenangabe (**Arbeitsblatt 11**, S. 79) zuvor ausgeschnitten worden sein und an die Paare ausgeteilt werden. Diese versuchen, die Abschnitte in die richtige Reihenfolge zu bringen und mit Seitenangaben zu versehen. Zusätzlich können sie sich für einige Abschnitte neue Überschriften ausdenken.

Danach werden die Ergebnisse der Klasse vorgestellt und abgeglichen. Anschließend kann die vollständige und nummerierte Einteilung (**Arbeitsblatt 12**, S. 80) vom Lehrer vorgestellt und in Kopien verteilt werden, damit die Schülerinnen und Schüler im weiteren Verlauf der Erarbeitung des Romanaufbaus immer wieder darauf zurückgreifen und sich im Text schnell orientieren können. Die Romaneinteilung bietet so das Gerüst, um die in den folgenden Unterkapiteln behandelten Spezifizierungen einzutragen und immer mehr zu erweitern, sodass am Ende die formale Struktur des Romans sichtbar geworden sein soll.

3.2 Der Bahnhof als Rahmen

Ebenso wie der Bahnhof als Szenerie den Romanbeginn mit seinem Rückblick auf die ersten vier Jahre von Törleß im Konvikt einrahmt, so rahmt er den gesamten Roman von der ersten bis zur letzten Szene ein. Hier öffnet sich die Geschichte mit der Abreise der Eltern nach einem Besuch im Konvikt und hier schließt sie sich wieder mit der vorzeitigen Abreise des Zöglings gemeinsam mit seiner Mutter. Die einrahmende Struktur, mit der der Roman beginnt, spiegelt im Kleinen seine Gesamtstruktur. Der Erzähler nutzt den Bahnhof als einen symbolischen Ort, der wie kein zweiter für den Anfang und das Ende einer Reise steht, für Abschied und Wiederkehr, auch für den Beginn und den Abschluss einer Entwicklung. Törleß durchläuft von der Eröffnungsszene am Bahnhof bis zum Romanende, an dem er von seiner Mutter aus dem Internat abgeholt und zum Bahnhof gebracht wird, eine Entwicklung zwischen dem Abschied von seiner Kindheit und dem Erwachsenwerden.

In einer kleinen Schreibaufgabe kann zunächst jeder Schüler nicht länger als 5–10 Minuten assoziieren, was ein Bahnhof symbolisieren kann, wofür er allgemein steht und wie sich diese Symbolik auf Törleß' Situation im Roman beziehen lässt. Folgende Fragen können dabei berücksichtigt werden:

- ■ *Was kann ein Bahnhof ganz allgemein symbolisieren, wofür steht er?*

- ■ *Haben Sie eine Idee, wie sich diese Symbolik auf Törleß' Situation im Roman beziehen lässt? Was könnte es bedeuten, dass der Bahnhof die Anfangs- und Schlussszene des Romans bildet?*

Nun kann in einem kurzen Klassengespräch die traurig-düstere Atmosphäre, die die Schilderung des Bahnhofs zu Romanbeginn erzeugt, in Stichworten auf der Tafel festgehalten werden. Auch sollte dabei besprochen werden, in welchem Gebiet der Bahnhof liegt, nämlich „weitab von der Residenz, im Osten des Reiches, in spärlich besiedeltem, trockenem Ackerland" (S. 8), in der Nähe der Grenze zu Russland, in einer Art Niemandsland. Die Beschreibung insgesamt entwirft eine Szenerie der Trostlosigkeit und des Verlassenseins. Die Fragen dazu können lauten:

- ■ *Was für eine Stimmung, welche Atmosphäre wird in der Schilderung des Bahnhofs auf den ersten zwei Seiten des Romans erzeugt? Sammeln Sie Adjektive aus dem Text und eigene, die diese Stimmung charakterisieren.*

- ■ *In welchem Gebiet liegt der Bahnhof? Inwieweit unterstützt die örtliche Lage des Bahnhofs die erzeugte Atmosphäre?*

Die Ergebnisse können auf einem Tafelbild festgehalten werden, das ungefähr wie folgt aussehen kann:

Der Bahnhof und seine Umgebung

- Grenzgebiet,
- Niemandsland,
- unwirtliche Fremde,
- weitab von der Stadt,
- unfruchtbares Ackerland,
- endlose Öde,
- von Staub und Ruß erdrosselte Blätter,
- dunkel, gedrückt, traurig,
- alles wirkt mechanisch und leblos wie in einem Puppentheater,
- das Lachen verstummt

Nach dieser ersten Sondierung kann nun das Augenmerk auf den von der Abschiedsszene auf dem Bahnhof eingerahmten Rückblick (S. 8–18) gerichtet werden. Die hier geschilderten ersten vier Jahre von Törleß im Konvikt können in drei Phasen unterteilt werden:

Die **erste Phase** (S. 9–12) wird bestimmt von „leidenschaftlichem Heimweh" (S. 9) nach dem fundamentalen Einschnitt der erstmaligen Trennung von den Eltern. Damit einhergeht ein Rückzug auf sich selbst. Törleß grenzt sich ab, isoliert sich. Die Zerstreuungen des Konvikts und den dortigen Alltag nimmt er nur „wie durch einen Schleier" (S. 9) wahr.

In einer **zweiten Phase** (S. 12–14) befreundet er sich für eine kurze Zeit mit einem Fürsten. Dieser ist ganz anders als der Rest seiner Kameraden. Er wird als weiblich und affektiert beschrieben, ist im Internat ein verlachter Außenseiter, strahlt für Törleß aber gerade die Faszination einer gänzlich anderen, ihm fremden Welt aus und wird so „zur Quelle eines feinen psychologischen Genusses" (S. 13). An der Unterschiedlichkeit ihrer Welten – Törleß stammt aus bürgerlich-freidenkerischem Hause, der Fürst aus der Welt des Adels –, vor allem an ihrer unterschiedlichen Einstellung zur Religion zerbricht schließlich diese Freundschaft.

Törleß wendet sich nun in der **dritten Phase** (S. 15–18) des Rückblicks genau gegensätzlichen Charakteren zu. In Reiting, Beineberg und anderen schließt er sich Typen an, die im Konvikt den Ton angeben, sich „bis zur Rohheit wild und ungebärdig" (S. 15) verhalten, „kernig" und stark auftreten. Törleß hat nach der Fürsten-Episode plötzlich „Angst vor allzu subtilen Empfindeleien" (S. 15), die ihn ebenso angreifbar machen könnten wie zuvor den Fürsten. Törleß schwimmt im Strom der Rauflustigen und Sportbegeisterten mit, orientiert sich an ihnen, um im Konvikt nicht unterzugehen. Doch innerlich, seelisch, bleibt er allein. Ihm kann die Außenwelt keinen Halt, keine Heimat bieten. „So erhielt sein Wesen etwas Unbestimmtes, eine innere Hilflosigkeit, die ihn nicht zu sich selbst finden ließ." (S. 17)

In Arbeitsgruppen von 3–4 Personen können die Schülerinnen und Schüler nun diese seelische und soziale Situation von Törleß während seiner ersten vier Jahre im Konvikt betrachten. Die Ergebnisse werden auf ein großes Stück Plakatpappe notiert und anschließend der Klasse vorgestellt. Hier kann der Arbeitsauftrag wie folgt lauten:

- *Schildern Sie die seelische und soziale Situation von Törleß im Konvikt während der ersten vier Jahre in Stichworten. Welche Phasen durchläuft er dabei? Wie erlebt er den Alltag? Findet er echte Freunde, wie geht es ihm?*

- *Beschreiben Sie seine Situation als zusammengefasste Kernaussage am Ende in zwei bis drei Sätzen.*

Jeder Schüler aus einer Arbeitsgruppe wird einer erarbeiteten Phase zugeordnet und stellt die entsprechenden Ergebnisse vor. Die Lernenden aus anderen Arbeitsgruppen ergänzen diese dann mit ihren eigenen Antworten. Die Ergebnisse können durch folgendes Tafelbild stichwortartig gesichert werden:

Der Rückblick

1. Phase (S. 9–12): Trennung von den Eltern, Heimweh und Einsamkeit, im Internat sozial isoliert

↓

2. Phase (S. 12–14): Freundschaft mit dem Fürstensohn; kurze Zeit wie in einer Idylle; aber der Freund ist doch zu verschieden; Meinungsverschiedenheiten, Streit

↓

3. Phase (S. 15–18): in der Gruppe von Reiting und Beineberg; keine wirkliche Freundschaft; Törleß ist nach wie vor einsam, fühlt sich nicht wirklich heimisch

Anschließend können die gewonnenen Ergebnisse in einem Klassengespräch mit folgender Hilfestellung vertieft werden:

- *Kennen Sie ähnliche Erlebnisse? Hatten Sie schon einmal Heimweh? Kamen Sie einmal als Neuer in eine Gruppe und fühlten sich dort unwohl, unverstanden? Können Sie die Situation von Törleß nachempfinden?*

Nun können die Schülerinnen und Schüler in Arbeitsgruppen das Augenmerk auf die Funktion der Einrahmung des Rückblicks durch die Bahnhofsszene richten. Dabei soll deutlich werden, dass die Szene die innere Situation von Törleß im Äußeren widerspiegelt, illustriert, eine bildhafte Szenerie für sein Seelenleben entwickelt. Die Szene ist, obwohl formal aus der Perspektive eines auktorialen Erzählers, aus dem Wahrnehmungsfilter von Törleß heraus erzählt.[1] Dadurch kann eine starke emotionale Wirkung erzielt und die Stimmung der Hauptfigur suggestiv vermittelt werden. Folgende Fragen können dabei hilfreich sein:

■ *Wie passt die in der Abschiedsszene am Bahnhof erzeugte Atmosphäre zusammen mit der im Rückblick geschilderten Lebenssituation von Törleß? Welche Funktion hat in diesem Zusammenhang die Einrahmung des Rückblicks durch die Bahnhofsszene? Aus wessen Wahrnehmungsfilter könnte die Bahnhofsszene erzählt sein? Was genau spiegelt die Stimmung wider?*

Was Törleß mit dem Internatseintritt erlebt, ist nichts weniger als ein fundamentaler Riss in seiner Sicht auf die Welt. Die den Rückblick einrahmende Bahnhofsszene bebildert das mit jedem Abschied von den Eltern neu inszenierte und wachgerufene Trauma der Trennung. Um den Hintergrund dieser psychologischen Problematik genauer kennenzulernen, bietet es sich an, die soziologische Theorie von primärer und sekundärer Sozialisation in einem Exkurs zu behandeln. Orientierend am Textausschnitt über Törleß' Sozialisationsprobleme (siehe **Zusatzmaterial 2**, S. 147), bietet sich hierbei ein Kurzreferat ebenso an wie eine Hausarbeit:

■ *Beschreiben Sie kurz, was unter primärer und sekundärer Sozialisation verstanden wird.*

■ *Welchen Bruch zwischen den Werten und Handlungsmustern seiner Eltern und denen im Internat durchlebt Törleß und wie wirkt dieser auf ihn? Finden Sie Textbeispiele aus der Passage des Romanbeginns, die die Entfremdung von Törleß illustrieren.*

Wichtig hierbei ist es herauszustellen, dass Törleß durch den Unterschied zwischen den Norm- und Wertvorstellungen seiner Eltern und denen seiner Kameraden im Internat eine erste, fundamentale Entfremdung erlebt. Normen, Werte, Handlungsmuster erscheinen plötzlich austauschbar. Törleß steht dem hilflos und allein gegenüber. Er ist außer sich, beobachtet alles wie durch einen Filter, hat seine Identität, seine innere Gewissheit verloren. Den Alltag im Internat erlebt er ohne innere Anteilnahme. Alles wirkt fremd, wie von außen betrachtet. Die Bahnhofsszene mit den Menschen und Gegenständen wird so entfremdet erlebt wie die „Szene eines Puppentheaters" (S. 7). In der Schilderung der Mechanik und Leblosigkeit des Bahnhofsvorstandes wird ein Sinnbild geschaffen für die Sinnlosigkeit der Welt, wie sie auf Törleß' trauriges Gemüt wirkt. Durch folgenden Impuls kann die Thematik der Entfremdung nun mit dem Romanbeginn verknüpft werden:

■ *Finden Sie auf den Seiten 7–8 Beschreibungen, mit denen Musil das Gefühl der Entfremdung von Törleß versinnbildlicht.*

In Paaren kann nun folgende Aufgabe bearbeitet werden:

■ *Vergegenwärtigen Sie sich eine Situation, in der Sie zwischen Ihren Eltern und Ihren besten Freunden standen und sich unwohl fühlten. Was war das für ein Gefühl? Inwieweit hätten Sie sich allein mit den Eltern oder alleine mit den Freunden anders verhalten?*

---

[1] Zum Erzähler im „Törleß" siehe Baustein 3.3.

Der jeweils Zuhörende protokolliert die zentralen Begriffe dieses Berichtes. Danach einigen sich die beiden Schüler auf Begriffe, die in beiden Berichten vorkamen. Diese werden dann im Anschluss der Klasse vorgestellt und an der Tafel gesammelt. Eine Diskussion über gemeinsame Erfahrungen und die Hintergründe dieser Erfahrungen entlang des Exkurses kann nun entstehen.

In einer anschließenden Schreibaufgabe können die Schülerinnen und Schüler die bisherigen Lernresultate hinsichtlich der Zerrissenheit von Törleß zwischen der vertrauten Welt seiner Eltern und der neuen, rauen, „coolen" Welt seiner Kameraden noch einmal zusammenfassen und vertiefen.

Herauszuarbeiten ist dabei, dass Törleß sich in einer Art Niemandsland befindet, in einer Grenzsituation. Dies wird durch die Lage und die Beschreibung des Bahnhofs unterstrichen. Die Wertvorstellungen und Verhaltensmuster in seinem friedlichen, bürgerlichen Elternhaus, das ihn beschützt und behütet aufwachsen ließ, sind nicht übertragbar auf die Ellbogenwelt des Internats, in der eine Figur wie der Fürst zum verlachten Außenseiter wird und in der das Recht des Stärkeren, des Kernigen, Lebensgerechten triumphiert. Törleß versucht sich anzupassen, spielt dabei aber nur ohne innere Überzeugung mit. Er wird zu einem sozialen Chamäleon ohne eigenen Hintergrund, ohne Charakter, das sich „verarmt und kahl" (S. 11) fühlt und „oft lange – in finsterem Nachdenken – gleichsam über sich selbst gebeugt" (S. 18) alleine und einsam ist.

> ■ *Fassen Sie die bisherigen Ergebnisse zusammen und beschreiben Sie dabei kurz, wie der Bahnhof und die dortige Abschiedsszene die soziale Situation von Törleß in den ersten vier Jahren im Konvikt spiegelt und illustriert. Formulieren Sie eine Kernaussage über die Situation der Zerrissenheit von Törleß zwischen der Welt seiner Eltern und der neuen Welt im Konvikt. Beziehen Sie dabei folgendes Zitat auf S. 18 ein: „Besuchten ihn jetzt seine Eltern, so war er, solange sie allein waren, still und scheu. Den zärtlichen Berührungen seiner Mutter entzog er sich jedesmal unter einem anderen Vorwande. In Wahrheit hätte er ihnen gerne nachgegeben, aber er schämte sich, als seien die Augen seiner Kameraden auf ihn gerichtet. Seine Eltern nahmen es als die Ungelenkigkeit der Entwicklungsjahre hin."*

Das Zitat verweist darauf, dass Törleß den Bruch zwischen der ehemaligen Welt der Kindheit und der neuen unter den Kameraden bei jedem Besuch der Eltern auf traumatische Weise neu durchlebt.

Die Eltern können Törleß in dieser neuen Situation nicht schützen, sie verstehen sie auch nicht, können sich nicht einfühlen. Die Aufforderung von Törleß' Vater an seine Kameraden, ihn zu verständigen, wenn es Törleß nicht gut geht, unterstreicht die Weltfremdheit der Eltern gegenüber den eigentlichen Werten und Prioritäten unter den Kameraden in der Internatswelt. Als die Eltern schließlich abfahren, sehen sie noch einmal die „hohe, kahle Rückfront des Institutsgebäudes, – die mächtige, langgestreckte Mauer" (S. 19). Nichts könnte augenfälliger die wachsende Distanz und den schwindenden Einfluss der Eltern auf die Lebenswelt ihres Kindes illustrieren. Törleß muss die kommende Geschichte ganz alleine durchlaufen und bewältigen. In einem Klassengespräch kann dies erörtert werden. Hier bietet es sich an, ab dem o. g. Zitat auf S. 18 bis zur Abfahrt der Eltern auf S. 19 den Text gemeinsam zu lesen und dann zu fragen:

> ■ *Verstehen die Eltern Törleß' Situation? Versetzen Sie sich in die Lage von Törleß. Wie empfindet er wohl die Aufforderung seines Vaters an Beineberg, ihn bei Schwierigkeiten zu unterrichten? Auf welche Weise verdichtet Musil hier die innere Zerrissenheit von Törleß und wie illustriert er den schwindenden Einfluss seiner Eltern?*

Am Ende des Romans rundet der Bahnhof die Entwicklung von Törleß, die er während der Handlung durchlaufen hat, ab. Ebenso wie er die Geschichte öffnete, schließt er als Schauplatz diese wieder und öffnet sie zugleich für eine zukünftige. Die Entwicklung ist noch nicht vorbei, doch ein entscheidender Prozess, ein Prozess des Erwachsenwerdens, ist abgeschlossen. Der Dialog zwischen Törleß und seiner Mutter auf dem Weg zum Bahnhof: „Was willst du, mein Kind?"/„Nichts, Mama, ich dachte nur eben etwas." (S. 200) repräsentiert dabei noch wie ein Zitat aus anderen Zeiten das Schema einer gleichsam paradiesischen Mutter-Kind-Beziehung, die nun wie unter neuen Vorzeichen aufgenommen werden kann. Denn Törleß ist inzwischen zum Mann geworden. Aus dem Kind, für das das Leben seiner Eltern letztlich unvorstellbar gewesen war, ist nun ein Mann geworden, der seine Mutter neugierig beobachtet und den „leise parfümierten Geruch" (S. 200) aus ihrer Taille prüft. Die Mutter holt am Ende keinen „überreizten und verwirrten jungen Menschen" (S. 199) aus dem Konvikt ab, sondern einen gereiften, dessen „kühle Gelassenheit" (S. 199) ihr auffällt. Törleß ist der Mann in dieser Situation. Dazu passt, dass der Vater diesmal fehlt. Törleß braucht ihn nicht mehr als seinen Beschützer. Folgende Fragen könnten das Unterrichtsgespräch einleiten:

> ■ *Vergleichen Sie die Bahnhofsszene vom Anfang mit der am Ende. Welche Veränderung fällt Ihnen in der Beziehung von Mutter und Sohn auf? Was wäre anders, wenn der Vater am Ende dabei wäre? Welche Funktion hat in diesem Zusammenhang der Bahnhof als Rahmen des gesamten Romans?*

Nun können die Schülerinnen und Schüler gemeinsam mit dem Lehrer oder der Lehrerin das Arbeitsblatt mit der Gesamtstruktur zur Hand nehmen und die Ergebnisse dieses Unterrichtsschrittes eintragen. Das modifzierte **Arbeitsblatt 12**, S. 80 könnte danach folgendermaßen ausschauen:

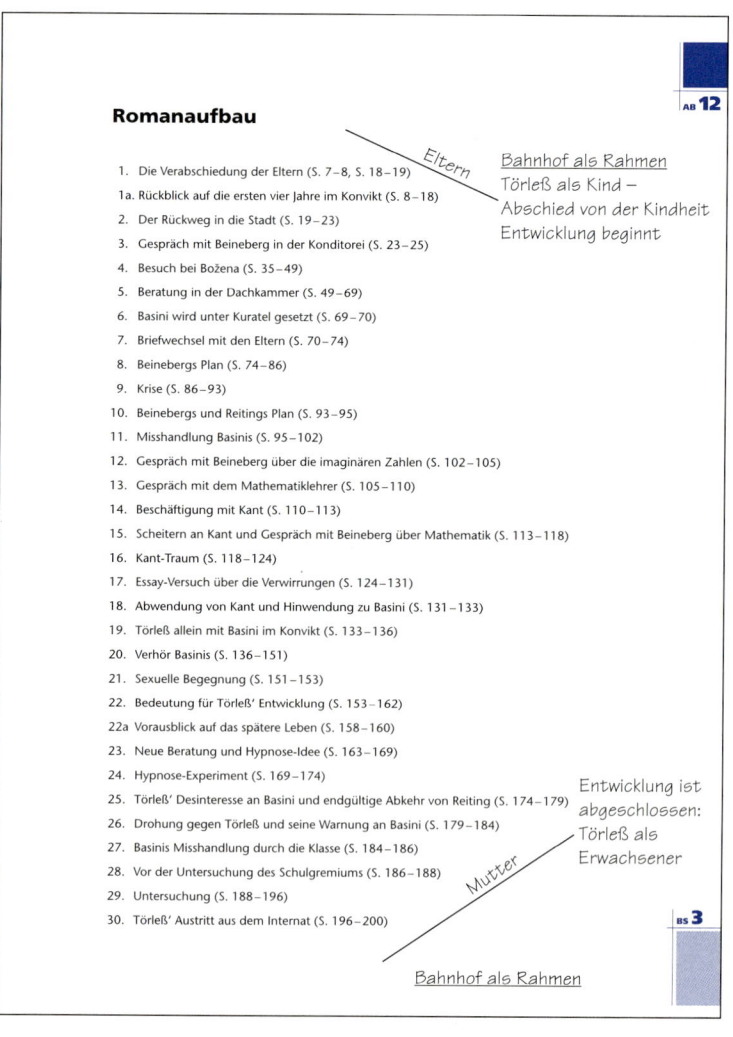

Romanaufbau

AB **12**

1. Die Verabschiedung der Eltern (S. 7–8, S. 18–19)
1a. Rückblick auf die ersten vier Jahre im Konvikt (S. 8–18)
2. Der Rückweg in die Stadt (S. 19–23)
3. Gespräch mit Beineberg in der Konditorei (S. 23–25)
4. Besuch bei Božena (S. 35–49)
5. Beratung in der Dachkammer (S. 49–69)
6. Basini wird unter Kuratel gesetzt (S. 69–70)
7. Briefwechsel mit den Eltern (S. 70–74)
8. Beinebergs Plan (S. 74–86)
9. Krise (S. 86–93)
10. Beinebergs und Reitings Plan (S. 93–95)
11. Misshandlung Basinis (S. 95–102)
12. Gespräch mit Beineberg über die imaginären Zahlen (S. 102–105)
13. Gespräch mit dem Mathematiklehrer (S. 105–110)
14. Beschäftigung mit Kant (S. 110–113)
15. Scheitern an Kant und Gespräch mit Beineberg über Mathematik (S. 113–118)
16. Kant-Traum (S. 118–124)
17. Essay-Versuch über die Verwirrungen (S. 124–131)
18. Abwendung von Kant und Hinwendung zu Basini (S. 131–133)
19. Törleß allein mit Basini im Konvikt (S. 133–136)
20. Verhör Basinis (S. 136–151)
21. Sexuelle Begegnung (S. 151–153)
22. Bedeutung für Törleß' Entwicklung (S. 153–162)
22a. Vorausblick auf das spätere Leben (S. 158–160)
23. Neue Beratung und Hypnose-Idee (S. 163–169)
24. Hypnose-Experiment (S. 169–174)
25. Törleß' Desinteresse an Basini und endgültige Abkehr von Reiting (S. 174–179)
26. Drohung gegen Törleß und seine Warnung an Basini (S. 179–184)
27. Basinis Misshandlung durch die Klasse (S. 184–186)
28. Vor der Untersuchung des Schulgremiums (S. 186–188)
29. Untersuchung (S. 188–196)
30. Törleß' Austritt aus dem Internat (S. 196–200)

Eltern — Bahnhof als Rahmen Törleß als Kind – Abschied von der Kindheit Entwicklung beginnt

Mutter — Entwicklung ist abgeschlossen: Törleß als Erwachsener

BS **3**

Bahnhof als Rahmen

3.3 Rückblick/Vorausblick – Der Erzähler

Die chronologisch erzählte Romanhandlung wird auffälligerweise an zwei maßgeblichen Stellen der seelisch-charakterlichen Entwicklung von Törleß unterbrochen: einmal zu Beginn, mitten in der Abschiedsszene, als der Erzähler in einer **Rückschau** die ersten vier Jahre von Törleß im Konvikt zusammenfassend schildert (S. 8–18), ein zweites Mal dann gegen Ende, nachdem Törleß mit Basini geschlafen hat und die Verwirrungen ihren Höhepunkt erreicht haben, in Form einer **Vorausschau** auf den Charakter des erwachsenen Törleß (S. 158–160).

Diese Einschübe verweisen auf die Fragestellung des Erzählerverhaltens im Roman und können in diesem Kontext genauer untersucht werden. Wie ist das Verhältnis des Erzählers zu seiner Figur Törleß? Aus welcher Perspektive betrachtet er das Romangeschehen? Zunächst kann im Rahmen eines Lehrervortrags auf die Bedeutung des Erzählers für die literarische Gattung der Epik hingewiesen werden. Auf einer Folie oder einem Tafelbild kann dazu folgende Grafik verwendet werden:[1]

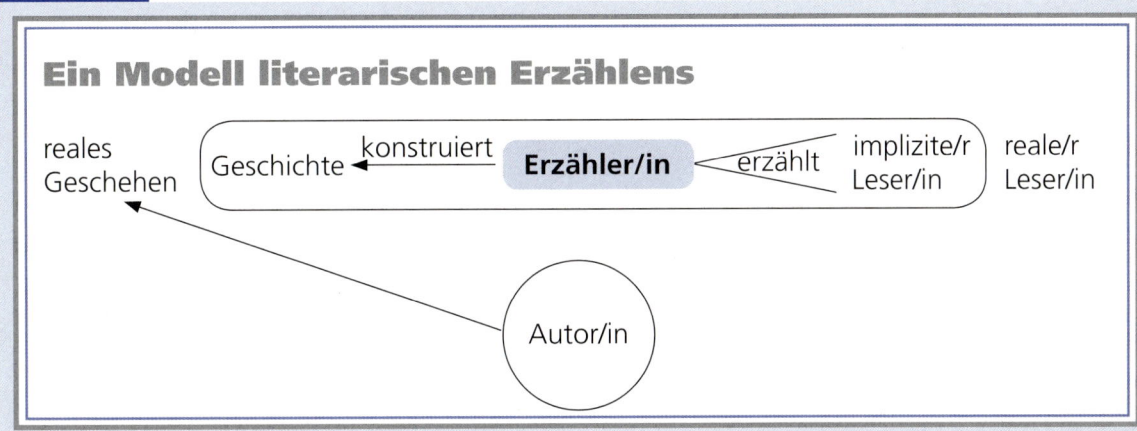

Ein Modell literarischen Erzählens

reales Geschehen — Geschichte ←konstruiert— **Erzähler/in** —erzählt→ implizite/r Leser/in — reale/r Leser/in — Autor/in

Zur Erklärung: Der Erzähler ist eine vom Autor erschaffene Instanz, die zunächst erst einer vorgestellten Leserschaft eine Geschichte erzählt. Diese Geschichte ist eine fiktionale Realität. Sie kann der realen Realität entnommen sein, etwa aus eigenen Erfahrungen, aus Quellen wie Büchern oder Zeitungsartikeln, oder der Phantasie des Autors entstammen. Der Vorgang des Erzählens wird erst komplettiert, wenn ein realer Leser das Erzählte aufnimmt. Das Erzählen kann als **epische Ursituation** bezeichnet werden, da es die Epik von allen anderen literarischen Gattungen unterscheidet. Der Erzähler ist dabei als fiktive Figur vom Autor, der realen Figur, klar zu trennen. Der Autor erschafft den Erzähler als eine ebensolche Fiktion wie die Geschichte, die erzählt wird. Dies geschieht immer im Kontext eines komplexen Erzählsystems, das im Folgenden entlang des Erzählmodells von Jürgen H. Petersen[2] erläutert werden kann.

Zunächst kann eine Schülerin oder ein Schüler in einem Kurzreferat die fünf Bausteine des Erzählmodells von Petersen vorstellen. Dies kann auch im Rahmen einer zuvor erteilten Hausarbeit geschehen. Im Anschluss daran wird das Erzählmodell dann auf den Roman bezogen und auf die Passagen der Rückschau und der Vorausschau angewendet. Die Fragestellung für das Referat oder die Hausarbeit lautet:

> ■ *Beschreiben Sie das fünfgliedrige Erzählmodell von Petersen. Auf welche Weise sind die fünf Elemente des Modells miteinander verknüpft?*

---

[1] Nach: H. Biermann, B. Schurf (Hrg.): Texte, Themen und Strukturen. Deutschbuch für die Oberstufe. Berlin: Cornelsen Verlag 1999, S. 143.

[2] Jürgen H. Petersen: Kategorien des Erzählens, In: Poetica, 9. Band, Amsterdam 1977, S. 167–195.

Hier bietet sich die Arbeit mit einer vorbereiteten Folie an, die wie folgt aussehen könnte:

Erzählmodell von Petersen

Ich-Erzählen	Er-Erzählen
Doppelaspekt: Erzähler wird ebenso sichtbar wie Ich-Figur; Erzählen spaltet sich auf zwischen erzählendem und erzähltem, handelndem Ich; Erzähler hat Personalität → zweidimensionales Erzählen	Erzähler bleibt außerhalb des Geschehens, erzählt immer nur von anderen; Erzähler selbst bleibt unsichtbar; Erzähler hat keine Personalität, tritt nicht als Figur ins Bewusstsein des Lesers, fungiert als Medium → eindimensionales Erzählen; heißt nicht, dass er neutral oder objektiv ist: Wertungen betreffen aber immer das Erzählte, nicht den Erzähler.

Blickpunkt/point of view/Erzählerstandort	Erzählperspektive
Räumliche Beziehung zwischen Erzähler und seinem Gegenstand: Wie nah ist er am Geschehen? Bindet er sich in seinem Blick an eine Figur oder sieht er auch andere Geschehnisse? Hat er den Überblick über Vor- und Nachgeschichte, ist sein Blickpunkt also olympisch?	Außensicht oder Innensicht? Wie vertraut ist der Erzähler mit seinem Gegenstand? Hat er auch Sicht auf innere Vorgänge oder blickt er nur von außen? Erzählperspektive behandelt Frage des Abstands und der Nähe.

Erzählverhalten	Erzählhaltung
Erfasst das Verhalten des Erzählers als eines solchen und zum Erzählten, es kann a) auktorial, b) personal, c) neutral sein; zu a) eigene Sehweise, greift ins Geschehen ein, kommentiert, bringt sich als persönliches Medium ins Bewusstsein des Lesers, zu b) Erzählen aus der Optik einer oder mehrerer Figuren, zu c) ohne individuelle Optik, überlässt die Dinge weitestgehend sich selbst (z. B. szenisches Erzählen, Dialoge)	Beschreibt das qualitative Verhältnis von Erzähler und Geschehen, seine Einstellung zum Erzählten: z. B. bejahend/verneinend, kritisch/unkritisch, pathetisch/ironisch.

Insgesamt gilt im Erzählmodell von Petersen, dass die verschiedenen Erzählebenen in der modernen Literatur nicht mehr einfach voneinander ableitbar sind, dass also beispielsweise ein Ich-Erzähler nicht automatisch an die Innensicht gebunden ist. Vielmehr ordnen sich die einzelnen Ebenen funktional zu, d. h. nach der jeweiligen Funktion, die sie füreinander in der Kombination haben.

Nach dem Vortrag des Referats oder dem Vorstellen einzelner Hausarbeiten können die einzelnen Bausteine des Modells in einem Klassengespräch auf den Erzähler im „Törleß" bezogen werden. Bei diesem handelt es sich um einen Er-Erzähler, der sich intensiv an seine

Hauptfigur bindet, sehr nah am Geschehen ist und zugleich einen olympischen *point of view* auf die gesamte Lebensgeschichte von Törleß hat. Er hat eine umfassende Innensicht auf die seelischen Vorgänge seines Protagonisten, kommentiert und interpretiert das Geschehen auf auktoriale Weise, bringt eigene Erkenntnisse ein, bezieht diese aber immer eindimensional auf die Entwicklung seiner Figur und tritt selbst als Person nicht in Erscheinung. Er möchte die Figur Törleß vollständig sichtbar werden lassen. In seiner Erzählhaltung wird deutlich, dass er die Geschichte sehr ernst nimmt, dass er solidarisch auf der Seite seiner Figur steht, sie unterstützt und eine starke Verbindung zu ihr hat. Das Gespräch kann durch folgende Fragen strukturiert und motiviert werden:

■ *Wird der Erzähler selbst sichtbar? Lassen sich seine Erkenntnisse und Wertungen auch auf ihn als Person rückbeziehen? Welches Verhältnis hat er zu Törleß? Ist er solidarisch oder kritisch? Steht er eher über ihm oder bei ihm?*

Nun kann das erarbeitete und auf den gesamten Roman bezogene Erzählmodell von Petersen auf die beiden Passagen der Rückschau und der Vorausschau bezogen und mit dem dort vorgestellten Inhalt konkret in Verbindung gebracht werden. In der Rückschau wird dabei ein Erzähler sichtbar, der von seinem Blickpunkt/*point of view* aus eine große Lebensspanne seines Protagonisten überblickt. Er scheint alles über Törleß zu wissen, über seine Seelenbewegungen, den Inhalt seiner Briefe an die Eltern, seine Stärken und Schwächen. Er steht zugleich weit über ihm und ist ihm doch extrem nah. Sein Erzählverhalten schwankt zwischen auktorial und personal, er kommentiert die Entwicklung, ist selbst sehr viel erfahrener und reflektierter als sein Held, betrachtet die Entwicklungsgeschichte aber immer auch aus der inneren, seelisch-emotionalen Optik von Törleß. So kann er den Überblick wahren und den Leser in die charakterliche und soziale Situation seiner Figur einführen, zugleich aber auch Mitgefühl wecken und die emotionale Grundsituation nachvollziehbar werden lassen. Auf S. 10 sagt der Erzähler einmal sogar „Ich", allerdings bleibt dieses Ich-Sagen auf die Beschreibung der Situation des Protagonisten beschränkt und dient nicht dazu, den Erzähler als Person ins Bewusstsein des Lesers zu bringen. Die Erzählhaltung ist ernsthaft, zugleich sachlich wie auch empathisch. In großer Genauigkeit wird eine Entwicklungskrise, eine schwierige Lebensphase geschildert, die den Leser anrühren und für Spannungsaufbau sorgen soll.

Nach einem gemeinsamen Lesen des Rückblicks (S. 8–18) kann nun in einer Schreibaufgabe, die nicht länger als 15 Minuten dauern sollte, jeder Schüler für sich das Erzählmodell von Petersen auf diese Passage beziehen und Ideen sammeln. Anschließend werden diese im Klassengespräch zusammengetragen und besprochen. Folgende Fragestellung bearbeiten die Schülerinnen und Schüler dabei:

■ *Beziehen Sie einzelne Elemente des Erzählmodells von Petersen auf die Rückschau. Welche Funktion könnte der gefundene Erzählaspekt im Hinblick auf den Leser und den Spannungsaufbau des Romans haben?*

Nun ist es möglich, sich den Inhalt und die Funktion der Rückschau im Zusammenspiel genauer anzuschauen. Was bringt die Rückschau gleich zu Beginn des Romans dem Erzähler für die Tiefendimension seiner Geschichte und für die Erzählökonomie? Was bedeutet sie im Kontext des gesamten Romangeschehens? – Der Rückblick auf die ersten vier Jahre von Törleß im Konvikt erweitert den zeitlichen und inhaltlichen Horizont der erzählten Gegenwart. Er ermöglicht es dem Erzähler, den Entwicklungsstand und die Lebenssituation von Törleß zusammenfassend darzustellen und so geschickt in seinen Charakter einzuführen. Törleß wird als sensibel, künstlerisch begabt, leidenschaftlich und ehrgeizig beschrieben. Das Leben im Konvikt lässt ihn innerlich unberührt, es kann ihm auch keine geeigneten Betätigungsfelder bieten. Er ist einsam, charakterlich unentschieden, zurückgezogen und findet keine wirklichen Freunde. Die Rückschau erzeugt so eine Tiefendimension, einen Resonanzboden, an den die Erzählung für die Geschichte der eigentlichen Romanhandlung dann anknüpfen kann.

Die den Rückblick einrahmende Bahnhofsszene mit der Verabschiedung seiner Eltern illustriert und verstärkt den im Zeitraffer geschilderten Entwicklungsstand, die Situation der Einsamkeit, das Gefühl des Verlassenseins und der Hilflosigkeit. Die Trennung von den Eltern, der Bruch mit der behüteten, geschützten Welt der Kindheit in bürgerlicher, friedfertig-liebevoller Atmosphäre wird von Törleß als traumatisch erlebt, da im Internat andere Regeln, die Regeln von Faustkämpfen und Raufereien gelten. Der Stärkste setzt sich dort durch. Der Fürst, zu dem sich Törleß zunächst stark hingezogen fühlt, wird wegen seiner affektierten, weiblichen Art als Außenseiter wahrgenommen und verlacht. Nach dem Bruch mit ihm aufgrund ihrer unterschiedlichen Herkunft und Einstellung zur Religion befreundet sich Törleß in direkter Abkehr vom Fürsten gerade mit den Wildesten und Ungebärdigsten unter den Zöglingen, spielt diese Freundschaft aber nur, um im Konvikt nicht ebenso wie der Fürst unterzugehen. Die Abschiedsszene auf dem Bahnhof führt mit seinen Eltern und seinen neuen Freunden beide entgegengesetzten Welten zusammen. Törleß steht zerrissen zwischen ihnen und weiß sich nicht zu verhalten. Mit der Erzähltechnik der Rückschau und der Einrahmung durch die Bahnhofsszene kann Musil die innere, seelische Situation seines Protagonisten atmosphärisch verdichtet darstellen, die Vergangenheit nahtlos mit der Gegenwart verknüpfen und die Gegenwart ohne Bruch weitererzählen.

Nun können die Schülerinnen und Schüler paarweise assoziieren, welche Charaktereigenschaften von Törleß in der Rückschau eingeführt werden und wie seine soziale und seelische Situation benennbar ist. Folgende Aufgabenstellung kann dabei bearbeitet werden:

■ *Entwickeln Sie zwei Listen. In die eine schreiben Sie in Adjektiven die Charaktereigenschaften von Törleß, die im Rückblick dargestellt werden. In die andere schreiben Sie ebenfalls in Adjektiven Stichworte zu seiner seelischen und sozialen Situation während der ersten vier Jahre im Konvikt.*

An der Tafel werden diese Listen dann notiert und ergänzt:

Törleß im Rückblick

Charakter: ehrgeizig, sensibel, künstlerisch/schriftstellerisch begabt, leidenschaftlich, vernunftorientiert, anpassungsfähig, psychologisch interessiert (gute Beobachtungsgabe);

soziale/seelische Situation: einsam, hilflos, verlassen, isoliert, traurig, verzweifelt, gelangweilt (von Internatsalltag), seine wahren Gefühle überspielend

---

Nun kann das Augenmerk auf die beiden Welten gerichtet werden, zwischen denen Törleß hin- und hergerissen ist und die in der Abschiedsszene auf dem Bahnhof gemeinsam versammelt sind:

■ *Wie ist Törleß aufgewachsen? Wie lässt sich sein Elternhaus beschreiben? Welche Regeln funktionieren dagegen im Internat? Berücksichtigen Sie dabei, warum Törleß nach dem Bruch mit dem Fürsten „Angst vor allzu tiefen Empfindeleien" (S. 15) hat und er sich nun ganz andere Freunde sucht. Ist Törleß glücklich dabei?*

Wichtig ist dabei die Frage, inwieweit die Einrahmung des Rückblicks die dort geschilderte Lebenssituation von Törleß verstärkt und in Bilder umsetzen kann, welche Funktion diese Einrahmung also erfüllt. Die Abschiedsszene wiederholt für Törleß das Trauma der Trennung von den Eltern und bringt ihn in ein Dilemma, vor den anderen Kameraden keine Schwäche zeigen zu dürfen und den Eltern seine eigentliche Lage nicht mitteilen zu können. Seine soziale Isolation wird ihm so überdeutlich, was sich auch in der traurig-düsteren Atmosphäre des Bahnhofs widerspiegelt. In einer Textaufgabe, die nicht länger als 15 Minuten dauern sollte, beantworten die Schülerinnen und Schüler dazu folgende Fragestellung:

> ■ *Welche Beziehung besteht zwischen dem Rückblick und der diesen einrahmenden Abschiedsszene auf dem Bahnhof? Welche Funktion erfüllt die Einrahmung? Was spielt sich dort ab für Törleß, in welchem Dilemma steckt er? Berücksichtigen Sie dabei vor allem das folgende Zitat: „Besuchten ihn jetzt seine Eltern, so war er, solange sie allein waren, still und scheu. Den zärtlichen Berührungen seiner Mutter entzog er sich jedesmal unter einem anderen Vorwande. In Wahrheit hätte er ihnen gern nachgegeben, aber er schämte sich, als seien die Augen seiner Kameraden auf ihn gerichtet." (S. 18)*

Einzelne Schülerinnen und Schüler lesen ihre Texte vor. Die Klasse diskutiert im Anschluss die Frage, ob die Situation von Törleß für sie nachempfindbar ist und ob schon einmal ähnliche Erfahrungen gemacht wurden. Abschließend kann dann die erzähltechnische Funktion des Rückblicks verdeutlicht werden:

> ■ *Welche erzählerische Funktion erfüllt der Rückblick gemeinsam mit der einrahmenden Abschiedsszene am Romananfang? Stellen Sie sich vor, Musil hätte auf den Rückblick verzichtet oder nur auf die Bahnhofsszene. Was genau gewinnt er in der Erzählökonomie?*

> ■ *Haben Sie eine Idee, warum Musil mit einem Bahnhofsmotiv den Roman beginnt?*

Wichtig ist dabei herauszuarbeiten, dass der Leser durch den Rückblick einen Überblick über die Situation und den sozialen, seelischen Grundkonflikt von Törleß erhält und in der Bahnhofsszene plastisch vor Augen geführt bekommt. Die erzählte Gegenwart der Geschichte kann durch die einrahmende Abschiedsszene ohne Bruch wieder aufgenommen werden. Der Romanbeginn spielt dabei mit dem Motiv des Bahnhofs als Symbol für den Beginn und das gleichzeitige Ende einer Reise, einer Entwicklung, für tränenreichen Abschied und Verlassenwerden.

Der Vorausblick auf den Charakter des erwachsenen Törleß gegen Ende des Romans (S. 158–160) setzt ebenfalls an einer Schlüsselstelle in seiner Entwicklung an. Törleß ist auf dem Höhepunkt seiner Krise, seiner Verwirrungen angelangt. Er hat mit Basini geschlafen (S. 151–153) und ist dermaßen verwirrt und beschämt über sein Verhalten und seine Gefühlswelt, dass er vor den anderen zu stottern und rot zu werden beginnt und sich total abkapselt. (S. 156) Gleichzeitig zieht ihn die „berauschende Verlockung" und die „Lust zu wilder, verachtender Ausschweifung" (S. 158) immer wieder aufs Neue in ihren Bann. Törleß wird sich selbst fremd und weiß nicht mehr, wer er ist, zumal er sich bislang immer von Basini distanzierte, ihn verachtete und nur aus sicherer Entfernung beobachtet hatte. Nun ist dieser ihm so nah gekommen wie kein Mensch je zuvor.

Genau an dieser Stelle greift der Erzähler in das Romangeschehen ein und zeichnet das Bild des erwachsenen Törleß als eines ästhetisch-intellektuellen Menschen, der sich von der „öffentlichen Moral" (S. 158) und den Gesetzen ironisch distanziert und der sich von den normalen beruflichen und alltäglichen Beschäftigungen nicht ablenken lässt, um sich aufs

Wesentliche, das „Wachstum der Seele, des Geistes" (S. 158), zu konzentrieren. Der Erzähler betont, dass für Menschen, die sich ausschließlich auf die Steigerung ihrer „Geistigkeit" (S. 159) konzentrieren, für Menschen mit „reichem und beweglichem Innenleben" (S. 159), mit einem verfeinertem „Seelenleben" (S. 159) Erniedrigungen oder Verletzungen zum Leben dazugehörten. Jede große Leidenschaft der Seele kenne Demütigungen, düstere Kräfte und Abgründe. Man müsse sich dieser nur mit „Feinheit" (S. 160) zu bedienen verstehen. So erhalte die Seele „jene kleine Menge Giftes" (S. 160), die nötig sei, um ihr eine „feinere, zugeschärfte, verstehende" „Gesundheit" (160) zu geben.

Um die Differenz zwischen der charakterlich-seelischen Situation des jungen und des erwachsenen Törleß sichtbar zu machen, bietet sich folgende Aufgabe an:

■ *Lesen Sie die Textpassage von S. 153–158. Beschreiben Sie in Stichworten die seelische und emotionale Situation von Törleß, nachdem er mit Basini geschlafen hat. Stellen Sie diese in Kontrast zu der Charakterisierung des erwachsenen Törleß in der Vorausschau.*

Das zusammenfassende Tafelbild kann wie folgt aussehen:

Törleß' seelische Situation

Als Junge nach dem Sex mit Basini	Als erwachsener Mann in der Vorausschau
– verwirrt,	– souverän,
– beschämt,	– selbstbewusst,
– gedemütigt,	– distanziert,
– leidenschaftlich,	– verfeinert,
– erregt,	– unempfindlich,
– unruhig,	– ironisch,
– leidend,	– verstehend
– berauscht,	
– fühlt sich auserwählt	

Die Frage ist nun, welche Funktion der Erzählereinschub mitsamt dieser auffälligen Kontrastierung zwischen dem verwirrten Jugendlichen und dem souveränen Erwachsenen im Kontext des Romangeschehens hat. Stellt man sich den Roman ohne diesen Erzählereinschub vor, funktioniert die Geschichte trotzdem. Daher kann es interessant sein, die Schülerinnen und Schüler darüber spekulieren zu lassen, welche Funktion der Blick in die Zukunft haben könnte:

■ *Welche Funktion könnte der Einschub im Kontext des Romangeschehens haben? Berücksichtigen Sie dazu das Romangeschehen ab S. 151. Würde der Geschichte etwas fehlen ohne den Einschub?*

Je nachdem, welche Ideen die Lernenden äußern oder ob sie generelle Schwierigkeiten mit einer Funktionszuweisung haben, kann genau dies Ausgangspunkt für eine Diskussion sein. Auffallend an dem Erzählereinschub ist jedoch, dass Musil hier die sexuelle Begegnung zwischen Basini und Törleß in den Kontext einer längerfristigen, geistigen Entwicklung stellt und sie auf diese Weise in ihrer Wirkung auch relativiert. Folgende Erklärungen sind denkbar:

- Musil wollte einfach einen Ausblick geben auf die gelungene Zukunft seines Helden.
- Musil verteidigt die Handlungen von Törleß gegen eine etwaige öffentliche Moral.
- Musil wollte seine Einstellung zur Sexualität hier aus der Sicht des erwachsenen Törleß deutlich machen.
- Musil wollte die sexuelle Begegnung zwischen Törleß und Basini in ihrer Wirkung relativieren bzw. abschwächen.

Um in der Frage nach der Funktion der Vorausschau mehr Klarheit zu erlangen, ist ein erneuter Bezug auf das Erzählmodell von Petersen hilfreich. Hier lohnt sich vor allem ein Blick auf den Erzählerstandort und die Erzählhaltung. Mit der Vorausschau gibt der Erzähler endgültig seinen olympischen Standort zu erkennen, seine Überblicksposition über Törleß' Leben von der Kindheit bis zum erwachsenen Mann. Die gesamte innere Entwicklung, der seelische und charakterliche Reifeprozess seiner Figur ist ihm vertraut. Auffallend an der Passage der Vorausschau ist die gleiche Augenhöhe, auf die die Figur plötzlich mit dem Erzähler gelangt ist. Die Ansichten und Einsichten, die hier dem erwachsenen Törleß zugeschrieben werden, scheinen denen des Erzählers sehr zu ähneln, wenn nicht identisch mit ihnen zu sein. Ist der Erzähler während des sonstigen Romangeschehens seinem Protagonisten weit voraus, was Reflexionsvermögen, Reife, Souveränität und die Möglichkeit zu Ironie und Distanz angeht, steht der erwachsene Törleß nun mit ihm auf einer Stufe. Der Erzähler schildert Törleß nicht mehr von oben herab, sondern zeichnet ihn als reife und ernst zu nehmende Persönlichkeit, die einen besonders feinen, ja wertvollen Charakter besitzt. Die Erzählhaltung ist eine zustimmende, sympathisierende. Der Erzähler tritt als Verbündeter und Verbundener zu seiner Figur auf. Es wird deutlich, dass er die geistigen, seelischen und sexuellen Abenteuer seines Helden im Konvikt angelegt hat als notwendige Entwicklungsschritte zum Heranreifen einer emotional ausdifferenzierten Künstlernatur und einer Intellektuellen-Persönlichkeit, dass die Geschichte ein gutes Ende finden wird und die Verwirrungen sich auflösen werden. Der Erzähler zitiert die Einsicht von Törleß, dass die erlebte Erniedrigung und Beschämung nötig gewesen sei, „um der Seele die allzu sichere und beruhigte Gesundheit zu nehmen und ihr dafür eine feinere, zugeschärfte, verstehende zu geben" (S. 160). Diese Aussage kann als Quintessenz der Entwicklungsgeschichte des Romans gelesen werden. Dies verdeutlicht, dass Törleß hier eine Stufe mit dem Erzähler und sogar mit dem hinter diesem versteckten Autor Musil erreicht hat. Helmut Schink schlägt in seiner „Törleß"-Interpretation sogar vor, den Autor Musil aufzuspalten in die *Figur* Törleß (= Musil der Jüngere) und den *Erzähler* (= Musil der Ältere).[1]

Die folgenden Fragen zu diesem Erarbeitungsschritt können im Rahmen eines Klassengesprächs oder einer Hausarbeit gestellt werden:

> *Untersuchen Sie die Passage der Vorausschau entlang des Erzählerstandorts und der Erzählhaltung nach dem Modell von Petersen. In welchem Verhältnis steht der Erzähler zu seiner Figur? Wie nah sind sie sich? Beziehen Sie das Zitat der wörtlichen Aussage von Törleß (S. 160) auf die Entwicklung von Törleß im gesamten Roman. Was folgern Sie daraus für die Frage des Beziehungsgeflechts zwischen Autor, Erzähler und Figur? Spekulieren Sie.*

Als Abschlussfrage zu dieser Diskussion oder als Folgefrage zur Besprechung der Hausarbeiten ist denkbar:

> *Ist Ihnen der erwachsene Törleß sympathisch? Können Sie seine Meinung über die Sexualität nachvollziehen?*

---

[1] Vgl. Helmut Schink: Jugend als Krankheit? Hermann Hesse, Robert Musil, Franz Kafka, Reinhold Schneider, Anne Frank, Franz Innerhofer. Linz 1980, S. 64.

Schließlich können die Schülerinnen und Schüler gemeinsam mit dem Lehrer die Gesamtstruktur auf dem **Arbeitsblatt 12**, S. 80 folgendermaßen ergänzen:

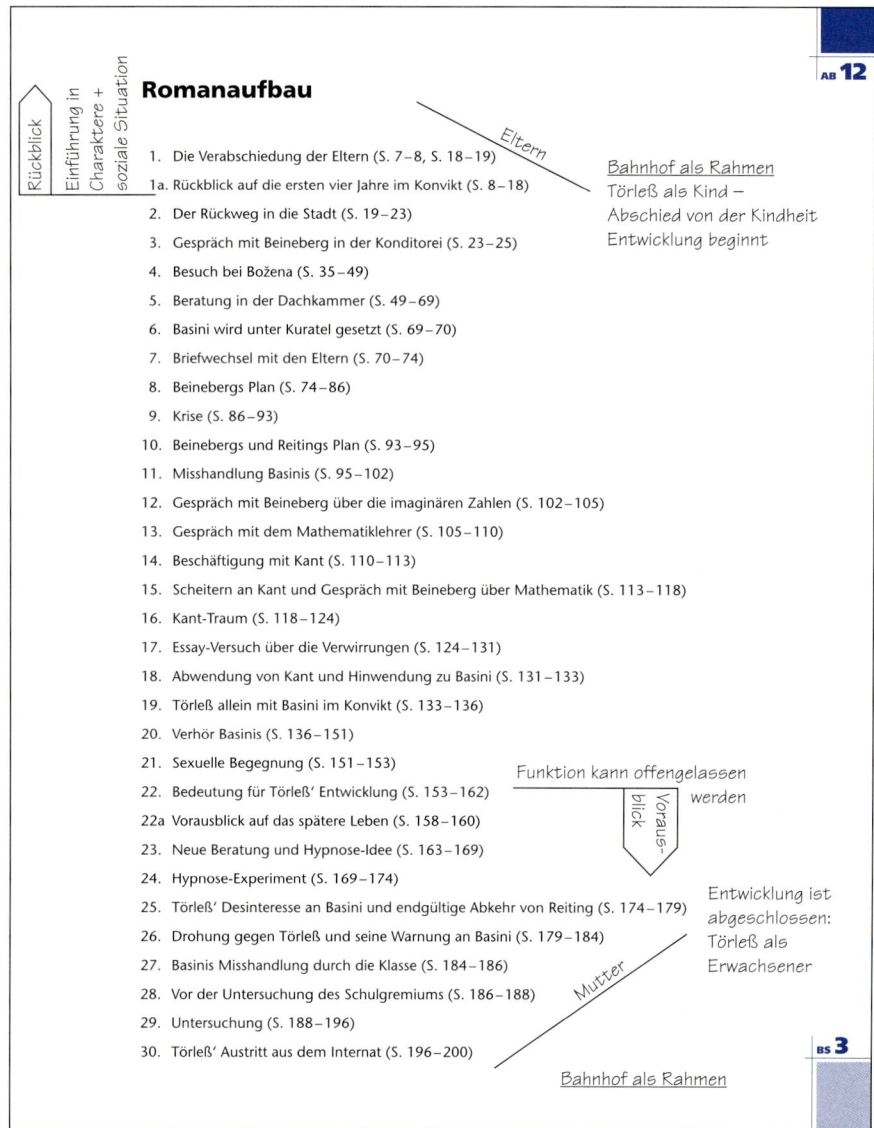

Romanaufbau — AB 12

Rückblick | Einführung in Charaktere + soziale Situation

1. Die Verabschiedung der Eltern (S. 7–8, S. 18–19)
1a. Rückblick auf die ersten vier Jahre im Konvikt (S. 8–18)
2. Der Rückweg in die Stadt (S. 19–23)
3. Gespräch mit Beineberg in der Konditorei (S. 23–25)
4. Besuch bei Božena (S. 35–49)
5. Beratung in der Dachkammer (S. 49–69)
6. Basini wird unter Kuratel gesetzt (S. 69–70)
7. Briefwechsel mit den Eltern (S. 70–74)
8. Beinebergs Plan (S. 74–86)
9. Krise (S. 86–93)
10. Beinebergs und Reitings Plan (S. 93–95)
11. Misshandlung Basinis (S. 95–102)
12. Gespräch mit Beineberg über die imaginären Zahlen (S. 102–105)
13. Gespräch mit dem Mathematiklehrer (S. 105–110)
14. Beschäftigung mit Kant (S. 110–113)
15. Scheitern an Kant und Gespräch mit Beineberg über Mathematik (S. 113–118)
16. Kant-Traum (S. 118–124)
17. Essay-Versuch über die Verwirrungen (S. 124–131)
18. Abwendung von Kant und Hinwendung zu Basini (S. 131–133)
19. Törleß allein mit Basini im Konvikt (S. 133–136)
20. Verhör Basinis (S. 136–151)
21. Sexuelle Begegnung (S. 151–153)
22. Bedeutung für Törleß' Entwicklung (S. 153–162)
22a Vorausblick auf das spätere Leben (S. 158–160)
23. Neue Beratung und Hypnose-Idee (S. 163–169)
24. Hypnose-Experiment (S. 169–174)
25. Törleß' Desinteresse an Basini und endgültige Abkehr von Reiting (S. 174–179)
26. Drohung gegen Törleß und seine Warnung an Basini (S. 179–184)
27. Basinis Misshandlung durch die Klasse (S. 184–186)
28. Vor der Untersuchung des Schulgremiums (S. 186–188)
29. Untersuchung (S. 188–196)
30. Törleß' Austritt aus dem Internat (S. 196–200)

Eltern

Bahnhof als Rahmen
Törleß als Kind –
Abschied von der Kindheit
Entwicklung beginnt

Funktion kann offengelassen werden — *Voraus-blick*

Entwicklung ist abgeschlossen:
Törleß als Erwachsener

Mutter

Bahnhof als Rahmen — BS 3

3.4 Die dramatische Struktur des Romans

Um den Roman in seiner Struktur, in den einzelnen Entwicklungsstadien seiner Hauptfigur
plastischer zu begreifen, kann es für die Schülerinnen und Schüler sinnvoll sein, die erstaunliche Parallele des Romangeschehens zu der fünfaktigen Gliederung des aristotelischen
Dramas herauszuarbeiten. Genau eine solche Schablone kann über den Romanverlauf gelegt
werden. Inhaltlich steht der Roman der Tradition des Entwicklungsromans nahe. In ihm geht
es um den Entwicklungs- und Reifeprozess eines meist jungen Menschen, um die sozialen
Konflikte, die sich aus dem Versuch der individuellen Selbstverwirklichung und dem Hinein-
wachsen in eine etablierte Welt ergeben. Der Entwicklungsroman kann so – ob zufällig oder
gewollt – in seiner Form eine Nähe zu der klassischen, aus der Antike stammenden Akteinteilung des Dramas finden, da dieses die Urform der dramatischen Erzählung von Entwicklung, Konflikt und Lösung darstellt.

Für die Thematik des Entwicklungsromans bietet es sich an, auf einen Lexikonartikel (**Arbeitsblatt 13**, S. 81) zurückzugreifen, diesen mit der Klasse zu lesen und kurz zu besprechen. Für die Darstellung der fünfaktigen Form des klassischen Dramas kann auf das **Arbeitsblatt 14**, S. 82 zurückgegriffen werden. Dieses kann als Kurzreferat vorgestellt oder vom Lehrer vorgetragen werden.

Die Schwierigkeit nun wird es sein, eine entsprechende Akteinteilung zu finden. Genau die Suche nach einer passenden Einteilung kann aber viel dazu beitragen, dass die Schülerinnen und Schüler sich über den Aufbau dieser Entwicklungsgeschichte klar werden. Als roter Faden dieser Entwicklungsstadien kann die jeweilige geistig-seelische Situation von Törleß, der Grad seiner Verwirrungen, betrachtet werden. Der 1. Akt, die Exposition, behandelt die Ausgangssituation dieser Verwirrungen und liefert Informationen über die Vorgeschichten und die Voraussetzungen der Romanhandlung. Stellt man sich den Roman als Experimentieranordnung vor, so sollen dort alle maßgeblichen Personen und die Grundproblematik, um die es in dem Roman geht, eingeführt worden sein, bevor der Konflikt in der dann einsetzenden, eigentlichen Romanhandlung im 2. Akt zugespitzt und gesteigert wird. Die Schülerinnen und Schüler erarbeiten nun in Paaren oder 3-er Gruppen, wo der 1. Akt endet und der 2. beginnt:

■ *Wo setzen Sie die Trennlinie zwischen dem 1. und dem 2. Akt? Begründen Sie Ihre Wahl. Zeigen Sie in stichwortartiger Vollständigkeit auf, in welche Themen und Charaktere der Roman im 1. Akt einführt.*
Benennen Sie am Schluss in ein bis zwei Sätzen den Grundkonflikt von Törleß, der in der Exposition angelegt ist.

Die Ergebnisse mit der Seitenangabe der Exposition werden dann auf ein großes Blatt geschrieben und der Klasse kurz vorgestellt. Anschließend ergänzen die anderen Gruppen und diskutiert die Klasse über die Einteilung. Es soll versucht werden, sich auf eine einheitliche Lösung zu verständigen.

Vorgeschlagen wird hier eine Akteinteilung für die Exposition von S. 7–70. Mögliches Tafelbild:

Exposition

- Verabschiedung der Eltern und Rückblick auf die ersten vier Jahre
- Rückweg: Begegnung mit den Frauen aus dem Dorf; Thematik der beginnenden Geschlechtsreife; starker Trieb und gleichzeitige Schüchternheit von Törleß
- Konditorei-Besuch: Einführung der Figur Beineberg, Gespräch über das Desinteresse am Lehrstoff im Konvikt, Wechsel der Perspektive auf die Wirklichkeit zwischen Tag und Nacht
- Božena/Mutter-Vergleich: Verwirrung des Perspektivwechsels erfasst Törleß existenziell; erste Erwähnung von Basini
- Diebstahlsgeschichte: Einführung der Figuren Reiting und Basini; Bruch im Alltag für Törleß; Basini bekommt für Törleß entscheidende Bedeutung; Einführung des Dachbodens als Hauptort des Gedankenflimmerns; Beziehung von Törleß zu seinen beiden Freunden
- Basini wird unter Kuratel gesetzt

Der Grundkonflikt: Törleß ist verwirrt, da die Wirklichkeit, je nach Wahl der inneren Perspektive, sich völlig verändern kann. Die vorherigen Sicherheiten und Wahrheiten, an denen er sich orientierte, gehen verloren, ein Gedankenflimmern entsteht.

Der 2. Akt behandelt nun die Steigerung und die Zuspitzung der Verwirrungen, bevor diese dann im 3. Akt ihren Höhepunkt erreichen. Hier bietet es sich an, in einem Klassengespräch zunächst gemeinsam zu erarbeiten, an welcher Stelle der in der Exposition herausgestellte Grundkonflikt seinen Höhepunkt erreicht, um eine gemeinsame Orientierungsmarke für die Länge des zweiten Aktes zu setzen:

■ *Wann hat Törleß den Höhepunkt seiner Krise, seiner Verwirrungen erreicht, bis wohin reicht die Zuspitzung?*

Herauszuarbeiten ist, dass der Kulminationspunkt der Verwirrungen durch den sexuellen Kontakt mit Basini erreicht wird. Ab S. 133, als Törleß mit Basini über die Feiertage im Konvikt allein ist, ist der Konflikt auf seiner höchsten, nicht mehr steigerbaren Ebene angelangt. Nun werden erneut Arbeitsgruppen mit je 3–4 Personen gebildet, die für den 2. Akt, S. 70–133, herausfinden, welche einzelnen Aspekte zur Steigerung des Grundkonflikts beitragen. Nicht mehr jede einzelne Szene soll hierbei berücksichtigt werden, sondern nur die für die Funktion der Zuspitzung relevanten Aspekte. Dabei kann es aufgrund des Umfanges der Aufgabenstellung nicht um Vollständigkeit gehen, sondern lediglich um eine Auswahl.

■ *Was trägt zur Steigerung des im 1. Akt herausgestellten Grundkonflikts bei? Wodurch spitzt sich dieser für Törleß zu? Nennen Sie Beispiele.*

Als Orientierungshilfen können noch Zusatzfragen mitgestellt werden: Welche Rolle spielen die Eltern für Törleß? Welche Rolle spielt die Sexualität? Wie entwickelt sich die Beziehung zu Reiting und Beineberg? Auf welche Weise versucht Törleß seine Verwirrungen zu lösen?

Auch hier stellt ein Sprecher im Anschluss die Ergebnisse der Klasse vor, andere Gruppen ergänzen die Ergebnisse und diskutieren darüber. Das Tafelbild und das zu erarbeitende Lernziel sollten in etwa so aussehen:

Die Steigerung

- Abnabelung von den Eltern; sie können Törleß für seinen Konflikt keine Hilfestellung mehr anbieten (Briefkontakt S. 70–74)

- Basini wird von Reiting und Beineberg vergewaltigt: Konflikt erhält sexuelle Aufladung

- Verwirrungsmomente drängen sich zusammen, werden Törleß in ihrer Vielzahl und Ähnlichkeit immer bewusster (Himmelsszene, S. 86–93)

- Törleß entfernt sich immer mehr von Reiting und Beineberg – so fühlt er sich als Auserwählter; Beispiele: der ‚andere' Zustand ist ihnen fremd (S. 100 f.), er gibt sich nicht mehr mit Pseudoweisheiten Beinebergs zufrieden (S. 104 f.), er wird ernster und selbstbestimmter

- Törleß findet auch in der Mathematik und in der Philosophie von Kant keine Erklärung oder Lösung für seine Verwirrungen: Selbstzweifel entstehen und die Dringlichkeit wächst, endlich die Probleme zu begreifen

- Törleß wird sich immer bewusster darüber, dass seine Verwirrungen von Sinnlichkeit, vom Zustand geschlechtlicher Erregung begleitet werden (hier v. a. S. 132 f.: Wollust in Verbindung mit Zerrissenheit des Selbstbewusstseins)

Ab S. 133 erreicht die Geschichte der Verwirrungen und der inneren Zerrissenheit von Tör-leß ihren Höhepunkt. Die zuvor aufgeführten gesteigerten Motive werden zusammengeführt und ein letztes Mal verdichtet. Zugleich werden erste Lösungsmöglichkeiten angedeutet.

Törleß ist plötzlich allein mit Basini, da die meisten der anderen Kameraden für ein langes Wochenende unterwegs sind. Basini wird für Törleß endgültig zu der Figur, in der die Rätsel seiner Verwirrungen kulminieren. Zunächst versucht er, Kant zu lesen und gleichzeitig Basi-ni mit den Augen zu durchdringen, zu durchbohren, um der Wahrheit endgültig auf die Spur zu kommen (S. 135). Doch dies funktioniert nicht, es war zu ausgedacht. Törleß' Ge-danken sind nun besessen von Basini, er kann an nichts anderes mehr denken. Den ganzen nächsten Tag verbringt er in dieser Weise stumpfsinnig, zerschlagen, „bis zu den ärgsten Zweifeln unzufrieden mit sich selbst" (S. 136). Sein großartiges Vorhaben und die Diskrepanz zur tristen, bitteren Realität enttäuschen und demütigen Törleß in seinem Selbstbild. Die mit dem Zustand der Verwirrung einhergehende sinnliche Erregung richtet sich nun vollends auf Basini. Er möchte mit ihm schlafen, ihn beherrschen, ihn „wie eine Beute" überfallen (S. 137). Doch als er an seinem Bett steht und Basini aufwacht, schämt sich Törleß und weiß sich nicht mehr zu verhalten. Basini rettet ihn, indem er zur Dachkammer vorgeht, eine Vergewaltigung erwartend. Törleß folgt ihm und stellt ihn zur Rede. Zum letzten Mal kann er vor Basini eine Machtposition ausspielen. Er verhört ihn und erfährt, was Reiting und Beineberg mit Basini alles gemacht haben. Törleß möchte von Basini wissen, wie er die Vergewaltigungen empfindet, ob er den anderen Zustand kennt, ob sein Selbstbild verlösche „mit einem Hauche" (S. 148). Doch Basini weiß nichts mit den Fragen anzufangen und antwortet Törleß, dass er sich an seiner Stelle ebenso verhalten würde. Törleß wird auf ein-mal klar, dass er sich zwar wahrscheinlich nicht in gleicher Weise verhalten würde wie Basi-ni, dass er aber das Gleiche empfinden würde wie er, nämlich nichts Besonderes. Im Augen-blick der Gefahr würden die Empfindungen alles Zweideutige verlieren und realistisch werden. Törleß beginnt zu unterscheiden zwischen den Gedanken, die weit entfernt sind und riesenhafte Gestalt annehmen können, und den Gedanken, die direkt in den Tatkreis seines Lebens einziehen und dort menschliche, konkrete, realitätsgerechte Dimensionen annehmen. Hier deutet sich die spätere Lösung seiner Verwirrungen an, nämlich dass die Wirklichkeit je nach gewählter innerer Perspektive verschiedene Gestalten und Wahrheiten annehmen kann. Später in der Nacht kommt dann Basini in sein Bett und verführt ihn. So lebt Törleß plötzlich seine Fantasien aus. In den nächsten Tagen schämt sich Törleß fürch-terlich, ist aber gleichzeitig wie berauscht von der Lust und der Verlockung. Seine Sinnlich-keit hat ein Ventil gefunden, doch sein eigenes Verhalten kann er nicht verstehen.

Die Aufgabe an die Schülerinnen und Schüler kann nun lauten:

■ *Beschreiben Sie in eigenen Worten, inwieweit die Geschichte ab S. 133 ihren Höhepunkt erreicht. Versuchen Sie dabei die seelische Situation von Törleß und hier v.a. die Bedeutung der Sinnlichkeit nachzuvollziehen. Welche Lösung seiner Verwirrungen, welcher neue Gedanke deutet sich in der Dachkammer an?*

Nach dem vertiefenden Unterrichtsgespräch können erneut Arbeitsgruppen von je vier Personen gebildet werden, die gemeinsam retardierende Momente aufspüren, die es am Anschluss an den Höhepunkt der Verwirrungen zuhauf gibt. Zunächst ist es dabei hilfreich, den Begriff ‚retardierend' kurz zu klären: hinauszögernd, verlangsamend, unterbrechend. Die Funktion des retardierenden Moments im klassischen Drama ist der Spannungsaufbau durch das Hinauszögern und das gleichzeitige Vorbereiten der endgültigen Lösung. Dies geschieht durch eine neue Wendung oder ein scheinbares Abweichen vom vorgezeichneten Weg der Lösung, der aber dann auf eben diese hinführt.

■ Finden Sie retardierende Momente im Anschluss an den Höhepunkt der Verwirrungen. Auf welche Weise wird in diesen Momenten die endgültige Lösung hinausgezögert und zugleich vorbereitet? Finden Sie zu der Stelle jeweils ein passendes Zitat, das das Hinauszögern oder Vorbereiten der Lösung unterstreicht.

Die Gruppen schreiben ihre Ergebnisse jeweils auf große Papierbögen, auf denen sie die entsprechende Szene in zwei Sätzen schildern und daneben kurz die retardierende Funktion mitsamt einem kennzeichnenden Zitat anführen. Dies wird dann der Klasse vorgestellt. So kann die Lösung insgesamt aussehen:

● Beinebergs Hypnose-Experiment: Beineberg will Basini hypnotisieren, um dessen Seele vom Körper zu befreien und Kontakt mit ihr aufzunehmen. Retardierende Funktion: Törleß hofft vage doch noch auf eine Lösung und Erklärung seiner Verwirrungen von außen, gibt diese unrealistische Hoffnung aber durch das Scheitern des Experiments endgültig auf. So stellt er sich der Realität und wendet sich endgültig vom „Hokuspokus" (S. 170) Beinebergs ab. Zitat: „ein Abschluss. Etwas ist vorbei." (S. 174)

● Törleß trifft sich noch einmal mit Basini in der Dachkammer und fragt ihn dort ohne innere Überzeugung erneut nach seinen Empfindungen. Retardierende Funktion: Törleß trifft sich nur noch aus einer „Art Pedanterie" (S. 176) heraus mit Basini und erhofft sich davon nichts mehr. Zitat: „eine von vorneherein hoffnungslose, eigensinnige Gewissenhaftigkeit hatte ihm eingeblasen, nochmals an den Ereignissen herumzutasten." (S. 176)

● Beineberg und Reiting drohen Törleß, dass sie alle Schuld auf ihn schieben werden, wenn er sich gegen sie stellt. Retardierendes Moment: Die Handlung scheint sich gegen Törleß zu wenden: Törleß gerät plötzlich in Gefahr, der Hauptschuldige zu sein, und ist mitten in einem Intrigenspiel gefangen. Er schreibt Basini einen Brief, in dem er ihn warnt und gleichzeitig auffordert, alle Schuld auf Beineberg und Reiting abzuwälzen. Er wendet sich endgültig von Reiting und Beineberg ab, will nichts mehr mit ihnen zu tun haben und stellt sich der Realität. Zitate: „Alles geschieht: das ist die ganze Weisheit" (S. 178); „Die Gefahr hatte ihn mitten in das Wirbeln der Wirklichkeit gezogen" (S. 182); Gefühl einer „gänzlichen Befreiung" (S. 187); „Eine Entwicklung war abgeschlossen" (S. 187).

● Törleß flieht aus Angst vor der Untersuchung aus dem Internat. Retardierendes Moment: Lösung verzögert sich ein letztes Mal, da Törleß nicht weiß, wie er seine seelische Entwicklung vor dem Lehrergremium darstellen soll. Zitat: Er war „fürchterlich aufgeregt, und die Angst, sich nicht verständlich machen zu können, erschöpfte ihn völlig ...." (S. 190)

Vor den Lehrern schließlich findet Törleß dann zur Formulierung der bereits in seinem Inneren vorbereiteten Lösung. Sein Auftritt vor dem Untersuchungsgremium stellt den Schlussakt, die letztendliche Befreiung aus seinen Verwirrungen und den Triumph des Helden dar. Er spricht dort von einem „Sprung" (S. 191) in seiner inneren Wahrnehmung Basinis, nachdem er von dessen Diebstahl erfahren hatte, von einer doppelten Form, in der er Dinge, Menschen, Ereignisse wahrnimmt. Zunächst kann er sich dabei nicht verständlich machen, da er sich nicht klar genug ausdrückt und Missverständnissen ausgeliefert ist. Doch dann spricht er „klar, deutlich, siegesbewusst" (S. 193) von seinen Gedanken und seiner Angst, dass die Welt sich plötzlich vor seinen Augen verwandeln kann. Er habe aber nun verstanden, dass nicht die Welt in doppelter Form existiert, sondern dass er sie aus unterschiedlichen Perspektiven, mal aus der Sicht seiner Vernunft, mal aus der Sicht seiner Gefühle, seiner Seele wahrnimmt und die Welt sich deswegen verändern kann. In der Formulierung seiner Gedanken werden ihm diese dabei erst in dieser Klarheit bewusst.

Die Passage, in der Törleß vor dem Lehrergremium mehr Rede als Antwort steht (S. 188–196), bietet sich für einen gemeinsamen Lesedurchgang an, damit die Situation der Lösung für jeden Schüler gleich präsent ist. Auch werden hier die Distanz und die Sprachlosigkeit zwischen der Lebenswelt der Lehrer und jener der Zöglinge karikaturhaft sichtbar. Die Lehrer interessieren sich nur für den Ausgang ihrer Untersuchung und nicht für die Gedanken von Törleß. So kann ein gemeinsames Lesen direkt in ein Gespräch über diese Distanz münden. Folgende Fragen können dabei leiten:

■ *Kennen Sie eine solche Distanz zwischen der Welt der Erwachsenen und dem eigenen inneren Erleben aus eigener Erfahrung? Haben Sie schon einmal ähnliche Erfahrungen wie Törleß vor dem Lehrergremium gemacht? Findet generell in der Romanhandlung ein Austausch zwischen den Lehrern und den Schülern statt? Wofür interessieren sich die Lehrer bei ihrer Untersuchung?*

An dieses Klassengespräch kann eine kurze Schreibaufgabe anschließen:

■ *Beschreiben Sie die von Törleß vorgetragene Lösung seiner Verwirrungen in möglichst eigenen Worten. Was wird über die Differenz von toten und lebendigen Gedanken gesagt und wie lässt sich diese auf Törleß' Rede beziehen?*

Dies kann in einem anschließenden Klassengespräch vertieft werden. Hier ist auch vorstellbar, die Schlussszene des Romans genauer zu betrachten. Törleß wird von seiner Mutter abgeholt, ist aber inzwischen zum Mann gereift, der seinen Vater in dieser Szene ersetzt:

■ *Vergleichen Sie die Schlussszene des Romans, in der Törleß von seiner Mutter abgeholt und zum Bahnhof gefahren wird, mit der Abschiedsszene zu Beginn. Was hat sich geändert? Wie ist das Verhältnis zwischen Mutter und Sohn? Was wäre anders, wenn der Vater dabei wäre?*

Am Ende der Betrachtung der Schlussszene bietet sich ebenfalls an, noch einen Blick auf Basini zu richten:

■ *Was geschieht eigentlich mit Basini? Wie hat er wohl die Untersuchung erlebt? Wie sieht seine Zukunft aus? Versuchen Sie, die Gegensätzlichkeit von Basini und Törleß zu beschreiben.*

Deutlich soll werden, dass Basini im Gegensatz zum letztendlichen Triumph von Törleß von Anfang bis Ende das Opfer ist, das sich nicht wehren, nicht handeln kann, das keine Entwicklung vollzieht. Er ist die genaue Gegenfigur zu Törleß, die andere Seite, die dunkle Alternative.

Nun können die Schülerinnen und Schüler gemeinsam mit dem Lehrer das **Arbeitsblatt 12**, S. 80 mit der Gesamtstruktur zur Hand nehmen und die gewonnenen Ergebnisse dieses Unterrichtsschrittes eintragen. Das Arbeitsblatt könnte danach folgendermaßen ausschauen:

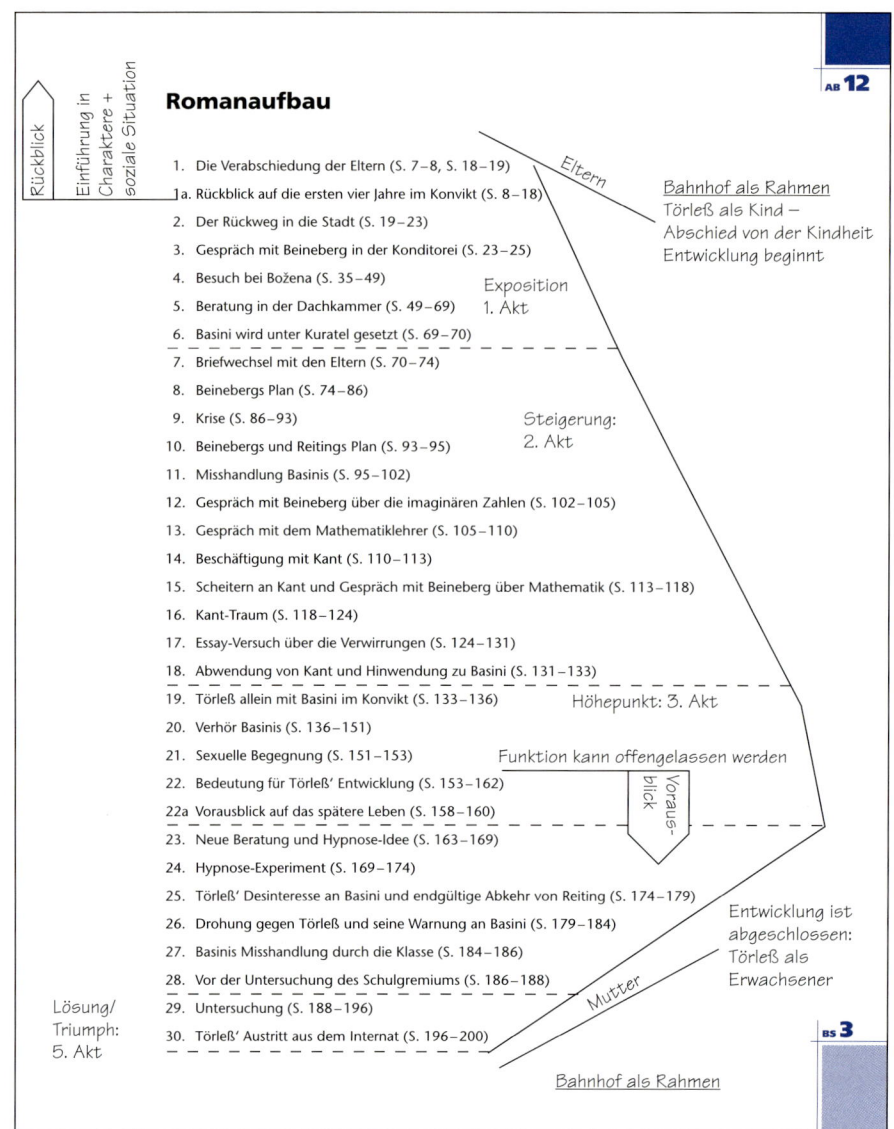

Romanaufbau

AB **12**

Rückblick

Einführung in Charaktere + soziale Situation

1. Die Verabschiedung der Eltern (S. 7–8, S. 18–19)
1a. Rückblick auf die ersten vier Jahre im Konvikt (S. 8–18)
2. Der Rückweg in die Stadt (S. 19–23)
3. Gespräch mit Beineberg in der Konditorei (S. 23–25)
4. Besuch bei Božena (S. 35–49)
5. Beratung in der Dachkammer (S. 49–69)
6. Basini wird unter Kuratel gesetzt (S. 69–70)
7. Briefwechsel mit den Eltern (S. 70–74)
8. Beinebergs Plan (S. 74–86)
9. Krise (S. 86–93)
10. Beinebergs und Reitings Plan (S. 93–95)
11. Misshandlung Basinis (S. 95–102)
12. Gespräch mit Beineberg über die imaginären Zahlen (S. 102–105)
13. Gespräch mit dem Mathematiklehrer (S. 105–110)
14. Beschäftigung mit Kant (S. 110–113)
15. Scheitern an Kant und Gespräch mit Beineberg über Mathematik (S. 113–118)
16. Kant-Traum (S. 118–124)
17. Essay-Versuch über die Verwirrungen (S. 124–131)
18. Abwendung von Kant und Hinwendung zu Basini (S. 131–133)
19. Törleß allein mit Basini im Konvikt (S. 133–136)
20. Verhör Basinis (S. 136–151)
21. Sexuelle Begegnung (S. 151–153)
22. Bedeutung für Törleß' Entwicklung (S. 153–162)
22a Vorausblick auf das spätere Leben (S. 158–160)
23. Neue Beratung und Hypnose-Idee (S. 163–169)
24. Hypnose-Experiment (S. 169–174)
25. Törleß' Desinteresse an Basini und endgültige Abkehr von Reiting (S. 174–179)
26. Drohung gegen Törleß und seine Warnung an Basini (S. 179–184)
27. Basinis Misshandlung durch die Klasse (S. 184–186)
28. Vor der Untersuchung des Schulgremiums (S. 186–188)
29. Untersuchung (S. 188–196)
30. Törleß' Austritt aus dem Internat (S. 196–200)

Lösung/ Triumph: 5. Akt

Eltern

Bahnhof als Rahmen
Törleß als Kind –
Abschied von der Kindheit
Entwicklung beginnt

Exposition
1. Akt

Steigerung:
2. Akt

Höhepunkt: 3. Akt

Funktion kann offengelassen werden

Voraus- blick

Entwicklung ist abgeschlossen: Törleß als Erwachsener

Mutter

BS **3**

Bahnhof als Rahmen

Nachdem die Gesamtstruktur des Romans hinsichtlich einer denkbaren fünfaktigen Eintei-lung sichtbar gemacht wurde, kann nun in einer ergänzenden Pointe das Augenmerk auf ein Leitmotiv des Romans gerichtet werden, das in jedem Akt symbolhaft für den Zustand der Verwirrungen des Protagonisten steht. Gemeint ist der Briefkontakt zwischen Törleß und seinen Eltern, symbolisiert dieser doch sowohl Törleß' Beziehung zu der bürgerlich-fried-lichen Welt seiner Kindheit als auch zur Internats-Außenwelt schlechthin.

Zur Bearbeitung dieses Leitmotivs entlang der dramatischen Struktur können fünf Gruppen gebildet werden, wobei jede Gruppe einen Akt und die entsprechende Textstelle zum Brief-wechsel bearbeitet. Die Seitenangaben werden den Schülerinnen und Schülern dazu vor-gegeben. Danach tragen die einzelnen Gruppen ihre Ergebnisse zusammen und besprechen sie mit der Klasse. Die Aufgabenstellung dazu lautet:

■ *Finden Sie heraus, in welchem Zusammenhang der Brief symbolhaft für die Ent-wicklung von Törleß entlang der bearbeiteten Akteinteilung steht.*

Die Ergebnisse sollten ungefähr wie folgt aussehen:

In der ersten Zeit seines Internatslebens schreibt Törleß zunächst leidenschaftliche, sehn-süchtige Briefe, in denen er den Eltern von seinem Heimweh berichtet (S. 9–11). Nach dem ersten Abklingen dieses Heimwehs werden die Briefe sachlicher (S. 11). Die Funktion dieser Briefe im **1. Akt** ergibt sich für Törleß daraus, den Kontakt zur verloren gegangenen Sicherheit, den Wahrheiten und Werten des Elternhauses möglichst zu bewahren. Doch die Briefe künden bereits von der Differenz beider Lebenswelten und von der Erschütterung des sicheren Bodens der Kindheit.

Gleich zu Beginn des **2. Aktes** (S. 70–74) versucht Törleß mittels Briefkontakt, Klarheit über seine Verunsicherung zu erlangen, die durch den Diebstahl Basinis eingetreten war. Für Törleß sind die Regeln, die er aus seinem Elternhaus kennt, mit der Tat Basinis erschüttert worden und er wünscht sich eine strikte Verurteilung Basinis im Antwortschreiben seiner Eltern, um die Ordnung seiner Welt wiederherzustellen. Doch die Antwort entspricht nicht der Erwartung und der seelischen Erschütterung von Törleß. Sie bleibt fad, ausgewogen und entwickelt Verständnis für Basini, wo Törleß eben kein Verständnis hat. Ihm wird bewusst, dass seine Eltern ihm für seine Verwirrungen keine Beruhigung liefern, keinen Halt bieten können. So symbolisiert der Briefwechsel die Zuspitzung seiner Verwirrungen, da für ihn plötzlich alle Werte und Fundamente aus seiner alten Welt brüchig geworden sind und er dieser Verunsicherung ohne Hilfe seiner sonst so verständnisvollen Eltern ausgesetzt ist. Er zerreißt ihren Brief (S. 73) und erteilt ihrer Weltsicht damit eine klare Absage.

Auch der Beginn des **3. Aktes** wird begleitet vom Leitmotiv des Briefes. In einem Brief teilen die Eltern Törleß mit, dass sie ihn über die Feiertage im Konvikt nicht besuchen können (S. 133f.). Ihr Brief ist voller zärtlicher „Tröstungen" (S. 134), da sie davon ausgehen, dass diese Absage für Törleß ein großes Problem ist. Doch Törleß ist dies ganz recht, er hätte ihren Besuch als Störung empfunden. Hier wird die Diskrepanz zwischen der Welt der Eltern und jener von Törleß besonders deutlich. Törleß ist und bleibt auf dem Höhepunkt seiner Verwirrungen allein und unverstanden. Auch in einer Rückschau auf diese Phase (S. 183) wird ein „hausbackener" Brief seiner Eltern erwähnt, den sie ihm einmal geschrieben hatten und den er nun mit Genuss las, als Basini nackt neben ihm lag. Hier spürt er sogar im Angesicht seiner entdeckten Sinnlichkeit eine Überlegenheit gegenüber seinen Eltern.

Im **4. Akt** findet Törleß in Vorbereitung auf die Lösung seiner Verwirrungen wieder auf positive Weise zurück zu den Briefen seiner Eltern. Genau durch die Briefe, die ihn zuvor amüsierten, da sie „voll rechtschaffener, langweiliger Ethik" (S. 183) waren, spürt er nun eine „angenehme Beruhigung", als hätte er „die Berührung einer festen, gütigen Hand gefühlt" (S. 183). Danach kann er plötzlich auch die Situation von Basini wieder anders sehen. Plötzlich handelt er und versucht ihm zu helfen, indem er ihn warnt. Der Einfluss seiner Eltern steigt in dem Maße, in dem er selbst die Realität seiner Verwirrungen langsam zu begreifen in der Lage ist und sich beruhigt.

Am Ende dann, im **5. Akt**, schreibt er parallel zu dem Schuldirektor selbst seinen Eltern einen Brief, in dem er sie bittet, ihn aus dem Internat herauszunehmen (S. 197). Der Kreis schließt sich. Nachdem ihm die Briefe anfangs halfen, sein Heimweh zu mildern, und wenig später zum Symbol für die brüchig werdende Selbstverständlichkeit geltender Normvorstellungen wurden, eröffnen sie ihm nun die Möglichkeit, in die einstige Lebenswirklichkeit zurückzukehren. Allerdings ist er nun gereift, übernimmt Verantwortung und wird selbst aktiv.

Diese Ergebnisse können entlang der Besprechung der Gruppenarbeiten mit einem Tafelbild entsprechend gesichert werden:

Akte ↔ Briefe

1. Akt: leidenschaftliche, sehnsüchtige Briefe voller Heimweh → Törleß sehnt sich nach der ehemals heilen Welt, nach einem Fundament, das brüchig geworden ist; Briefe künden schon von der Differenz zwischen seiner Lebenswelt und der seiner Eltern

2. Akt: Törleß findet kein Verständnis für seine Verurteilung Basinis und die Erschütterung seines Weltbildes bei seinen Eltern → Verwirrungen spitzen sich zu, da er keine Hilfe von außen findet, Werte und Fundamente aus der alten Welt Risse bekommen haben

3. Akt: Eltern sagen einen Besuch ab, Törleß ist dies recht → Sprachlosigkeit zwischen Eltern und Törleß: Differenz ist unüberbrückbar, Törleß fühlt sich auf dem Höhepunkt seiner Verwirrungen allein und unverstanden, wähnt sich seinen Eltern überlegen

4. Akt: Törleß liest die Briefe seiner Eltern noch einmal anders und spürt die „Berührung einer festen, gütigen Hand" (S. 183) → Törleß' Verwirrungen beginnen sich aufzulösen, er wird realistischer und wendet sich der Welt seiner Eltern durch das erneute Lesen ihrer Briefe wieder zu

5. Akt: Törleß bittet die Eltern um die Herausnahme aus dem Konvikt → Der Kreis schließt sich: Törleß kehrt zu den Eltern zurück, allerdings als Erwachsener, Gereifter, der Verantwortung übernimmt

Notizen

_____

_____

_____

_____

_____

_____

_____

_____

_____

_____

_____

_____

_____

_____

_____

Romanaufbau (ohne Szenennummerierung)

Die Verabschiedung der Eltern und Rückblick auf die ersten vier Jahre

Der Rückweg in die Stadt nach der Verabschiedung der Eltern

Gespräch mit Beineberg in der Konditorei

Besuch bei Božena

- -

Beratung in der Dachkammer über Basinis Diebstahl

Basini wird unter Kuratel gesetzt

Briefwechsel mit den Eltern über den Diebstahl von Basini

Beinebergs Plan mit Basini

- -

Törleß' Krise (Himmelsszene)

Verabredung von Reitung und Beineberg mit Törleß und Misshandlung Basinis

Gespräch mit Beineberg über die imaginären Zahlen

Gespräch mit dem Mathematiklehrer

- -

Beschäftigung mit Kant

Scheitern an Kant und Gespräch mit Beineberg über Mathematik

Kant-Traum

Essay-Versuch über die Verwirrungen

- -

Abwendung von Kant und Hinwendung zu Basini

Törleß allein mit Basini im Konvikt

Törleß verhört Basini

Sexuelle Begegnung zwischen Törleß und Basini

Verwirrung nach sexuellem Kontakt

- -

Vorausblick auf den erwachsenen Törleß

Neue Beratung und Hypnose-Idee

Hypnose-Experiment

Törleß verliert Interesse an Basini und wendet sich von Reiting ab

- -

Drohung gegen Törleß und dessen Warnung an Basini

Basinis Misshandlung durch die Klasse

- -

Vor der Untersuchung des Schulgremiums

Untersuchung des Schulgremiums

Törleß' Austritt aus dem Internat

Romanaufbau

1. Die Verabschiedung der Eltern (S. 7–8, S. 18–19)

1a. Rückblick auf die ersten vier Jahre im Konvikt (S. 8–18)

2. Der Rückweg in die Stadt (S. 19–23)

3. Gespräch mit Beineberg in der Konditorei (S. 23–25)

4. Besuch bei Božena (S. 35–49)

5. Beratung in der Dachkammer (S. 49–69)

6. Basini wird unter Kuratel gesetzt (S. 69–70)

7. Briefwechsel mit den Eltern (S. 70–74)

8. Beinebergs Plan (S. 74–86)

9. Krise (S. 86–93)

10. Beinebergs und Reitings Plan (S. 93–95)

11. Misshandlung Basinis (S. 95–102)

12. Gespräch mit Beineberg über die imaginären Zahlen (S. 102–105)

13. Gespräch mit dem Mathematiklehrer (S. 105–110)

14. Beschäftigung mit Kant (S. 110–113)

15. Scheitern an Kant und Gespräch mit Beineberg über Mathematik (S. 113–118)

16. Kant-Traum (S. 118–124)

17. Essay-Versuch über die Verwirrungen (S. 124–131)

18. Abwendung von Kant und Hinwendung zu Basini (S. 131–133)

19. Törleß allein mit Basini im Konvikt (S. 133–136)

20. Verhör Basinis (S. 136–151)

21. Sexuelle Begegnung (S. 151–153)

22. Bedeutung für Törleß' Entwicklung (S. 153–162)

22a. Vorausblick auf das spätere Leben (S. 158–160)

23. Neue Beratung und Hypnose-Idee (S. 163–169)

24. Hypnose-Experiment (S. 169–174)

25. Törleß' Desinteresse an Basini und endgültige Abkehr von Reiting (S. 174–179)

26. Drohung gegen Törleß und seine Warnung an Basini (S. 179–184)

27. Basinis Misshandlung durch die Klasse (S. 184–186)

28. Vor der Untersuchung des Schulgremiums (S. 186–188)

29. Untersuchung (S. 188–196)

30. Törleß' Austritt aus dem Internat (S. 196–200)

Der Entwicklungsroman (Lexikonartikel)

Entwicklungsroman, Bezeichnung für einen Roman, der die Entwicklung eines Menschen schildert, wobei der Schwerpunkt vielfach auf der Jugendgeschichte liegt; sie deckt sich teilweise mit den Bezeichnungen Bildungsroman und Erziehungsroman.
– E. wurde 1926 von Melitta Gerhard vorgeschlagen als Bezeichnung für alle jene Romane, „die das Problem der Auseinandersetzung des Einzelnen mit der jeweils geltenden Welt, seines allmählichen Reifens und Hineinwachsens in die Welt zum Gegenstand haben, wie immer Voraussetzungen und Ziel dieses Weges beschaffen sein mögen". Die relativierende Bestimmung lässt den E. als historisch übergreifenden, der Biografie oder Autobiografie nahen Aufbautyp erscheinen. Der Begriff des Bildungsromans, den besonders W. Dilthey verbreitete, wäre hingegen auf die „Goethesche und Nach-Goethesche" deutsche Literaturepoche zu beschränken. Er orientiert sich am Bildungsideal der Weimarer Klassik, an der harmonisch vielseitigen Ausbildung individueller Fähigkeiten und am Humanitätsgedanken. In diesem Sinn ist der Bildungsroman seit Ch. M. Wielands *Geschichte des Agathon* (1794) und Goethes *Wilhelm Meisters Lehrjahre* (1795/96) der dominierende deutsche Romantyp: über Jean Paul, die Romantiker und Realisten des 19. Jh.s (G. Keller, *Der grüne Heinrich*, 1854/55, NA 1879/90) bis hin zu H. Hesse und Th. Mann, der traditionelle Erzählmuster mehrfach ironisiert und historisch verfremdet (*Der Zauberberg*, 1924; *Joseph und seine Brüder*, 1933–1943).
Die im deutschen Bildungsroman postulierte Versöhnung individueller Ansprüche und sozialer Realität

fehlt zumeist im westeuropäischen E., der die sozialen Konflikte deutlicher zur Sprache bringt. Während Ch. Dickens seinen *David Copperfield* (1849/50, dt. 1849–51) aus viktorianischem Selbstbewusstsein noch als exemplarisch erfolgreichen Lebenslauf konzipieren konnte, mehrten sich mit der Erosion der viktorianischen Epoche die Momente der Desillusionierung, Resignation und des Scheiterns: von S. Butlers *The Way Of All Flesh* (entst. 1873/74, ersch. 1903; dt. *Der Weg allen Fleisches*, 1929) über Th. Hardys *Jude the Obscure* (1895; dt. *Juda der Unberühmte*, 1901) bis zu W.S. Maughams *Of Human Bondage* (1915; dt. *Der Menschen Hörigkeit*, 1939).
Die französische Traditionslinie des 19. Jh.s, in der sich die Übermacht der Verhältnisse über Wünsche und Bestrebungen womöglich noch schärfer ausdrückt, geht auf J.-J. Rousseaus Zivilisationskritik (Erziehungsroman *Émile*, 1762; dt. 1762, NA 1963) und die Romantik zurück (F. R. de Châteaubriand, *René*, 1805; dt. 1805; H.-B. Constant, *Adolphe*, 1816; dt. 1817). Die großen realistischen Erzähler, Stendhal (*Le rouge et le noir*, 1830; dt. *Rot und Schwarz*, 1901), H. de Balzac (*Illusions perdues*, 1837–44; dt. 1845, 1909 *Verlorene Illusionen* und G. Flaubert (*L´éducation sentimentale*, 1869; dt. 1904, 1951 *Lehrjahre des Gefühls*), demonstrieren denn auch konsequent die Schwierigkeiten bzw. die Unmöglichkeiten individueller Selbstverwirklichung in der allen Idealen feindlich gesinnten hochbürgerlichen Gesellschaft.

Aus: Harenberg Lexikon der Weltliteratur. Autoren – Werke – Begriffe. Vollständig überarbeitete und aktualisierte Studienausgabe. Dortmund 1989, S. 863f., © Bibliographisches Institut & F. A. Brockhaus, Mannheim

■ *Welche typischen Merkmale des Entwicklungsromans werden im Artikel genannt?*

■ *Begründen Sie in wenigen Sätzen, inwiefern der „Törleß" als Entwicklungsroman aufzufassen ist.*

Das aristotelische Drama

Der Erste, der eine Theorie des Dramas entwickelte und dabei Grundsätzliches zu dessen Struktur formulierte, war der griechische Philosoph Aristoteles (384–322 v. Chr.) in seiner Schrift „Über die Dicht-
5 kunst". Diese Theorie war nichts anderes als die systematische Zusammenfassung seiner Eindrücke und Beobachtungen zu den Theaterstücken seiner Zeit. Ein Problem für die Nachwelt war, dass die genannte Poetik des Aristoteles nur in Bruchstücken überliefert
10 ist und dass sie überdies wohl eher Notizen für den Unterricht an seiner Philosophenschule darstellten als eine ausgearbeitete Theorie.

Dennoch galten die erhalten gebliebenen Definitionen und Lehrsätze in der Geschichte des europäischen Theaters lange Zeit als oberster Maßstab. Bis ins 15
19. Jahrhundert hinein waren die Dichter und Literaturtheoretiker bestrebt, ihre Werke und Poetiken mit der Autorität des Aristoteles zu legitimieren. [...]
Der Schriftsteller und Literaturwissenschaftler Gustav Freytag hat 1863 in seinem Buch „Die Technik 20 des Dramas" die Theorie des klassischen, aristotelisch geprägten Dramas in stark schematisierter Form, indem er die Dramenstruktur als „pyramidalen Bau" beschrieb.

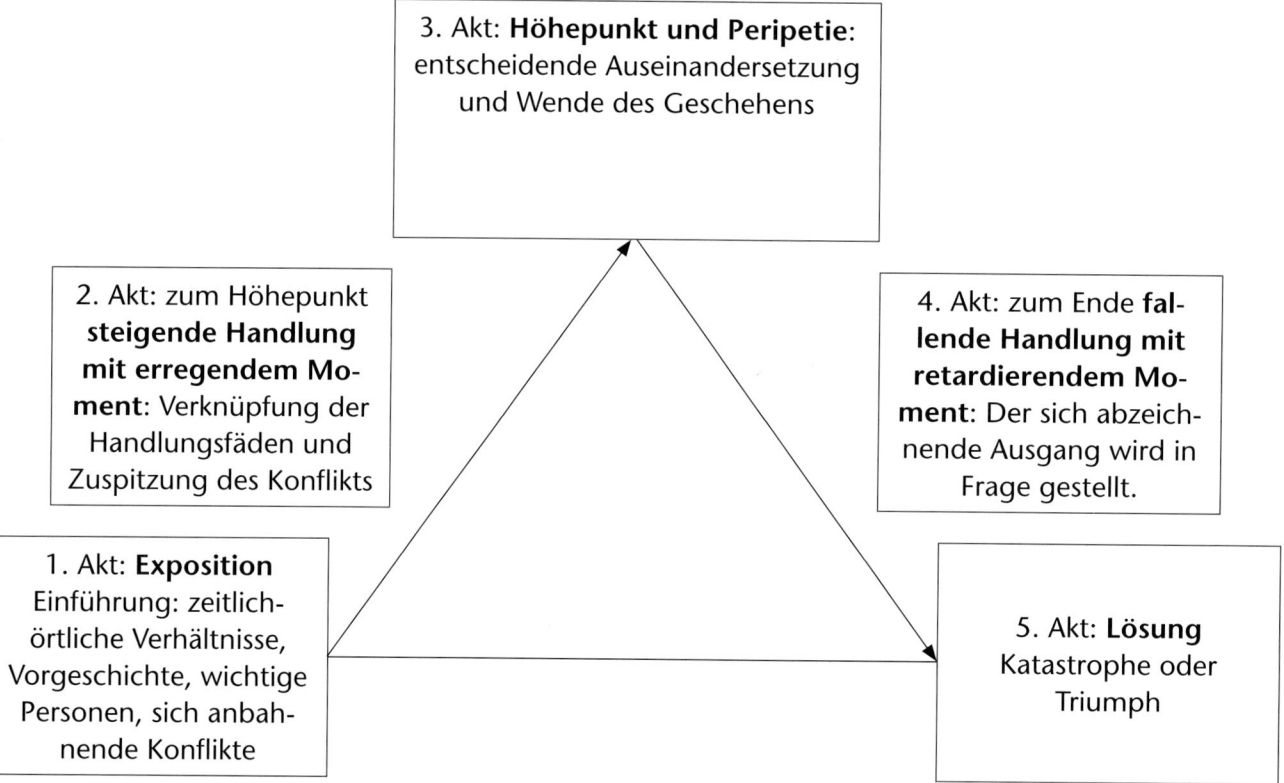

3. Akt: **Höhepunkt und Peripetie**: entscheidende Auseinandersetzung und Wende des Geschehens

2. Akt: zum Höhepunkt **steigende Handlung mit erregendem Moment**: Verknüpfung der Handlungsfäden und Zuspitzung des Konflikts

4. Akt: zum Ende **fallende Handlung mit retardierendem Moment**: Der sich abzeichnende Ausgang wird in Frage gestellt.

1. Akt: **Exposition** Einführung: zeitlich-örtliche Verhältnisse, Vorgeschichte, wichtige Personen, sich anbahnende Konflikte

5. Akt: **Lösung** Katastrophe oder Triumph

25 Wesentlich für die Struktur des klassischen Dramas sind die auf Aristoteles zurückgehenden drei Einheiten: **die Einheit der Handlung, der Zeit und des Ortes**. Jede Szene des Dramas erweist sich als Teil des einen geradlinigen, zeitlich eng begrenzten und an
30 einen Ort gebundenen Handlungsstranges. Die Szenen (Auftritte) sind zu fünf Akten (Aufzügen) gebündelt. Diese fünf Akte stehen in einem die Spannung aufbauenden Funktionszusammenhang, sie bilden die Etappen, die den dramatischen
35 Prozess in seiner idealtypischen Verlaufsform gliedern.

Gustav Freytag bezog seine Aussagen auf die klassische Tragödie, mit einer „Katastrophe" am Ende. Die Strukturbeschreibung ist jedoch mit unwesentlichen Änderungen auch auf ein Schauspiel mit po- 40 sitivem Ausgang übertragbar.

1. Akt, **Exposition**: Die Zuschauer/innen werden eingeführt in Zeit, Ort, Atmosphäre der Handlung; sie lernen die für die Handlung wichtigen Personen direkt (sie treten auf) oder indirekt (es wird über sie 45 gesprochen) kennen; der Konflikt beginnt sich mehr oder minder deutlich abzuzeichnen.

2. Akt, **steigende Handlung mit erregendem Moment**: Die Handlung erhält einen entscheidenden 50 Anschub, Interessen stoßen aufeinander, Intrigen werden gesponnen, der Ablauf des Geschehens beschleunigt sich in eine bestimmte Richtung; dadurch steigt die Spannung auf den weiteren Verlauf der Handlung und das Ende (Aufbau einer Finalspan- 55 nung).

3. Akt, **Höhepunkt und Wendepunkt**: Die Entwicklung des Konflikts erreicht ihren Höhepunkt, der Held/die Heldin steht in einer entscheidenden Auseinandersetzung, die Einfluss auf das weitere Schick- 60 sal hat. Es erfolgt eine Wende zu Sieg oder Niederlage, zu Absturz oder Erhöhung.

4. Akt, **fallende Handlung mit retardierendem Moment**: Die Handlung fällt jetzt auf das Ende zu; dennoch wird die Spannung noch einmal gesteigert, 65 indem die Entwicklung im sogenannten retardierenden Moment verzögert wird.

5. Akt, **Lösung des Geschehens** in Form einer **Katastrophe** oder eines **Triumphes** bzw. positiven Endes: Die Schlusshandlung bringt die Lösung des Konflikts mit dem Untergang des Helden/der Heldin oder die 70 Auflösung aller Verwicklungen. Im Falle einer Katastrophe ist der äußere Untergang, der Tod des Helden/ der Heldin mit einem inneren, z. B. moralischen Sieg verbunden.

Ziel des aristotelischen Theaters ist es, den Zuschau- 75 er/die Zuschauerin an das Geschehen zu binden, indem er sich zum Beispiel mit den Figuren identifiziert, mit ihnen mitleidet, sich mit ihnen in Gefahrensituationen fürchtet und sich mit ihnen freut. Auf diesem Weg sollte eine innere Reinigung 80 (**Katharsis**) von derartigen Gemütsbewegungen bewirkt werden.

Aus: Texte, Themen und Strukturen. Deutschbuch für die Oberstufe. © Cornelsen Verlag, Berlin 1999, S. 164 f., BN 410048

■ *Überlegen Sie sich den Grund dafür, warum die fünfaktige Struktur des aristotelischen Dramas auch in vielen Prosatexten, z. B. Romanen, zu entdecken ist.*

■ *Welchen Sinn könnte es überhaupt haben, solche Strukturen in Romanen aufzudecken und herauszuarbeiten?*

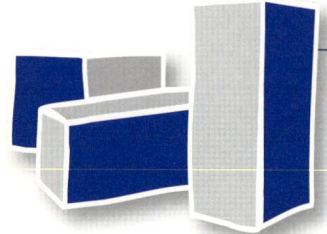

Die vier Zöglinge

In diesem Baustein sollen sich die Schülerinnen und Schüler mit den zentralen Figuren des Romans, den vier Zöglingen, auseinandersetzen und deren unterschiedliche Charaktere herausarbeiten. Nicht zuletzt im Hinblick auf die später folgenden Interpretationsansätze sollen sie lernen, sich in die Perspektive der Personen hineinzuversetzen und deren Äußerungen wie Handlungen damit gleichsam von innen heraus nachzuvollziehen. Ein wichtiges Ziel ist es hierbei, den Schülerinnen und Schülern vor Augen zu führen, dass es niemals eine einzige, allein gültige Wahrheit gibt, sondern dass die Beschreibung der Welt immer vom jeweils eingenommenen Standpunkt abhängt, also immer relativ ist. Dennoch sind die einzelnen Figuren bei ihrer Sicht auf die Welt nicht allein, gleichsam autonom und unabhängig, sondern stehen in enger Beziehung zu den anderen drei Zöglingen (außerdem natürlich, wenn auch entfernter, zu anderen Bezugspersonen wie den Eltern und den Lehrern). Folgende Erarbeitungsschritte stehen im Mittelpunkt:

- Figurencharakteristik
- Unterschiede und Gemeinsamkeiten zwischen Törleß und Beineberg
- Basini als ‚Projektionsfläche‘ für die anderen drei Zöglinge

4.1 Figurencharakteristik

Als Vorbereitung auf diesen Erarbeitungsschritt ist folgende Hausaufgabe denkbar, für die der Kurs in vier Gruppen unterteilt werden muss, von denen sich jede auf einen der vier Zöglinge konzentrieren soll:

■ *Stellen Sie sich die Romanfigur Ihrer Gruppe vor. Suchen Sie aus Ihrem häuslichen Umfeld mindestens einen typischen Gegenstand bzw. ein passendes Foto für diese Figur. Überlegen Sie sich ein kurzes Statement zum mitgebrachten Gegenstand und ein paar treffende Beschreibungen/Adjektive zur ausgewählten Figur.*

Zu Beginn der Erarbeitungsphase tragen die Lernenden die gewählten Gegenstände und Fotos nach vorn, präsentieren sie und begründen kurz ihre Wahl. Dabei beschreiben sie die jeweilige Figur. An der Tafel können diese Beschreibungen bereits stichwortartig festgehalten werden. Allmählich entsteht durch die Anhäufung der verschiedenen Gegenstände eine ‚Skulptur‘, die darüber Aufschluss gibt, wie vertraut den Lernenden die vier Zöglinge bereits sind und wie sie diese deuten.

Die Auseinandersetzung mit der jeweiligen Figur kann in einem weiteren Schritt in Form eines Textes vertieft werden, den jeder für sich alleine verfasst:

■ *Schauen Sie sich die Gegenstände Ihrer Figur noch einmal genau an und schreiben Sie auf, wie Sie sie wahrnehmen. Beginnen Sie Ihren Text mit der Formulierung: „Ich sehe einen Menschen, der …“*

Nach dem Vorlesen einiger Schülerarbeiten kann die bereits zuvor begonnene Tafelanschrift fortgeführt und erweitert werden. Die Schülerinnen und Schüler sollen durch die eigenen Texte, aber auch durch die Nennung markanter Romanstellen weitere charakteristische Eigenschaften der vier Zöglinge nennen, um ein möglichst vielschichtiges Bild von diesem ,Kernpersonal' zu erhalten. Das Tafelbild könnte also etwa so aussehen:

Die vier Zöglinge

Törleß	Basini	Beineberg	Reiting
introvertiert	passiv	arrogant	machtgierig
intelligent	weibisch	abgehoben	zynisch
reflektierend	träge	weltfremd	intrigant
kühl	...	kalt	...
...		spinnenartig	
		...	

In dem Tafelbild ist das Beziehungsnetz, das die vier Zöglinge miteinander verbindet, noch nicht dargestellt. Es soll erst in den folgenden Schritten erarbeitet werden.

Zur Einstimmung darauf könnte man den Schülerinnen und Schülern einen weiteren produktionsorientierten Auftrag geben, durch den sie sich noch besser in die Perspektive der gewählten Figur zu versetzen lernen. Der Rückblick bietet ihnen darüber hinaus auch die Gelegenheit, das Romangeschehen aus einer größeren Distanz zu betrachten und daher besser zu beurteilen. Der Fokus auf Basini ist nicht zuletzt deshalb gewählt, weil dieser, wie später noch zu zeigen sein wird, für die drei anderen Zöglinge zu einer Art ,Projektionsfläche' ihrer eigenen Wünsche und Interessen wird:

> ■ *Denken Sie an das Romanende und versetzen Sie sich in die Perspektive Ihrer Figur. Schreiben Sie einen fiktiven Tagebucheintrag, in dem Ihre Figur die Entlassung Basinis beschreibt und kommentiert. Der Eintrag könnte so beginnen: „Gestern wurde Basini entlassen. ..."*

Die Schülerinnen und Schüler sollen Basinis Entlassung je nach eingenommener Perspektive beschreiben und bewerten: So mag der Intrigant Reiting die Entlassung des Kameraden womöglich aus einer soziologischen Sicht interessant finden, da sie die im Internat herrschenden Machtstrukturen freilegt – Mitleid mit Basini aber zeigt er sicherlich nicht. Auch Beineberg wird in seinem Tagebuch kaum Gefühle für den Kameraden äußern, für ihn ist er lediglich eine nichtswürdige Kreatur, ein Wurm; viel wahrscheinlicher nimmt er Basinis Entlassung zum Anlass, wieder einmal über die Seele und deren Verdammnis zu spekulieren. Törleß hingegen würde nach Basinis Entlassung vielleicht noch einmal grundsätzlich über die Entstehung seiner Verwirrungen reflektieren, sich womöglich aber auch fragen, ob er sich gegenüber Basini nicht moralisch schuldig gemacht hat. Interessant ist natürlich auch die Überlegung, wie Basini selbst seine Entlassung beschreiben würde: Ist er voller Selbstmitleid oder vielleicht erleichtert darüber, dass alle Quälereien und Strapazen nun hinter ihm liegen? etc.

4.2 Törleß und Beineberg

Eine für den Handlungsverlauf, aber auch für Törleß' Reflexionen überaus wichtige Figur ist der Zögling Beineberg. In den Gesprächen mit ihm, in der Konfrontation mit seinen metaphysischen Spekulationen und abgehobenen spiritistisch-esoterischen Ideen findet Törleß erst zu seinen eigentlichen Fragen und schließlich immer mehr zur eigenen Position. Vergleicht man Beineberg mit Törleß, werden neben einigen Gemeinsamkeiten vor allem Unterschiede zwischen den beiden Figuren deutlich.

Um Beinebergs Charakter und Weltsicht genauer beschreiben zu können, bietet sich eine Analyse seines ersten längeren Gesprächs mit Törleß in der roten Kammer (S. 74–86) an. Beineberg berichtet Törleß, dass Reiting ein sexuelles Verhältnis mit Basini habe, und eröffnet ihm dann seine künftigen Pläne. Art und Inhalt seiner Rede verraten viel über seinen Charakter. Nach der gemeinsamen Lektüre des Gesprächs könnte die Diskussion mit folgendem Frageimpuls eingeleitet werden:

■ *Beschreiben Sie Beinebergs Charakter, wie er in der soeben gelesenen Szene zum Vorschein kommt. Wie wirkt er auf Sie? Würden Sie sich gerne mit ihm unterhalten? Welche verschiedenen Gesichtspunkte haben Sie für diese Charakterisierung beachtet?*

Vermutlich werden die Schülerinnen und Schüler (neben der Beschreibung des Erscheinungsbildes Beinebergs und Törleß' Reaktion auf ihn) vor allem auf Beinebergs Äußerungen eingehen. Diesen Aspekt gilt es in der weiteren Diskussion zu verfolgen und in den Vordergrund zu rücken. Beinebergs Sprache lässt sich – gemäß der in der Semiotik üblichen Einteilung – hinsichtlich dreier Dimensionen analysieren: der Semantik (Begrifflichkeit; Sinn und Bedeutung), der Syntax (grammatische Struktur) und der Pragmatik (Verwendung). Durch folgende Frageimpulse können die Schülerinnen und Schüler für diese drei Bereiche der Sprache sensibilisiert werden:

■ *Was fällt Ihnen an den verwendeten Begriffen auf? Beschreiben Sie den Satzbau der Sätze Beinebergs. Wie setzt er seine Sätze ein, was verfolgt er mit ihnen?*

Zu erarbeiten ist Folgendes:

1. Semantik

Beineberg gebraucht Wörter wie „Weltseele" (S. 78), „Kosmos" (S. 83), „indische Heilige" (S. 83) etc. – alles Begriffe, die Bedeutungsfelder aus den Bereichen von Metaphysik, Esoterik und Spiritismus eröffnen. Außerdem zeigt sich in seinen Äußerungen ein zutiefst inhumanes Weltbild, in dem der starke, weil spiritistische Mensch das Recht hat, schwächere Menschen, die in diesem Weltbild letztlich keinen Wert haben, zur eigenen Persönlichkeits- und Seelenbildung zu quälen und zu vernichten. Dieser Amoralismus wird besonders deutlich, als es um die Frage nach Basinis ‚Bestrafung' geht: „Was zunächst Basini anlangt, meine ich, dass es um ihn in keinem Falle schade wäre. Sei es, dass wir ihn jetzt anzeigen oder schlagen, oder ihn selbst rein des Vergnügens halber zu Tode martern würden. Denn ich kann mir nicht vorstellen, dass so ein Mensch in dem wundervollen Mechanismus der Welt irgendetwas bedeuten soll. Er erscheint mir nur zufällig, außerhalb der Reihe geschaffen zu sein. Das heißt – irgendetwas muss ja auch der bedeuten, aber sicher nur etwas so Unbestimmtes wie irgendein Wurm oder ein Stein am Wege, von dem wir nicht wissen, ob wir an ihm vorübergehen oder ihn zertreten sollen." (S. 78) Für Beineberg zählt der andere Mensch nicht, ihm geht es allein um sich und die Ausbildung seiner Seele.

2. Syntax

Beineberg verwendet vor allem hypotaktische Sätze, also (meist lange) verschachtelte Satzgefüge mit vielen Nebensätzen. Außerdem gebraucht er während des gesamten Gesprächs fast ausschließlich Aussagesätze. Schon dieser Sprachgebrauch zeigt zum einen, dass sich Beineberg in seiner verschlungenen Sprache wie in einem Spinnennetz eingerichtet hat, mit dem er auch andere Menschen einfangen kann. Zum anderen weist der fast ausschließliche Gebrauch von Aussagesätzen darauf hin, dass er in seinem Denken dogmatisch verankert ist und kein Interesse an der Weltsicht anderer Menschen hat: Er stellt ihnen keine Fragen, sondern belehrt sie.

3. Pragmatik

Beineberg will mit seinen Sätzen in keinen wirklichen Monolog mit Törleß einsteigen, sondern einen Vortrag halten. Dementsprechend lang und ausschweifend sind seine Äußerungen. Er scheint weder Widerspruch zu dulden noch selbst irgendwelche Zweifel an seinen Ausführungen zu haben. Im gesamten Gespräch wirken seine Sätze anmaßend und dogmatisch: „Seine letzten Worte klangen kalt und deutlich wie die Sätze eines Diktats in Törleß' Ohren." (S. 80) Und auch Humor oder Selbstironie scheint er nicht zu haben: „Beineberg sprach völlig ernsthaft, mit verhaltener Erregung." (S. 84)

Die Ergebnisse der Analyse von Beinebergs Sprache im Gespräch mit Törleß (S. 74–86) können in Auswahl an der Tafel festgehalten werden:

Beinebergs Sprache

(Im Gespräch mit Törleß, S. 74–86)

Semantik (Bedeutung)

„Weltseele" (S. 78), „Schicksal" (S. 79), „indische Heilige" (S. 83), „Opfer" (S. 83), „innerste Erkenntnisse" (S. 83), „Kosmos" (S. 83), „die wahren Menschen" (S. 83), „kosmische Menschen" (S. 83), „Zusammenhang mit dem großen Weltprozesse" (S. 83), „Wunder mit geschlossenen Augen" (S. 83), „schauerliche Bußopfer erleuchteter Mönche" (S. 83), „Steine und Luft und Wasser durch eine bloße Regung ihres Willens bewegen" (S. 84), „Gebete" (S. 84), „höheres Reich der Seelen" (S. 84)

→ Begriffe aus Metaphysik, Esoterik, Spiritismus
Beineberg zeigt sich durch die Verwendung dieser Begriffe als weltfremder, abgehobener Spinner.

„Solche Menschen wie Basini [...] bedeuten nichts – eine leere, zufällige Form." (S. 83)
„Ich bin mir schuldig, täglich an ihm zu lernen, dass das bloße Menschsein gar nichts bedeutet, – eine bloße äffende, äußerliche Ähnlichkeit." (S. 85)

→ Inhumanes, faschistoides Weltbild
Beineberg lässt bereits hier erkennen, dass sein esoterischer Irrationalismus zutiefst inhuman und gefährlich ist.

Syntax (Form)

(Typisches Beispiel:) „Alle grausamen Dinge, die dabei geschehen, haben nur den Zweck, die elenden nach außen gerichteten Begierden abzutöten, welche, ob sie nun Eitelkeit oder Hunger, Freude oder Mitleid seien, nur von dem Feuer abziehen, das jeder in sich zu erwecken vermag." (S. 83)

→ Satzgefüge, Aussagesätze
Die Art seiner Sätze gibt Aufschluss über Beinebergs Charakter: Er stellt fest, fragt nicht nach. Dabei gebraucht er die Sprache wie ein Spinnennetz, um andere Menschen für sich und seine Ideen zu gewinnen.

Pragmatik (Verwendung)

„Seine letzten Worte klangen kalt und deutlich wie die Sätze eines Diktats in Törleß' Ohren." (S. 80)

„Beineberg sprach völlig ernsthaft, mit verhaltener Erregung." (S. 84)
→ Beineberg spricht dogmatisch, herrisch, keinen Widerspruch duldend, keinen Selbstzweifel zeigend, monologartig. Er zeigt keine wirkliche Gesprächsbereitschaft, sondern redet, als hielte er einen Vortrag.

Im weiteren Verlauf geht es darum, die Gemeinsamkeit, vor allem aber die Unterschiede zwischen Beineberg und Törleß herauszuarbeiten, die bereits in diesem Gespräch deutlich werden.

Beide Zöglinge haben ein Gespür für das Rätselhafte der Wirklichkeit, sie suchen nach einer ‚anderen', transzendenten Welt hinter der alltäglichen und sichtbaren Welt. Sowohl für Törleß als auch für Beineberg sind die Wirklichkeit und die menschliche Existenz nichts Selbstverständliches, sondern bieten Anlass zu Fragen. Allerdings unterscheiden sie sich in der Art und Weise, wie sie mit diesen Fragen umgehen.

Beineberg versucht, alle entstehenden Fragen durch sein metaphysisch-esoterisches Weltbild, in das ‚halbverdaute' buddhistische und hinduistische, von seinem Vater und durch oberflächliche Lektüre aufgeschnappte Weisheiten beigemischt sind, restlos zu erklären. Er webt mit seinen Spekulationen gleichsam ein feinmaschiges Netz, in dem keine Fragen und Rätsel unbeantwortet bleiben und die ‚andere' Welt damit scheinbar ähnlich transparent und verständlich wird wie der normale Alltag. Immer wieder verliert er sich in fantastische Schwärmereien: „Die Außenwelt ist wohl hartnäckig, und ihre sogenannten Gesetze lassen sich bis zu einem gewissen Grade nicht beeinflussen, aber es hat doch Menschen gegeben, denen das gelang. Das steht in heiligen, vielgeprüften Büchern, von denen die meisten nur nichts wissen. Von dorther weiß ich, dass es Menschen gegeben hat, die Steine und Luft und Wasser durch eine bloße Regung ihres Willens bewegen konnten und vor derem Gebete keine Kraft der Erde fest genug war." (S. 84) Von seinen Zuhörern erwartet Beineberg keine ernsthaften Entgegnungen, gar kritische Einwände, sondern vielmehr Bejahung und Gefolgschaft. In den Gesprächen über spiritistische Themen sucht er also nicht nach Antworten, sondern nach Jüngern.

Törleß hingegen ist durch seine Verwirrungen existenziell verunsichert. Er sucht im Gespräch mit Beineberg – aber auch in den Gesprächen mit den anderen Romanfiguren – tatsächlich nach Antworten. Beinebergs Spinnereien aber können ihn nicht überzeugen: „Er hatte bisher noch nie Veranlassung zu solchen metaphysischen Gedankengängen gehabt, und hatte auch nie darüber nachgedacht, wieso ein Mensch von Beinebergs Verstande auf Derartiges verfallen könne." (S. 79) In diesem ersten längeren Gespräch lässt sich Törleß in seiner eigenen Unsicherheit von Beinebergs selbstsicheren Monologen zwar noch beeindrucken – er saugt dessen Atem „wie ein beklemmendes Betäubungsmittel ein" (S. 84). Aber zumindest der Erzähler weist auf einen Unterschied zwischen den beiden Zöglingen hin, der auch Törleß selbst im Laufe der weiteren Romanhandlung bewusst werden wird: „Törleß träumte mehr als er dachte. Er war nicht mehr imstande, sein psychologisches Problem von Beinebergs Fantastereien zu unterscheiden." (S. 86) Der Erzähler greift hier der späteren Erkenntnis von Törleß vorweg, dass seine Verwirrungen nicht durch philosophische, geschweige denn esoterisch-spiritistische Spekulationen zu erklären sind, sondern psychologische Ursachen haben und daher nur durch Introspektion, also psychologische Selbstbeobachtung, gelöst werden können.

Die Fortführung des Unterrichtsgesprächs kann durch folgenden Frageimpuls eingeleitet werden:

■ *Wir haben nun Beinebergs Charakter und sein Weltbild, das sich in seinen Aussagen zeigt, genauer herausgearbeitet. Welche Gemeinsamkeiten und Unterschiede erkennen Sie zwischen ihm und Törleß? Sie können sich zur Erarbeitung und Beantwortung auf das miteinander gelesene Gespräch zwischen den beiden Figuren (S. 74–86), aber auch allgemein auf den Roman beziehen.*

Die Ergebnisse dieses Vergleichs lassen sich folgendermaßen an der Tafel zusammenfassen:

Beineberg – Törleß: ein Vergleich

Gemeinsamkeit:

Beide Zöglinge suchen nach dem Übersinnlichen/Transzendenten und Irrationalen.
Beide erkennen, dass die Wirklichkeit nichts Selbstverständliches ist.

Unterschiede:

Beineberg	Törleß
hat Antworten	hat Fragen
sucht nach Jüngern	sucht nach Antworten
metaphysische Spekulationen	Introspektion, psychologische Selbstreflexionen

---

Um die Unterschiede zwischen den beiden Zöglingen noch deutlicher zu machen, bietet sich eine genauere Analyse des „Hypnose-Experiments" an, das Beineberg gegen Ende des Romans mit Basini veranstaltet (S. 169–174). Er will den Kameraden endgültig beweisen, dass seine Spekulationen richtig sind. Deshalb hat er vor, Basinis Seele durch die Hypnose zu befreien und dadurch Basinis Körper schweben zu lassen. Die Diskrepanzen zwischen seinen esoterischen Fantastereien und Törleß' vorsichtigen, stets skeptisch bleibenden Reflexionen, die bereits im ersten Gespräch zwischen den beiden Zöglingen zu erkennen sind, treten hier offen zu Tage. Gerade weil Beineberg glaubt, seine spiritistischen Ideen in die immanente Wirklichkeit übertragen und Basini durch Hypnose tatsächlich schweben lassen zu können, wird für Törleß endgültig klar, dass er hier keine Antworten zu erhoffen hat. Beinebergs Fehler ist sein Glauben, innere psychische Vorgänge, beispielsweise das Gefühl bzw. die Erkenntnis des ‚Ich-Verlusts', nach außen projizieren, gleichsam materialisieren zu können. Natürlich misslingt das Experiment und Basini kracht zu Boden. Spätestens in diesem Moment erkennt Törleß, dass Beinebergs Fantastereien nichts weiter sind als „ein lächerlicher Hokuspokus" (S. 170); er wendet sich endgültig von ihm ab und findet zu seiner eigenen Position.

Nach der gemeinsamen Lektüre der Szene auf dem Dachboden (169–174) kann die Diskussion durch folgenden Frageimpuls angeregt werden:

■ *Inwiefern ist das Hypnoseexperiment, das Beineberg mit Basini durchführt, von großer Bedeutung für den Romanverlauf? Was wird in der Szene endgültig deutlich?*

Die Ergebnisse können durch folgendes Tafelbild gesichert werden:

Beinebergs Hypnoseexperiment (S. 169–174)

Endgültig und besonders deutlich zeigt sich in dieser Szene, dass

- Beinebergs Spinnereien zutiefst inhuman sind,
- Basini ein bloßes Objekt der anderen ist,
- Törleß bei Beineberg keine Antworten auf seine philosophischen Fragen finden kann,
- die einstige Freundschaft zwischen Törleß, Beineberg und Reiting zu Ende ist.

→ Törleß wendet sich von den Kameraden ab.

Zum Abschluss dieses Erarbeitungsschritts ist folgender produktionsorientierter Auftrag denkbar:

■ *Suchen Sie sich von den drei Figuren Basini, Reiting und Törleß eine aus und versetzen Sie sich in ihre Perspektive. Überlegen Sie sich, wie diese Figur Beinebergs Hypnoseexperiment wahrnimmt. Schreiben Sie einen inneren Monolog, der während der Szene auf dem Dachboden im Bewusstsein der gewählten Figur stattfinden könnte.*

Diese Monologe könnten beispielsweise so beginnen:

Basini: „Wenn ich alles mache, was Beineberg von mir verlangt, vielleicht lässt er mich dann endlich in Ruhe. Ich kann einfach nicht mehr! Ich halte die Quälereien nicht mehr aus. Und jetzt auch noch seine verrückten Versuche vor den anderen. Die Schmerzen sind gar nicht das Schlimmste. Ich schäme mich, aber das wollen sie ja, diese Schweine! Ob er wirklich an den Unsinn glaubt, den er da gerade quatscht? Ich muss so tun, als würde ich langsam hypnotisiert werden. Vielleicht kann mir ja Törleß helfen, er ist zwar in letzter Zeit deutlich kühler mir gegenüber gewesen, aber so ganz unbedeutend kann ich ihm doch nicht geworden sein ...“

Reiting: „Wie lächerlich, diese Veranstaltung! Aber wahrscheinlich glaubt Beineberg selbst nicht an den ganzen Hokuspokus. Wahrscheinlich will er uns nur seine Macht über Basini demonstrieren. Muss demnächst mal schauen, ob ich Basini nicht noch mehr demütigen sollte. Er scheint Beineberg gegenüber gehorsamer zu sein als mir. Dem werde ich es schon noch zeigen ...“

Törleß: „Dieses Theater schaue ich mir noch an, dann aber habe ich von der Basini-Geschichte endgültig genug. Wie lächerlich diese Veranstaltung doch ist. Beineberg ist ja noch viel verrückter, als ich geglaubt habe. Und ich hatte einmal gemeint, er könnte mir helfen! Und Basini? Mit dem war ich vor kurzem noch im Bett. Jetzt ist er mir fast gleichgültig geworden. Ich glaube, ich ekele mich sogar vor ihm. Wie hündisch er den Befehlen Beinebergs folgt! Einfach abstoßend ...“

4.3 Die ‚Projektionsfläche' Basini

Noch wichtiger als Beineberg ist für Törleß' Entwicklung der Zögling Basini. Bei Beineberg sucht Törleß die Lösung seiner Verwirrungen, Basini aber ist für ihn eine Art Katalysator für diese Verwirrungen. Er wird gewissermaßen zur Personifikation aller im Roman thematisierten Fragen und Probleme, zur Projektionsfläche, auf der alle Rätsel überdeutlich, wie unter einem Brennglas, sichtbar werden: „Und nun riss ein Mensch dies an sich", heißt es nach Basinis Diebstahl. „All das war nun in einem Menschen verkörpert, wirklich geworden. Dadurch ging die ganze Sonderbarkeit auf diesen Menschen über." (S. 85)

Nachdem sich Törleß zunächst nur reflexiv, aus sicherer, beobachtender Distanz mit Basini auseinandergesetzt hat, sucht er schließlich die direkte Konfrontation mit dem Kameraden. In dem Gespräch in der roten Kammer, einer Schlüsselszene des gesamten Romans, erhofft er sich von Basini, dem Auslöser der Verwirrungen, lang gesuchte Antworten (S. 139–151). Er will vom Kameraden wissen, was dieser während des Diebstahls gefühlt hat: „ich frage: wieso – wie konntest du das tun, wie fühltest du dich? Was ging in jenem Augenblick in dir vor?" (S. 146) Und als Törleß nicht die erhofften Antworten erhält, wird er noch eindringlicher: „Was vollzieht sich in dir? Zerspringt etwas in dir? Sag! Jäh wie ein Glas, das plötzlich in tausend Splitter geht, bevor sich noch ein Sprung gezeigt hat?" (S. 148) Doch Basini kann ihm nicht weiterhelfen. Für ihn, der unmittelbar in die Handlung involviert ist, haben die Ereignisse keine rätselhafte Seite. Er versteht Törleß' Problematik überhaupt nicht: „Ich weiß nicht, was du willst; ich kann dir nichts erklären; es geschieht im Augenblicke; es kann dann gar nicht anders geschehen; du würdest ebenso handeln wie ich." (S. 148) Den Diebstahl erklärt er pragmatisch: Er habe das Geld eben gebraucht. Und auch die Quälereien durch Reiting und Beineberg sind für ihn zwar grausam, aber nicht geheimnisvoll. Erst durch dieses Gespräch erkennt Törleß allmählich, dass die empfundenen Rätsel keine objektiven Tatsachen sind, sondern erst durch seine passive Beobachterposition entstehen. Es handelt sich bei seinem Problem also um ein subjektives Erkenntnisproblem. Wäre er selbst aktiv in die Ereignisse eingebunden, erschienen sie ihm ebenso wenig geheimnisvoll wie dem Mitschüler Basini. Gerade durch dessen Andeutung, dass sich Reiting und Beineberg möglicherweise auch gegen Törleß wenden könnten, wird Törleß klar, wie schnell die Dinge, erst einmal in das eigene konkrete Leben getreten, anders erscheinen können: „Das war kein lässiges Sichtreibenlassen mehr, kein Spielen mit rätselhaften Gesichten, – das hatte harte Ecken und war fühlbare Wirklichkeit" (S. 142).

Nach der gemeinsamen Lektüre des Gesprächs zwischen Törleß und Basini in der ‚roten' Kammer (S. 139–151) erhalten die Schülerinnen und Schüler folgenden Auftrag:

■ *Beschreiben Sie in eigenen Worten, was sich Törleß vom Gespräch mit Basini erhofft. Warum wendet sich Törleß mit seinen Fragen gerade an diesen Kameraden? Warum kann ihm Basini letztlich nicht weiterhelfen?*

Wichtig für diesen Erarbeitungsschritt ist vor allem das Verständnis der Schülerinnen und Schüler dafür, dass Törleß' Problematik auch durch den Unterschied zwischen aktiver Beteiligung an einer Handlung (Basini) und der bloßen passiven Beobachtung (Törleß) dieser Handlung entsteht.

Nachdem einige Schülerarbeiten vorgelesen und besprochen worden sind, können die Ergebnisse durch folgendes Tafelbild zusammengefasst werden:

Törleß' Gespräch mit Basini (S. 139–151)

- Törleß erhofft sich von Basini eine Lösung seiner Verwirrungen, weil Basini diese Verwirrungen gleichsam personifiziert.
- Basini kann ihm nicht weiterhelfen, er versteht Törleß' Problematik gar nicht.
- Törleß erkennt, dass sein Problem durch seine Rolle des Beobachters entsteht. Wäre er selbst in die Handlung involviert, gäbe es keine Verwirrungen.

→ Törleß' Verwirrungen entstehen aufgrund des Unterschieds zwischen passiver Beobachtung und aktiver Handlung.

Doch auch wenn Törleß von Basini tatsächlich Antworten auf seine Fragen erhofft, so steht hinter seinem intellektuellen Begehren doch letztlich ein tieferer, wenn auch anfangs unbewusster Wunsch: Törleß begehrt Basini auch sexuell. Es kommt überhaupt erst zum nächtlichen Gespräch in der ‚roten' Kammer, weil Törleß, von seinen Trieben wie fremdgesteuert, zu Basinis Bett hinübergegangen ist. „In der Nacht hätte Törleß beinahe Basini überfallen. Solch eine mörderische Sinnlichkeit war in ihm nach der Pein des gedankenlosen, stumpfsinnigen Tages erwacht." (S. 136) Als er dann zu schüchtern und ängstlich ist und nicht weiß, was er mit Basini anfangen soll, flüchtet er sich gleichsam in die Unterhaltung. Hier kann er für eine Weile seine körperliche Sinnlichkeit vergessen und glaubt durch seine Fragen wieder Kontrolle über sich zu gewinnen. Doch nicht für lange. Als beide Zöglinge nach dem Gespräch wieder im Schlafsaal sind, kann die Sinnlichkeit nicht mehr zurückgehalten werden. Basini schleicht sich in Törleß' Bett und verführt ihn. „Da suchte Törleß kein Wort mehr. Die Sinnlichkeit [...] war jetzt zu ihrer vollen Größe erwacht." (S. 153)

Damit die Schülerinnen und Schüler erkennen, dass sich hinter Törleß' intellektueller Suche (auch) ein tieferes, sexuelles Begehren verbirgt, bietet es sich an, in einem nächsten Schritt die Szenen vor (S. 136–139) und nach (S. 151–153) dem Gespräch auf dem Dachboden (S. 139–151) zu lesen. Schnell wird deutlich werden, dass dieses Gespräch gleichsam eingerahmt wird durch die Beschreibung eines Begehrens, das zunächst unerfüllt bleibt, nach dem unergiebigen Gespräch aber seine lang ersehnte Befriedigung findet. Das Gespräch selbst erscheint vor diesem Hintergrund fast wie eine Farce, zumindest vorgeschützt. Die Unterrichtsdiskussion könnte nach der gemeinsamen Lektüre der ‚Rahmen-Szenen' (S. 136–139 und S. 151–153) durch folgenden Frageimpuls angeregt werden:

■ *Was könnte der Grund dafür sein, dass die eben gelesenen Szenen unmittelbar vor und nach dem Gespräch zwischen Törleß und Basini stehen? Welche Wirkung haben diese Szenen auf die Bedeutung des Gesprächsinhalts?*

Nach der gemeinsamen Erarbeitung kann die Beziehung zwischen Törleß und Basini durch folgendes Tafelbild zusammengefasst werden, in dem einerseits Törleß' offenkundiges intellektuelles Begehren, andererseits aber auch sein subtileres, zunächst verdrängtes sexuelles Begehren gegenüber Basini betont wird:

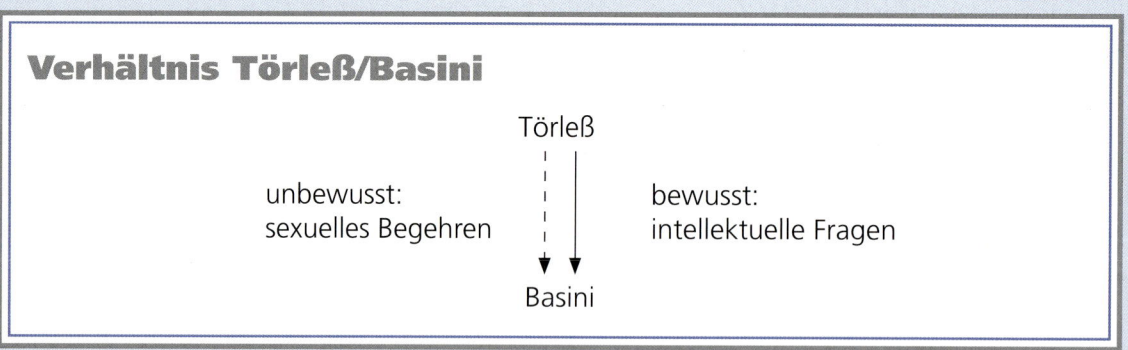

Verhältnis Törleß/Basini

Törleß

unbewusst: bewusst:
sexuelles Begehren   intellektuelle Fragen

Basini

Nicht nur für Törleß, sondern auch für Reiting und Beineberg wird Basini zu einer Projektionsfläche ihres Begehrens. Auch für diese Zöglinge dient er als bloßes Objekt, an dem sie ihre Wünsche und Triebe ausleben können. Dabei zeigt sich auch bei ihnen die ambivalente Struktur eines offenkundigen, bewussten und eines verborgenen, nicht wirklich eingestandenen Begehrens: Im Gegensatz zu Törleß, der bei Basini eine intellektuelle Klärung seiner Fragen sucht, benutzt ihn Reiting als Möglichkeit, seine sadistischen Machtgelüste zu befriedigen, und Beineberg versucht durch grotesk anmutende Experimente mit und an Basini, seine spiritistisch-esoterischen Ideen zu beweisen. Hinter diesen scheinbar unterschiedlichen Zielen steht aber auch bei diesen Zöglingen der gleiche (An-)Trieb wie bei Törleß: die

Libido, das sexuelle Begehren. Besonders deutlich wird dies ebenfalls in dem Gespräch zwischen Törleß und Basini, wenn dieser über die Handlungen der beiden Mitschüler berichtet. So heißt es über Reiting: „Er sagt, wenn er mich nicht schlagen würde, so müsste er glauben, ich sei ein Mann, und dann dürfte er mir gegenüber auch nicht so weich und zärtlich sein. So aber sei ich seine Sache, und da geniere er sich nicht." (S. 143) Und wenn Basini schließlich über Beinebergs Gewohnheiten spricht, wird deutlich, dass er dessen eigentliche Motivation besser durchschaut als Beineberg selbst. Er ist sich darüber bewusst, dass es sich bei Beinebergs Experimenten, in denen er Zugang zur Seele finden will, nur um einen „Umweg" (S. 144) – um eine Art ‚Vorspiel' – handelt: „Danach aber bricht er plötzlich los und verlangt Dienste von mir – wie besessen – weit ärger als Reiting." (S. 145)

Im Unterrichtsgespräch sollen die Schülerinnen und Schüler erkennen, dass auch Reiting und Beineberg ein ähnlich ambivalentes Verhältnis zu Basini haben wie Törleß. Eingeleitet werden könnte das Gespräch mit folgender Frage:

■ *Basini berichtet im Gespräch mit Törleß auf den Seiten 143–145, was Beineberg und Reiting von ihm verlangen. Beschreiben Sie, inwiefern sich in ihren Wünschen gegenüber Basini ein ähnliches Verhältnis zeigt wie jenes zwischen Törleß und Basini.*

Die Ergebnisse lassen sich durch die Erweiterung der vorangegangenen Tafelskizze folgendermaßen zusammenfassen:

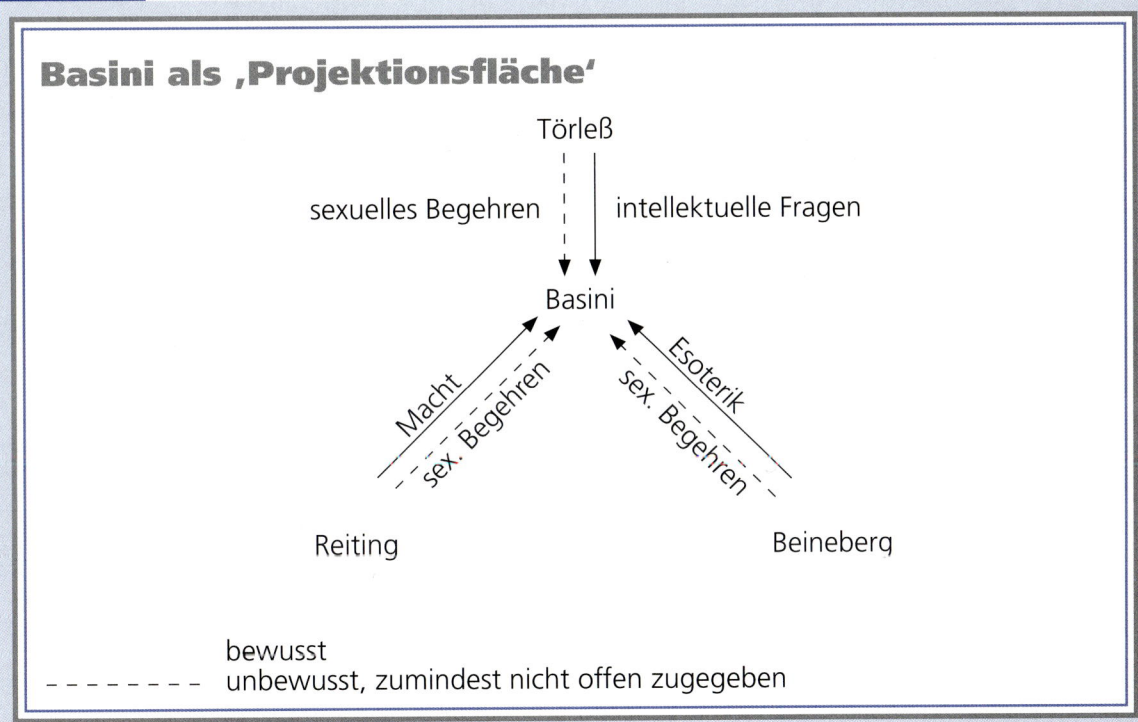

Damit sich die Schülerinnen und Schüler noch besser in die Perspektiven von Törleß, Beineberg und Reiting hineinversetzen und vor allem deren Sicht auf Basini besser nachvollziehen können, bietet sich als Abschluss dieses Bausteins folgender produktionsorientierter Auftrag (auch als Hausaufgabe) an:

■ *Versetzen Sie sich in die Perspektive von Törleß, Beineberg oder Reiting und stellen Sie sich vor, dieser Zögling schreibt in seinem geheimen Tagebuch sehr ehrlich über seine Beziehung zu Basini. Versuchen Sie, einen solchen Tagebucheintrag zu schreiben.*

Diese Tagebucheinträge könnten beispielsweise folgendermaßen beginnen:

Törleß: „In Basinis Figur zeigt sich für mich die ‚andere' Welt. Er symbolisiert alles Geheimnisvolle, Fremde, das ich seit einigen Monaten fühle. Vielleicht kann ich die Verwirrungen dadurch lösen, dass ich mit Basini spreche. Er muss die Antworten doch kennen! – Außerdem zieht mich noch irgendetwas anderes zu ihm hin. Ich weiß nicht genau, was es ist. Es hat mit Božena zu tun, das spüre ich. Und irgendwie auch mit meiner Mutter. Aber ich spüre, wie ich rot werde, ich will gar nicht länger nachdenken, welchen Zusammenhang es da geben könnte ..."

Beineberg: „Endlich habe ich jemanden gefunden, an dem ich meine esoterischen Überzeugungen ausprobieren kann. Basini ist mir hilflos ausgeliefert. Ich werde sehen, wie weit er sich erniedrigen lässt. Und vor allem werde ich erkennen, wie sehr mich diese Quälereien selbst tangieren. Jegliches Mitleid ist zu überwinden, deshalb hat mir der Weltgeist Basini wohl zugespielt. Ich werde meine eigene Seele durch die Erniedrigung seiner Seele erweitern und stärken. Auch die Intimität mit ihm bringt mich spirituell weiter. Durch die Nähe, die ich zu ihm, dem Unwürdigen, erlebe, spüre ich die Gnade des ganzen Universums. – Aber wenn ich ganz ehrlich bin: Es bereitet mir schlicht und einfach auch eine riesige Lust und Freude, mit ihm zu schlafen ..."

Reiting: „Ich hatte noch nie eine so gute Gelegenheit, einen Menschen zu studieren. Basini ist für mich das perfekte Versuchsobjekt. Wie sehr er sich demütigen lässt! Und welch eine Freude ich dabei habe. Und diese Erfahrungen werden mir eines Tages sicherlich viel nutzen, etwa wenn ich endlich Soldat geworden bin. – Freilich, ich muss zugeben, dass er mir manchmal richtig leid tut. Und ich bin ja auch gerne intim mit ihm. Eigentlich will ich ihn danach gar nicht schlagen, denn Basini ist mir auf irgendeine Weise auch ans Herz gewachsen, aber wie würde das denn ausschauen, wenn ich nur zärtlich zu ihm wäre? Um Gotteswillen! Dann lieber ordentlich zuschlagen! ..."

Notizen

_____

_____

_____

_____

_____

_____

_____

_____

_____

_____

_____

_____

Psychoanalytische Interpretation

In diesem Baustein sollen einzelne Romanpassagen vor dem Hintergrund psychoanalytischer Erkenntnisse betrachtet werden. Die Schülerinnen und Schüler erkennen dadurch anhand eigener Interpretationsarbeit, wie aufschlussreich es sein kann, literarische Texte aus der Perspektive eines bestimmten wissenschaftlichen Diskurses zu untersuchen. Ein psychoanalytischer Blickwinkel bietet sich hierfür nicht nur deshalb ein, weil aus ihm die (sexuellen) Verwirrungen der Hauptfigur besonders gut beschrieben und erklärt werden können, sondern auch weil die Ursprünge der Psychoanalyse Sigmund Freuds in die Zeit um 1900, also ungefähr in die Entstehungszeit des „Törleß", fallen. Im Einzelnen geht es um die folgenden Punkte:

- Sigmunds Freuds Bedeutung für den Epochenumbruch um 1900
- Instanzenmodell: Ich, Über-Ich, Es
- Törleß' Verwirrungen als Ausdruck eines ödipalen Konflikts

5.1 Sigmund Freud

Die Bedeutung der Psychoanalyse für den Epochenumbruch um 1900 und darüber hinaus für das gesamte 20. Jahrhundert ist kaum zu überschätzen. Neben Friedrich Nietzsche ist Sigmund Freud einer der einflussreichsten Denker der Moderne. Er selbst stellte seine Entdeckung unbewusster Faktoren, die unser Leben insgeheim steuern, in eine Reihe mit den revolutionären Entdeckungen von Kopernikus und Darwin: „Die dritte und empfindlichste Kränkung aber soll die menschliche Größensucht durch die heutige psychologische Forschung erfahren, welche dem Ich nachweisen will, dass es nicht einmal Herr ist im eigenen Hause, sondern auf kärgliche Nachrichten angewiesen bleibt von dem, was unbewusst in seinem Seelenleben vorgeht."[1] So stellte die Psychoanalyse zu Beginn des 20. Jahrhunderts aufgrund ihrer neuen, skandalös erscheinenden Erkenntnisse eine ungeheure Provokation dar und wurde zunächst heftig bekämpft.

Das Ziel dieses Unterrichtsschritts kann und soll es nicht sein, den Schülerinnen und Schülern einen wirklichen Überblick über die Psychoanalyse zu geben. Viel wichtiger ist es, dass sie eine generelle Vorstellung von der Bedeutung gewinnen, die Freuds Denken zu Beginn des letzten Jahrhunderts allmählich gewann. Zunächst können die Lernenden nach ihrem eigenen Vorwissen gefragt werden:

> *Was fällt Ihnen zum Namen „Sigmund Freud" ein? Welche wissenschaftlichen Erkenntnisse verbinden Sie mit ihm? Kennen Sie Begriffe, die ihm zuzuschreiben sind?*

[1] Sigmund Freud: Vorlesungen zur Einführung in die Psychoanalyse. Studienausgabe. Bd. 1. Frankfurt a. M. 1969, S. 284

Die Lehrkraft schreibt die zugerufenen Antworten stichpunktartig an die Tafel. Zur Unterstützung kann man die Lernenden auch konkret nach ihrer Kenntnis bestimmter psychoanalytischer Begriffe fragen, die längst auch Eingang in die Alltagssprache gefunden haben: so beispielsweise „Unbewusstes", „Es", „Über-Ich", „Ödipuskomplex", „Traumdeutung", „Freud'sche Fehlleistung" etc.

Danach kann der Lexikonartikel über Freud (**Arbeitsblatt 15**, S. 110) hinzugezogen werden. Nach der gemeinsamen Lektüre lässt sich das Unterrichtsgespräch durch folgende Fragen fortführen:

■ *Welche Entdeckungen Freuds werden im Lexikonartikel genannt? Was ist das Revolutionäre an der Psychoanalyse?*

Die Psychoanalyse geht davon aus, dass das menschliche Handeln, Denken und Fühlen zu einem großen Teil vom Unbewussten beeinflusst ist, also dem Bereich der menschlichen Psyche, der dem Bewusstsein nicht direkt zugänglich ist. Das Unbewusste kann sich allerdings im Alltagsleben in Form von Fehlleistungen zeigen, beispielsweise im plötzlichen Vergessen unangenehmer Dinge oder in peinlichen Versprechern. Am deutlichsten wird die Macht des Unbewussten in Träumen, die für die Psychoanalyse Ausdruck unbewusster Wünsche und Ängste sind. So musste der Mensch durch die Psychoanalyse die narzisstische Kränkung erfahren, dass sein Leben von Kräften gesteuert wird, über die er selbst keinen Einfluss hat. Fast noch skandalöser aber war Freuds Betonung der infantilen Sexualität. Bis zum Anfang des 20. Jahrhunderts herrschte die Ansicht vor, dass Kinder asexuelle Wesen seien und sich der Geschlechtstrieb erst mit Beginn der Pubertät entwickle. Die Psychoanalyse entdeckte hingegen, dass nicht nur jedes Kind schon von der Geburt bis zum Erreichen der Pubertät verschiedene Phasen der Sexualität durchläuft, sondern dass diese Phasen und deren Bewältigung darüber hinaus auch von erheblicher Bedeutung für die Charakterentwicklung des Menschen sind.

Um das Revolutionäre der Psychoanalyse für die damalige Zeit zu veranschaulichen, bietet sich außerdem die Lektüre des Textes auf dem **Arbeitsblatt 16**, S. 111 an, in dem Freud selbst betont, dass seine Entdeckung der Macht des Unbewussten nach den Entdeckungen Kopernikus' (Widerlegung des geozentrischen Weltbilds) und Darwins (Mensch als Produkt der Evolution) die dritte narzisstische Kränkung des Menschen darstelle.

Nachdem die Antworten der Schülerinnen und Schüler besprochen worden sind, können die Ergebnisse durch folgende Tafelanschrift zusammengefasst werden:

Sigmund Freud (1856–1939)

- **Begründer der Psychoanalyse:** Wissenschaft und Therapieform
- **„Entdecker" des Unbewussten:** dem Bewusstsein nicht zugänglich, es zeigt sich allerdings im Alltag durch Fehlleistungen (Vergessen, Versprecher)
- **Träume:** Ausdruck unbewusster Wünsche und Ängste → Träume als „via regia" (Königsweg) zum Unbewussten
- **Narzisstische Kränkung:** Der Mensch ist nicht mehr „Herr im eigenen Haus", Leben und Denken sind beeinflusst von unbewussten Kräften
- Skandalöse Entdeckung der **infantilen Sexualität:** Auch die Kindheit ist nicht „unschuldig".

→ **Freuds Psychoanalyse stellte am Anfang des 20. Jahrhunderts eine tiefe Erschütterung und Kränkung des traditionellen Menschenbilds dar.**

Im Anschluss daran und zur Vorbereitung auf die anschließende Romaninterpretation können die Schülerinnen und Schüler den Lexikonartikel auf dem **Arbeitsblatt 15**, S. 110 noch
einmal hinsichtlich folgender Frage lesen:

> ■ *Auf der Grundlage der Theorie Freuds hat sich längst eine psychoanalytische Li-*
> *teraturwissenschaft herausgebildet. Welche drei Ansätze werden im Lexikonarti-*
> *kel genannt? Inwiefern unterscheiden sich diese drei psychoanalytischen Inter-*
> *pretationsmethoden voneinander?*

Im Lexikonartikel werden die folgenden Ansätze genannt:

1. Der **psychobiologische Ansatz** geht davon aus, dass literarische Werke – ähnlich wie
(Tag-)Träume – Ausdruck des Unbewussten des Dichters sind. In Romanen und Erzählungen
zeigen sich also die (Trieb-)Fantasien des Autors, über die er sich selbst nicht im Klaren ist.
Seine bewusste Intention spielt bei dieser Art der Textinterpretation somit keine Rolle. Im
Gegenteil versuchen die Vertreter des psychobiologischen Ansatzes die ‚verborgene Seiten'
des Textes zu beschreiben, beispielsweise verdeckte (z. B. ödipale) Strukturen aufzudecken,
die verwendete Metaphorik psychoanalytisch zu entschlüsseln etc.

2. Der **textbezogene Ansatz** richtet sein Augenmerk auf die Figuren eines literarischen
Werkes. Sie werden als richtige Menschen mit eigenem Unbewusstsein aufgefasst und analysiert, also gewissermaßen ‚auf die Couch gelegt'. Dieser Ansatz geht somit davon aus, dass
die Figuren über die eigentlichen Beweggründe ihrer Handlungen und Äußerungen selbst
nicht im Klaren sind – erst durch die psychoanalytische Perspektive können diese unbewussten Beweggründe aufgedeckt und dadurch ein tieferes Verständnis des literarischen Textes
gewonnen werden.

3. Der **rezeptionsbezogene Ansatz** erforscht die Wirkung der Lektüre eines literarischen
Werkes auf den Leser, also den Rezipienten. Dessen Gefühle, die er während des Lesens entwickelt – seien es positive wie Vergnügen oder Lust, seien es negative wie Angst oder Traurig-
keit –, versucht dieser Ansatz durch eine tiefere Ebene, nämlich durch psychische Vorgänge
im Unbewussten des Lesers, insbesondere durch sein unbewusstes Begehren, zu erklären.
Die Ergebnisse können durch folgendes Tafelbild gesichert werden:

‚Klassische' psychoanalytische Literaturwissenschaft

1. **Psychobiologischer Ansatz:** Das literarische Werk wird als Symptom für die unbewussten Triebfantasien des Autors aufgefasst und vor diesem Hintergrund analysiert.

2. **Textbezogener Ansatz:** Die literarischen Figuren werden als reale Menschen mit
   unbewussten Triebregungen analysiert.

3. **Rezipientenbezogener Ansatz:** Die Wirkung eines Textes auf seinen Leser wird
   analysiert und durch dessen unbewusstes Begehren zu erklären versucht.

Zur Veranschaulichung dieser drei Ansätze, aber auch als Überleitung zum nächsten Unterrichtsschritt ist folgender schriftlicher Arbeitsauftrag (auch in Form einer Hausaufgabe)
denkbar:

> ■ *Überlegen Sie sich für jeden der drei Ansätze der psychoanalytischen Literatur-*
> *wissenschaft jeweils eine Fragestellung, der eine Interpretation des „Törleß"-Ro-*
> *mans nachgehen könnte.*

Hier ein paar Beispiele für mögliche Fragestellungen (die von den Schülerinnen und Schülern selbstverständlich nicht, zumindest noch nicht an dieser Stelle, beantwortet werden sollen):

Psychobiologischer Ansatz:

- Inwiefern könnte man die Romanfigur Törleß aus psychoanalytischer Sicht als Alter Ego Musils auffassen?
- Inwiefern zeigen sich Musils Größenfantasien in Törleß' Traum und dem hier dargestellten Triumph über Kant?
- Haben sich in den Text unbewusste (z. B. ödipale) Strukturen eingeschrieben, über die sich der Autor Musil vermutlich selbst nicht bewusst war?

Textbezogener Ansatz:

- Warum ist Törleß so entsetzt, als er von Basinis Diebstahl erfährt?
- Warum muss Törleß bei der Prostituierten Božena auf einmal an seine Mutter denken?
- Was sagt Törleß' Traum über seine unbewussten Fantasien aus?

Rezipientenbezogener Ansatz:

- Welche Wirkung hat die Darstellung der Quälereien Basinis auf den Leser?
- Wie wirkt die Verführungsszene zwischen Basini und Törleß auf den Leser?
- Wie fühlt sich der Leser bei der Lektüre der Verteidigungsrede von Törleß am Romanende?

5.2 Instanzenmodell: Ich, Über-Ich, Es

In dieser Unterrichtsphase werden zwei Romanstellen vor dem Hintergrund eines zentralen Konzepts der Psychoanalyse betrachtet. Die Schülerinnen und Schüler sollen dabei zum einen die Verwirrungen von Törleß, die in der Konfrontation mit seinem Kameraden Basini entstehen, besser verstehen und beschreiben lernen. Zum anderen sollen sie auch einen Einblick in die Praxis psychoanalytischer Textinterpretation gewinnen, hier speziell des textbezogenen Ansatzes, der die Handlungen und Reflexionen einer literarischen Figur untersucht (siehe 5.1).

Das bekannteste Persönlichkeitsmodell der Psychoanalyse ist das Instanzenmodell. Es geht davon aus, dass die menschliche Psyche in drei Instanzen – das Über-Ich, das Ich und das Es – untergliedert ist, die einerseits kooperieren, andererseits aber auch in Konflikt miteinander geraten können. Eine leicht verständliche Beschreibung dieses Modells findet sich auf dem **Arbeitsblatt 17**, S. 112.

Das Unterrichtsgespräch kann mit folgendem produktionsorientiertem Auftrag eingeleitet werden:

■ *Lesen Sie das Arbeitsblatt 17 und erarbeiten Sie die Grundbegriffe des psychoanalytischen Persönlichkeitsmodells. Versuchen Sie die drei Instanzen Ich, Über-Ich und Es in einer Grafik so anzuordnen, dass ihre gegenseitigen Abhängigkeiten deutlich werden.*

Zur Vertiefung kann auch Freuds Beschreibung der drei Instanzen (**Arbeitsblatt 18**, S. 113) herangezogen werden, die einen sehr plastischen Eindruck von den komplizierten Wechselwirkungen zwischen Ich, Über-Ich und Es vermittelt.

Eine grafische Darstellung des Instanzenmodells könnte folgendermaßen ausschauen:[1]

---

[1] Nach: Wikipedia, Stichwort: „Psychoanalyse"

Freuds Instanzenmodell

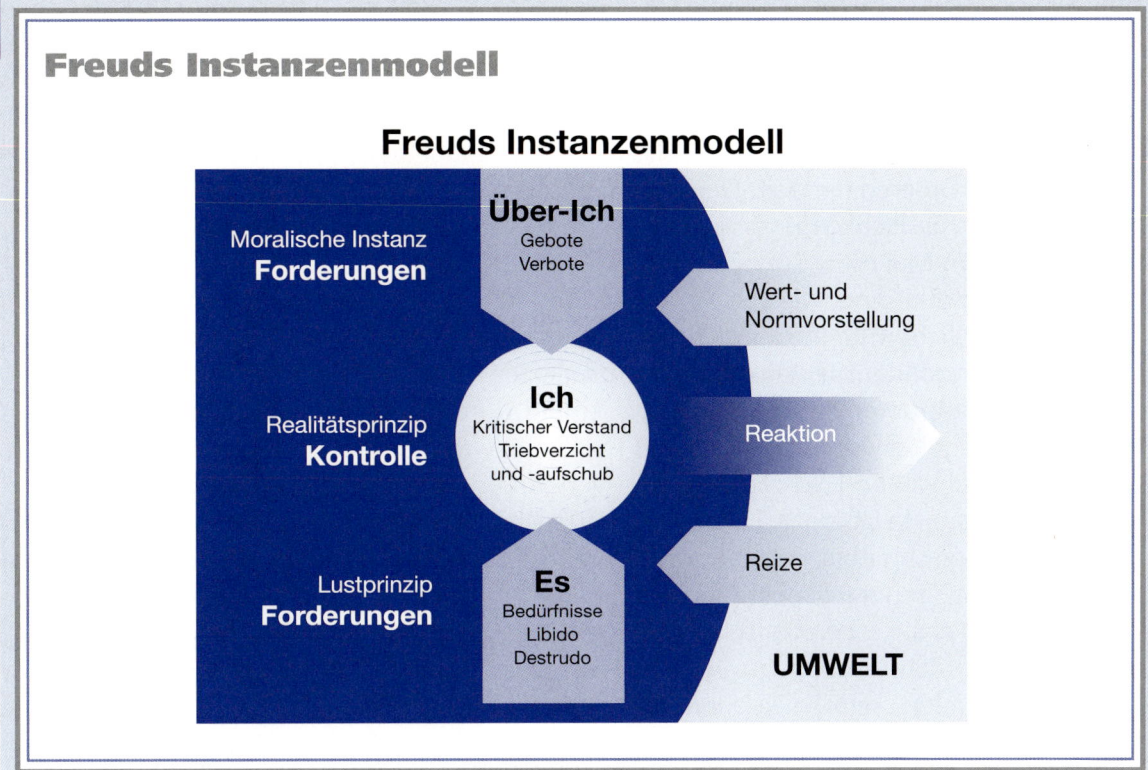

Um die jeweilige Funktion, aber auch das Zusammenspiel der drei psychischen Instanzen anschaulicher zu machen, könnte ein Rollenspiel durchgeführt werden, bei dem eine Gruppe der Lernenden die Perspektive des Über-Ichs, eine zweite jene des Ichs und eine dritte jene des Es einnimmt. Aus der jeweiligen Interessensicht dieser einzelnen Instanzen heraus sollen die Gruppen nun über bestimmte Themen diskutieren. Eine Aufgabe könnte beispielsweise folgendermaßen lauten:

> ■ *Stellen Sie sich vor, Sie hätten nächste Woche eine Klausur im Fach Mathematik zu schreiben und müssten sich eigentlich in den nächsten Tagen intensiv darauf vorbereiten. Allerdings scheint die Sonne gerade und Sie würden viel lieber mit Freunden Eis essen gehen. Nehmen Sie die Rolle der zugeteilten psychischen Instanz ein und versuchen Sie die anderen Instanzen davon zu überzeugen, Ihrem Willen zu folgen.*

Der Verlauf der Diskussion ist abzusehen: Das Über-Ich wird darauf pochen, sofort mit der Klausurvorbereitung zu beginnen – schließlich wird dieses Verhalten von der Schule und der Gesellschaft erwartet und womöglich durch eine gute Note honoriert. Dabei argumentiert es vernünftig, wenn nicht sogar ängstlich. Das Es hingegen wird die Strebsamkeit des Über-Ichs verhöhnen und darauf drängen, in die Sonne zu gehen und dem Wunsch nach Lustbefriedigung nachzugeben. In diesem Streit zwischen Über-Ich und Es wird sich immer wieder das Ich als vermittelnde Instanz einschalten und versuchen, einen Kompromiss zu finden, der etwa in dem Plan bestehen könnte, für ein paar Stunden nach draußen zu gehen, danach aber sogleich mit dem Lernen zu beginnen.

In einem nächsten Schritt sollen die Ergebnisse auf Musils Roman übertragen werden. Aus psychoanalytischer Sicht entstehen Törleß' Verwirrungen nicht zuletzt durch die Konfrontation zwischen Es und Über-Ich, der das Ich machtlos gegenübersteht. Von der einen Seite bedrängt durch die neu erwachenden dunklen Triebe und Bedürfnisse des Es, von der anderen Seite scharf kontrolliert und reglementiert durch die Moralvorstellungen des Über-Ichs, fühlt es sich wie zerrissen und weiß nicht mehr richtig zu handeln.

Schon in der Szene, in der Törleß von Basinis Diebstahl erfährt, wird der Konflikt zwischen Es und Über-Ich deutlich (von S. 63: „Während Reiting erzählte" bis S. 66: „... vielleicht deiner eigenen Schwester den Hof macht ...?"). Mit dem Verstoß des Kameraden gegen das soziale Reglement gewinnt Törleß eine Ahnung von einer dunklen, verborgenen Seite der Wirklichkeit – noch erkennt er nicht, dass es sich dabei letztlich um eine verborgene Seite seines eigenen Inneren handelt. Der Diebstahl schockiert Törleß deshalb, weil er die scheinbare Selbstverständlichkeit und Sicherheit der gesellschaftlichen Ordnung radikal in Frage stellt. Mit einem Mal muss Törleß erkennen, dass die Grenzen dieser Ordnung nicht so fest und unüberwindbar sind, wie er bislang geglaubt hat: „Dann war es auch möglich, dass von der hellen, täglichen Welt, die er bisher allein gekannt hatte, ein Tor zu einer anderen, dumpfen, brandenden, leidenschaftlichen, nackten, vernichtenden führe. Dass zwischen jenen Menschen, deren Leben sich wie in einem durchsichtigen und festen Bau von Glas und Eisen geregelt zwischen Bureau und Familie bewegt, und anderen, Herabgestoßenen, Blutigen, ausschweifend Schmutzigen, in verwirrten Gängen voll brüllender Stimmen Irrenden, nicht nur ein Übergang besteht, sondern ihre Grenzen heimlich und nahe und jeden Augenblick überschreitbar aneinanderstoßen ...." (S. 64 f.) Törleß erahnt hier – so ließe sich aus psychoanalytischer Perspektive interpretieren – die Macht des Unbewussten, des Es, des Verdrängten, das der scheinbar selbstverständlichen Ordnung der Gesellschaft, repräsentiert durch das Über-Ich, entgegensteht. Zunächst aber erkennt und akzeptiert er nicht, dass diese dunkle Welt zu seinem eigenen Seelenleben gehört. Er projiziert alle geheimen Fantasien und Ängste – auch verbunden mit der Prostituierten Božena – auf Basini, der dadurch für Törleß zu einer Art Personifikation des Es wird. So ist es kein Wunder, dass er darauf drängt, Basini anzuzeigen: „Er sagte: ‚Basini ist ein Dieb.' Und der bestimmte, harte Klang dieses Wortes tat ihm so wohl, dass er zweimal wiederholte: ... ein Dieb. Und einen solchen bestraft man – überall, in der ganzen Welt. Er muss angezeigt, aus dem Institute entfernt werden! Mag er sich draußen bessern, zu uns passt er nicht mehr!'" (S. 65) Hinter Törleß' Wunsch, Basini möge aus dem Internat entlassen werden, stehen letztlich die Forderungen seines Über-Ichs, die einstige Sicherheit der Wirklichkeit wieder herzustellen und den auftauchenden dunklen Regungen des Es mit aller Entschlossenheit entgegenzutreten.

Der Unterrichtsschritt kann mit der gemeinsamen Lektüre der Szene auf dem Dachboden (von S. 63: „Während Reiting erzählte ..." bis S. 66: „... vielleicht deiner eigenen Schwester den Hof macht ...?") eingeleitet werden. Die darauf folgende Diskussion lässt sich beispielsweise durch folgende Fragen motivieren und steuern, die alle vor dem Hintergrund des zuvor dargestellten Instanzenmodells Freuds beantwortet werden sollen:

■ *Warum ist Törleß durch den Diebstahl Basinis so beunruhigt?*

■ *Mit welchen anderen Ereignissen assoziiert Törleß den Diebstahl?*

■ *Warum nennt Törleß seinen Kameraden Basini wiederholt einen „Dieb" und warum beruhigt ihn „der bestimmte, harte Klang dieses Wortes" (S. 65)?*

Nachdem in der Diskussion deutlich geworden ist, dass die Lernenden das Instanzenmodell verstanden und auch auf einen konkreten Fall anwenden können, kann ein schriftlicher Auftrag gestellt werden, den Schüler und Schülerinnen nun allein durchführen sollen:

■ *Beschreiben Sie Törleß' Verwirrungen in der gelesenen Szene (S. 63–66) vor dem Hintergrund des Instanzenmodells Freuds.*

Nachdem einige der Arbeiten vorgelesen und besprochen worden sind, können die Ergebnisse durch folgendes Tafelbild zusammengefasst und gesichert werden:

Törleß' Konfrontation mit dem Diebstahl Basinis (S. 63–66)

Über-Ich: Das Über-Ich repräsentiert hier die reglementierte Welt des Internats und die Normvorstellungen der Eltern. Basinis Diebstahl stellt eine Bedrohung dieser Ordnung dar, deshalb fordert Törleß' Über-Ich seine Entlassung.

Ich: Törleß' Ich steht mitten im Kampf zwischen Es und Über-Ich und ist gerade deshalb so verwirrt. Einerseits spürt es die dunkle Faszination, die von Basinis Diebstahl ausgeht, andererseits wird es vom Über-Ich daran gehindert, dieser Faszination nachzugeben.

Es: Törleß erkennt noch nicht, dass die erahnte, dunkle Seite letztlich eine Seite seines eigenen Inneren ist. Er projiziert alle unbewussten Fantasien und Ängste auf Basini, der dadurch für Törleß zur Personifikation des Es wird.

Zur Vertiefung dieses Unterrichtsschritts ist folgender Schreibauftrag (auch gut geeignet als Hausarbeit) möglich:

■ *Kurze Zeit nach dem Gespräch auf dem Dachboden schreibt Törleß einen Brief an seine Eltern und berichtet ihnen über Basinis Diebstahl (S. 72). Versetzen Sie sich in Törleß' Perspektive und schreiben Sie diesen Brief. Stellen Sie dabei auch die Verwirrungen dar, die er empfindet, als er vom begangenen Regelverstoß erfährt. Versuchen Sie, in Ihrem Text auch Törleß' empfundenen Zwiespalt zwischen Über-Ich, Ich und Es darzustellen.*

Eine andere Romanpassage, in der der Kampf zwischen den drei Instanzen besonders eindrucksvoll beschrieben wird, ist die Verführungsszene zwischen Törleß und Basini (von S. 151: „Nur der Anblick Basinis ..." bis S. 153: „Morgen erst wieder werde ich es sein! ... Morgen ..."), also die Szene, in der die beiden Zöglinge das erste Mal miteinander schlafen.

Törleß' sexuelles Begehren gegenüber Basini ist zwar insgeheim schon lange vorher erwacht, noch aber halten ihn die moralischen Vorschriften des Über-Ichs davon ab, diesen Regungen des Es nachzugeben.[1] Als sich Basini schließlich aber direkt zu Törleß ins Bett legt und seinen nackten Leib an ihn schmiegt, kommt es zur Konfrontation zwischen den drei Instanzen. Noch einmal versucht Törleß den „Überfall" (S. 152) Basinis abzuwehren: „Was soll ich mit dir? Geh – so geh doch weg!" (S. 152) Doch immer mächtiger wird das sexuelle Begehren. Törleß' Ich wird von den erwachenden Trieben mehr und mehr überwältigt. In dieser Phase des Übergangs – des Hin und Her zwischen Trieb und Verstand, zwischen Faszination und Furcht, zwischen Verlockung und Verbot – blitzt das Es dunkel und geheimnisvoll in seinem Bewusstsein auf: „Noch immer hielt er seine Arme gegen Basinis Körper gestemmt. Aber auf ihnen lag es wie eine feuchte, schwere Wärme; ihre Muskeln erschlafften; er vergaß ihrer ... Nur wenn ihn ein neues der zuckenden Worte traf, wachte er auf, weil er plötzlich fühlte, – wie etwas schrecklich Unfassbares, – dass eben – wie im Traum – seine Hände Basini näher gezogen hatten." (S. 152 f.) Schließlich werden die angestauten Triebe so mächtig, dass sie nicht mehr aufzuhalten sind und sich gewaltsam einen Weg zur Triebabfuhr bahnen. „Die Sinnlichkeit [...] war jetzt zu ihrer vollen Größe erwacht." (S. 153) Törleß gibt der Versuchung nach und lässt sich von Basini verführen. Das Über-Ich und das Ich haben keine andere Möglichkeit, als das Kampffeld zu räumen und dem Es zu überlassen, das nun zur lang er-

---

[1] Siehe dazu ausführlicher Baustein 5.3.

sehnten rauschhaften Triebbefriedigung gelangt. Die Grenzen von Törleß' Ich werden einen Moment lang von der Lust überschwemmt: „Nur in dem Augenblicke, als es ihn fortriss, wachte er sekundenlang auf und klammerte sich verzweifelt an den einen Gedanken: Das bin nicht ich! ... nicht ich! ... Morgen erst wieder werde ich es sein! ... Morgen ...." (153) Die Schülerinnen und Schüler erhalten den folgenden schriftlichen Arbeitsauftrag:

■ *Interpretieren Sie die Verführungsszene zwischen Törleß und Basini (S. 151–153) vor dem Hintergrund des Instanzenmodells Freuds. Erklären Sie dabei unter Hinweis auf die drei Instanzen (Über-Ich, Ich, Es), warum sich Törleß gegen Basinis Annäherung anfangs heftig wehrt, der sexuellen Verführung schließlich aber nachgibt.*

Nachdem die Antworten vorgelesen und besprochen worden sind, könnten die Ergebnisse in folgender Form an der Tafel gesichert werden:

Die Verführungsszene zwischen Törleß und Basini (S. 151–153)

Über-Ich: Als verinnerlichtes Gewissen wehrt sich das Über-Ich vehement gegen die Wünsche des Es und versucht, die homosexuellen Handlungen – die gesellschaftlich tabuisiert sind – mit allen Mitteln zu verhindern.

Ich: Das Ich versucht als Vermittlungsinstanz zunächst, die Verbote des Über-Ichs aufrechtzuerhalten, muss sich schließlich aber den immer stärker werdenden Kräften des Es beugen und dessen Drängen nachgeben.

Es: Das Es kennt keine Verbote, sein einziges Ziel ist die Triebabfuhr. In der Szene wird das sexuelle Begehren so stark, dass es die Schranken des Über-Ichs schließlich überwindet. Eine Zeit lang siegt es über das Über-Ich und zwingt das Ich zur sexuellen Handlung mit Basini.

Zur Vertiefung dieser Unterrichtseinheit ist folgender Arbeitsauftrag (auch als Hausaufgabe) denkbar:

■ *Beschreiben Sie eine Situation aus Ihrem Leben, in der der Konflikt zwischen den drei Persönlichkeitsinstanzen deutlich wurde bzw. wird. Versuchen Sie dabei, die einzelnen Phasen des Konflikts möglichst genau herauszuarbeiten und die jeweilige Rolle des Über-Ichs, des Ichs und des Es darzustellen.*

5.3 Der ödipale Konflikt

Zahlreiche Interpretationen des „Törleß" gehen davon aus, dass sich in den Text ein verborgener, immer wieder nur angedeuteter ödipaler Konflikt eingeschrieben hat, den Törleß erst im Laufe der Handlung überwindet.[1] In dieser Unterrichtseinheit soll gezeigt werden, dass

---

[1] Zwei Beispiele neben etlichen anderen: Jacqueline Magnou: ‚Törleß' – Eine Variation über den Ödipus-Komplex? Einige Bemerkungen zur Struktur des Romans. In: Renate von Heydebrand (Hg.): Robert Musil. Darmstadt 1982 (= Wege der Forschung, Bd. 588), S. 296–318; Roland Kroemer: Ein endloser Knoten? Robert Musils „Verwirrungen des Zöglings Törleß" im Spiegel soziologischer, psychoanalytischer und philosophischer Diskurse. München 2004, S. 124–135

Musils Roman durch diese psychoanalytische Lesart eine ungeahnte Bedeutungsdimension gewinnt: Nachdem man sich erst einmal auf die – zunächst womöglich irritierende – Interpretation eingelassen hat, scheint es fast, als würde man plötzlich einen neuen Text lesen. Was genau unter einem ödipalen Konflikt nach Freud zu verstehen ist und inwiefern er für Törleß' sexuelle und charakterliche Entwicklung von Bedeutung ist, soll im Folgenden Schritt für Schritt aufgezeigt werden.

Es bietet sich an, diese Unterrichtseinheit mit der Analyse der Božena-Szene (S. 38–49) zu beginnen, da sich in ihr Törleß' ödipaler Konflikt nicht nur zum ersten Mal, sondern auch am deutlichsten im Text zeigt. Die Schülerinnen und Schüler erhalten zunächst folgenden Auftrag:

■ *Lesen Sie den Anfang der Božena-Szene (von S. 38: „Božena war als Bauernmädchen ..." bis S. 42: „... vor Verzweiflung zu schreien"). Was bedeutet Božena für Törleß in dieser Phase? Warum schleicht er sich immer wieder zu ihr?*

Törleß handelt in dieser Phase wie ein typischer Jugendlicher, dessen Pubertät allmählich einsetzt.[1] Er spürt seine Libido, seinen Sexualtrieb, hat aber – als Heranwachsender in einer streng geführten Anstalt unter Gleichgeschlechtlichen – noch kein adäquates Sexualobjekt zur Triebabfuhr gefunden. Die einzige Lust, die er sich gönnt und erlaubt, sind seine heimlichen Treffen mit Božena: „Die Besuche bei diesem Weib waren in der letzten Zeit zu seiner einzigen und geheimen Freude geworden. Gegen Ende der Woche wurde er schon unruhig und konnte den Sonntag nicht erwarten, wo er am Abend zu ihr schlich." (S. 40) Auch wenn er noch zu schüchtern ist, um mit der Prostituierten intim zu sein, wächst sein sexuelles Begehren doch schon allein durch ihren Anblick: „Törleß sog, noch in der Türe stehend, mit begierigen Augen ihr Bild in sich ein." (S. 40) Božena repräsentiert für Törleß eine Frau, mit der er – wenn auch nur in seiner Fantasie – alle geheimen sexuellen Wünsche ausleben kann. Gerade weil er Božena für heruntergekommen und vulgär hält, kann sich sein Begehren auf sie richten: „Božena erschien ihm als ein Geschöpf von ungeheuerlicher Niedrigkeit und sein Verhältnis zu ihr, die Empfindungen, die er dabei zu durchlaufen hatte, als ein grausamer Kultus der Selbstaufopferung." (S. 41) So nimmt Božena für die (sexuelle) Entwicklung von Törleß einen zentralen Platz ein, ist sie doch die erste Frau, auf die sich seine erst allmählich entwickelnde Libido bewusst richtet: Sie war „soweit Weib, dass sie Teile seines Inneren, die wie reifende Keime noch auf den befruchtenden Augenblick warteten, gleichsam frühzeitig an die Oberfläche riss." (S. 42)

Es ist zu erwarten, dass ein Unterrichtsgespräch über solch intime Dinge, die die Schülerinnen und Schüler direkt betreffen, nicht einfach ist. Gerade hier ist die Sensibilität und Rücksicht der Lehrkraft gefragt; sie sollte auch Geduld zeigen, wenn einige aus der Klasse ihre Unsicherheit mit bewusst vulgär-provozierenden Beiträgen zu kompensieren versuchen. Es sollte eine Atmosphäre geschaffen werden, in der sich die Lernenden trauen, sich am Gespräch zu beteiligen. Die Ergebnisse dieses Unterrichtsgesprächs können durch folgendes Tafelbild zusammengefasst werden:

---

[1] Im Roman heißt es an einer Stelle explizit: „die beginnende Geschlechtsreife fing an, sich dunkel und allmählich in ihm emporzuheben." (S. 15)

Boženas Bedeutung für Törleß

- Törleß' Geschlechtsreife ist erwacht, sein sexuelles Begehren sucht nach einem Objekt.
- Božena ist die erste Frau, auf die sich sein Begehren richtet.
- Gerade weil sie eine heruntergekommene Prostituierte ist, kann Törleß sie begehren.
- Allerdings ist er noch zu schüchtern, um wirklich mit ihr intim zu werden. Alles spielt sich nur in seiner Fantasie ab.

Lange kann Törleß bei Božena sein Begehren aber nicht aufrechterhalten. Es wird ab dem Moment irritiert, an dem die Prostituierte von Beinebergs Mutter spricht: „Törleß wurde rot; ein merkwürdiger Gedanke war ihm eingefallen." (S. 42) Er bemüht sich zwar, diesen kurz aufblitzenden Gedanken schnell wieder zu vergessen, aber einmal aufgetaucht, kann er ihn nicht mehr wirklich loswerden. Durch die Erwähnung von Beinebergs Mutter, von der Božena bewusst abfällig und mit anzüglichen Anspielungen spricht, muss Törleß an seine eigene Mutter denken, „und dies hielt nun fest und war nicht loszubekommen. Es war ihm nur so durch die Grenzen des Bewusstseins geschossen – blitzschnell oder undeutlich weit – am Rande – nur wie im Fluge gesehen – kaum ein Gedanke zu nennen." (S. 44) Nur kurz und vage blitzt das bislang Verdrängte in seinem Denken auf, um gleich darauf wieder im Unbewussten verschwunden zu sein. Hastig versucht Törleß, den plötzlichen Einfall durch eine Reihe von Reflexionen und Fragen zu verdecken. Alle seine Gedanken zielen nun darauf, sich vom Unterschied zwischen Mutter und Hure zu überzeugen: „Dieses Weib ist für mich ein Knäuel aller geschlechtlichen Begehrlichkeiten; und meine Mutter ein Geschöpf, das bisher in wolkenloser Entfernung, klar und ohne Tiefen, wie ein Gestirn jenseits alles Begehrens durch mein Leben wandelte" (S. 45). Törleß fragt sich erschrocken, warum er in der Gegenwart Boženas überhaupt an seine Mutter, in ihrer angenommenen Unschuld das diametrale Gegenteil zur Prostituierten, denken konnte, fragt sich, warum kein unüberwindbarer Graben zwischen ihnen verlaufe.

Das Unterrichtsgeschehen lässt sich durch folgenden Auftrag fortsetzen:

■ *Lesen Sie die Božena-Szene zu Ende (von S. 42: „Božena bekümmerte sich noch immer nicht um Törleß" bis S. 49: „... dann war er ganz allein."). Was irritiert Törleß in seiner Erregung? Wie versucht er, diese Irritation zu überwinden? Welche Unterschiede sieht er zwischen Božena und seiner Mutter?*

Die Ergebnisse können folgendermaßen an der Tafel festgehalten werden:

Törleß' plötzliche Irritation bei Božena

Törleß muss bei Boženas Ausführungen an seine Mutter denken, er ist irritiert. Nun versucht er sich vom Unterschied zwischen Božena und Mutter zu überzeugen:

Božena		Mutter
schmutzig		rein
geschlechtlich	↔	geschlechtslos
verkommen		unschuldig
niedrig		hoch

→ **Es darf keine Gemeinsamkeiten zwischen Božena und der Mutter geben!**

Doch Törleß selbst ahnt bald, dass seine Überlegungen, die sich auf den Unterschied zwischen Mutter und Prostituierter richten, von seinem eigentlichen Problem wegführen. Der Erzähler konstatiert: „Aber alle diese Fragen waren nicht das Eigentliche. Berührten es kaum. Sie waren etwas Sekundäres; etwas, das Törleß erst nachträglich eingefallen war. Sie waren nur Ausflüchte, Umschreibungen der Tatsache, dass vorbewusst, plötzlich, instinktiv ein seelischer Zusammenhang gegeben war, der sie vor ihrem Entstehen schon in bösem Sinne beantwortet hatte." (S. 45) Törleß ist zum unbewussten Kern seines Begehrens vorgestoßen. Auch wenn er es bislang immer wieder erfolgreich verdrängen konnte, wird nun deutlich, dass sich sein Trieb in dieser Phase seiner sexuellen Entwicklung insgeheim auf ein einziges Objekt richtet – nämlich auf die eigene Mutter! Božena ist nichts anderes als eine durch die Inzestschranke notwendige Substitution, ein Ersatz; sein Unbewusstes kennt keinen Unterschied zwischen den beiden Frauen. Indem Törleß die Prostituierte Božena begehrt, befriedigt er letztlich ein tieferliegendes, ödipales Bedürfnis: „Törleß sättigte sich mit den Augen an Božena und konnte dabei seine Mutter nicht vergessen; durch ihn hindurch verketteten die beiden ein Zusammenhang: Alles andere war nur ein sich Winden unter dieser Ideenverschlingung. Diese war die einzige Tatsache." (S. 45)

An dieser Stelle kann der Text auf **Arbeitsblatt 19**, S. 114 herangezogen werden, in dem Freud darstellt, dass es in der unbewussten Fantasie vieler Männer keinen Unterschied zwischen Mutter und Prostituierter gibt. Erst auf der bewussten Ebene scheint sich ein tiefer Graben zwischen beiden Frauentypen aufzutun.

Warum aber sind Mutter und Prostituierte im Unbewussten identisch? Und warum soll dem Bewusstsein diese heimliche Identität tunlichst verborgen bleiben? Warum ist Törleß derart irritiert und beschämt, als er in der Anwesenheit von Božena plötzlich an seine Mutter denken muss? Diese Fragen lassen sich erst vor dem Hintergrund des ödipalen Konflikts erklären, den nach Freud jeder Mensch im Lauf seines Lebens zu überwinden hat.

Im Folgenden eine knappe Zusammenfassung der Grundgedanken: Die Psychoanalyse geht davon aus, dass bereits Kinder eine sexuelle Entwicklung durchlaufen. Nach der oralen Phase im ersten Lebensjahr, in der das Kind vor allem orale Lust durch die Nahrungsaufnahme empfindet, und der daran anschließenden analen Phase, in der die Lust mit der Abgabe und Zurückhaltung der eigenen Exkremente verbunden ist, gelangt das Kind im dritten Lebensjahr schließlich in die ödipale Phase. In dieser Phase, in der es sein eigenes Genital als Lustquelle entdeckt, richtet sich sein sexuelles Begehren auf den gegengeschlechtlichen Elternteil – ein Junge begehrt also seine Mutter. Dadurch gerät er aber unbewusst in Konflikt mit dem mächtigen Vater, der nun als Mann der Mutter ein gefährlicher, auch gehasster Konkurrent wird. Der Junge kann seinen Inzestfantasien mit der Mutter nicht nachgeben, da er die Rache des Vaters, die Kastration, also die Entfernung seines Penis, fürchtet. Im gesunden Entwicklungsprozess löst der Junge diesen ödipalen Konflikt schließlich, indem er den Inzestwunsch ins Unbewusste verdrängt und sich mit dem Vater identifiziert. Aus dem Feind wird ein Vorbild, dem der Junge nachzueifern versucht. Nach dem fünften Lebensjahr endet die ödipale Phase und die Latenzzeit tritt ein, in der das Kind weitgehend auf sexuelle Handlungen verzichtet und seine soziale Identität in der Gesellschaft findet und festigt. Erst mit dem Beginn der Pubertät ungefähr im 11. Lebensjahr erwacht der Sexualtrieb erneut und sucht nun ein geeignetes Sexualobjekt zur Triebbefriedung. Hat der heranwachsende Junge die ödipale Struktur seiner Kindheit nicht erfolgreich überwinden können, so gerät er nun in einen Ödipuskomplex (seine Libido richtet sich unbewusst erneut auf die eigene Mutter), der ihm in seiner sexuellen und charakterlichen Reifung im Weg steht und die Ursache schwerster neurotischer Erkrankungen sein kann.

Um die Schülerinnen und Schüler an das Konzept des ödipalen Konflikts heranzuführen, ist folgende Hausaufgabe denkbar:

■ *Suchen Sie in Lexika und/oder im Internet nach Informationen über den Ödipuskomplex und beschreiben Sie ihn.*

Alternativ zu diesem Auftrag kann der Ödipuskomplex auch im Rahmen eines Schülerreferats oder eines Lehrervortrags vorgestellt werden.[1] Dazu kann auch folgende Übersicht über die einzelnen Phasen der infantilen Sexualität in Form einer Overhead-Folie gezeigt werden:

Sexualentwicklung des Menschen nach Freud

orale Phase (1. Lebensjahr)	Primitivste Stufe der psychosexuellen Entwicklung; Mund ist primäre Quelle der Lustbefriedigung (Baby an der Mutterbrust); Entwicklung eines Urvertrauens in der Welt
anale Phase (ca. 2. Lebensjahr)	Lustbefriedigung durch Ausscheiden und Zurückhalten der Exkremente; Phase der Reinlichkeitserziehung; Kind lernt soziales Miteinander
ödipale Phase (ca. 3.–5. Lebensjahr)	Das eigene Geschlechtsteil wird als Quelle der sexuellen Lust entdeckt; die Triebwünsche richten sich nun auf den gegengeschlechtlichen Elternteil (Sohn begehrt Mutter; Tochter begehrt Vater); dieses Begehren bringt das Kind in den Konflikt mit dem anderen Elternteil; der Sohn hat Angst vor der Kastration durch den Vater; sein Begehren der Mutter wird ins Unbewusste verdrängt
Latenzzeit (ca. 5.–11. Lebensjahr)	Weitgehender Verzicht auf sexuelle Lustbefriedigung; sexuelle Regungen werden verdrängt; Befriedigung der Lust nun durch Erlangen von Fähigkeiten und der Erkundung der Umwelt; Sexualtrieb kann nun umgeleitet und sublimiert werden; Spiel mit Geschlechtsgenossen nimmt an Bedeutung zu
genitale Phase (ab ca. dem 11. Lebensjahr)	Mit Beginn der Vorpubertät erwacht die Sexualität unter dem Einfluss der Geschlechtshormone zu neuer Macht; das verinnerlichte Inzestverbot zwingt den Heranreifenden, Sexualobjekte außerhalb der eigenen Familie zu suchen; Neurotikern ist die Überwindung des Ödipuskonflikts in der Kindheit nicht gelungen, ihr unbewusstes Begehren ist noch immer auf das einstige Objekt ihrer Wahl, bei Jungen auf die Mutter, gerichtet; sie geraten in einen Ödipuskomplex; da sie sich dieses Konflikts (der mit immensen Kastrationsängsten verbunden ist) nicht bewusst sind, entstehen neurotische Leiden, etwa Persönlichkeitsstörungen und Unsicherheiten über die eigene sexuelle Identität

Vor dem Hintergrund dieses Theoriekonzepts können Törleß' Verwirrungen angesichts Boženas nun besser erklärt werden: Mit Beginn seiner Pubertät erwacht nach der jahrelangen Latenzzeit seine Libido und sucht nach einem geeigneten Sexualobjekt zur Lustbefriedigung. Dieses Objekt scheint Törleß in Gestalt Boženas gefunden zu haben. Als in seinem Bewusstsein aber plötzlich die Erkenntnis des heimlichen Zusammenhangs zwischen der Prostituierten und seiner Mutter aufblitzt, kann er sein Begehren nicht mehr länger aufrechterhalten. Er gerät wieder in das ödipale Dreieck seiner Kindheit, begehrt insgeheim seine Mutter und muss deshalb mit der fürchterlichen Rache des mächtigen Konkurrenten, des Vaters, rechnen – mit der Kastration. Nicht zufällig drängen sich ihm plötzlich Kindheitserinnerungen auf, in denen er seine Eltern eng umschlungen, in vertrauter Zweisamkeit sieht. Der Vater tritt in Törleß' Bewusstsein und macht ihm seinen Platz streitig. „Er erinnerte sich an ein eigentüm-

---

[1] Am ausführlichsten geht Freud in seinen „Drei Abhandlungen zur Sexualtheorie" auf die infantile Sexualität ein. (Sigmund Freud: Drei Abhandlungen zur Sexualtheorie. In: Ders.: Studienausgabe. Bd. 5. Sexualleben. 2., korrigierte Auflage. Frankfurt a.M. 1976, S. 37–145)

liches Lachen seiner Mutter und sich wie scherzhaft fester an den Arm ihres Mannes Drücken, das er an einem jener Abende beobachtet hatte." (S. 47) Auch wenn es sich Törleß nicht bewusst eingestehen will, wächst doch beim Gedanken an die Zärtlichkeit zwischen seinen Eltern die Eifersucht auf den Vater. „Was mochten die beiden dabei gefühlt haben? Liebe? Nein, der Gedanke kam ihm jetzt zum ersten Mal." (S. 46) Die Rolle des begehrenden Mannes kann Törleß nun, da die sexuelle Komponente seines Verlangens im Vordergrund steht, nicht mehr aufrechterhalten – die Mutter rückt erneut in unerreichbare Ferne. Durch die Erinnerung an den Vater wird Törleß in seinen ödipalen, inzestuösen Wünschen gestört, gleichsam symbolisch kastriert. Kein Wunder, dass er nun an die Bauernburschen denken muss, gegen deren Fäuste sein zierlicher Degen „wie ein Spott" (S. 40) wirkt. Als sich ihm Božena, das Ersatzobjekt für die begehrte Mutter, nähert und ihn zu küssen versucht, fällt Törleß endgültig in die Rolle des Kindes zurück. Ihre Zärtlichkeit kann er nicht mehr als Mann, sondern nur noch als Junge empfangen.

Zur Verständnisvertiefung des ödipalen Konflikts können an dieser Stelle Freuds Ausführungen über die „Inzestschranke" (**Arbeitsblatt 20**, S. 115) herangezogen werden. Die Besprechung dieses Textes bietet sich nicht zuletzt deshalb an, weil hier explizit das Dilemma des heranreifenden Jugendlichen beschrieben wird, der zwischen infantilen, inzestuösen Fantasien einerseits und der geforderten Ablösung von dem begehrten Elternteil andererseits steht.

Nachdem die Schülerinnen und Schüler den Kern des Ödipuskomplexes kennen gelernt haben, können sie die gesamte Szene bei Božena und Törleß' wachsende Verwirrungen nun besser verstehen. Folgender Auftrag ist denkbar:

■ *Beschreiben Sie Törleß' Besuch bei Božena vor dem Hintergrund des psychoanalytischen Konzepts des ödipalen Konflikts. Welche Phasen durchlaufen Törleß' Gefühle und Reflexionen?*

Ein zusammenfassendes Tafelbild könnte folgendermaßen aussehen:

Törleß' Besuch bei Božena (S. 38–49)

1. Törleß' Begehren richtet sich auf Božena
↓
2. Er muss auf einmal an seine Mutter denken, er ist irritiert
↓
3. Versuch, Prostituierte und Mutter streng voneinander zu trennen, um Begehren aufrechterhalten zu können
↓
4. Gemeinsamkeit zwischen Mutter und Prostituierte wird trotz aller Versuche erahnt; Törleß findet sich im einstigen ödipalen Dreieck mit Mutter und Vater wieder
↓
5. Inzestverbot/Kastrationsdrohung → Törleß kann sein Begehren nicht länger auf Božena richten, er fällt in die Rolle des Kindes zurück

→ Törleß muss sich ein anderes Sexualobjekt suchen.

Nachdem Törleß den heimlichen Zusammenhang zwischen der Prostituierten und seiner Mutter erkannt hat, muss sich sein Begehren – konfrontiert mit dem Inzestverbot und der drohenden Kastration – im weiteren Handlungsverlauf auf ein anderes Sexualobjekt richten: auf den Kameraden Basini. Es ist sicherlich kein Zufall, dass Božena selbst auf Basini zu sprechen kommt (S. 47), auch die Namensähnlichkeit dieser beiden Figuren lässt sich als Hinweis auf ihre heimliche Verwandtschaft auffassen. Schon während er vom Diebstahl erfährt, ahnt Törleß, welch wichtige Bedeutung der Kamerad für seine (sexuelle) Entwicklung haben wird: „Von Zeit zu Zeit war ihm ein Frösteln bis in die Fingerspitzen gelaufen, und in seinem Kopfe stießen die Gedanken wild und ungeordnet in die Höhe wie Blasen in siedendem Wasser. Man sagt, dass es so dem ergehe, der zum ersten Male das Weib sehe, welches bestimmt ist, ihn in eine vernichtende Leidenschaft zu verwickeln." (S. 63) Zumindest unbewusst erkennt Törleß, dass sein Begehren in Basini ein geeignetes Sexualobjekt gefunden hat – nicht zufällig assoziiert er ihn immer wieder mit Božena. War bislang die Prostituierte eine heimliche Substitution für die geliebte/begehrte Mutter, tritt nun Basini an ihre Stelle. Božena selbst wird für Törleß bedeutungslos, „was er für sie empfunden hatte, wurde ihm zu einer fantastischen Erinnerung, an deren Stelle nun der Ernst getreten war" (S. 86 f.). Auch wenn er es zunächst zu verdrängen versucht, wird es ihm doch immer klarer, dass er Basini begehrt. Törleß fühlt sich bald „wie ein Jäger auf dem Anstande" (S. 132), wenn er sich den schlafenden Basini vorstellt: „Ein körperlicher Einfluss schien dann von Basini auszugehen, ein Reiz, wie wenn man in der Nähe eines Weibes schläft, von dem man jeden Augenblick die Decke wegziehen kann." (S. 132) Welches Objekt sich in Wirklichkeit hinter Törleß' Begehren verbirgt, wird schließlich in der Szene deutlich, in der er von Basini verführt wird. Zum ersten Mal kann er seine sexuellen Triebe körperlich, und nicht nur imaginär, an und mit einem anderen befriedigen. In diesem Moment werden Basini und seine Mutter in seinen unbewussten Fantasien identisch: „[Die Sinnlichkeit] lag nackt neben ihm und deckte ihm mit ihrem weichen schwarzen Mantel das Haupt zu. Und sie raunte ihm süße Worte der Resignation ins Ohr und schob mit ihren warmen Fingern alle Fragen und Aufgaben als vergebens weg. Und sie flüsterte: in der Einsamkeit ist alles erlaubt." (S. 153) Dadurch, dass Törleß den Inzest mit der Mutter an Basini symbolisch vollzieht, lösen sich seine ödipalen Verstrickungen und mit ihnen seine intellektuellen Verwirrungen schließlich auf. Er ist nun in die Rolle des begehrenden Mannes hineingewachsen, hat seinen Ödipuskomplex überwunden.[1]

Das Unterrichtsgespräch kann durch folgende Frageimpulse eingeleitet werden:

■ *Inwiefern spielt Basini für Törleß eine Schlüsselrolle zur Überwindung des ödipalen Konflikts? Welche Funktion hat er für Törleß' sexuelle Entwicklung? Warum kommt gerade Božena auf Basini zu sprechen (S. 47)? Ob es Zufall ist, dass die beiden Namen so ähnlich klingen?*

Die Ergebnisse des Gesprächs können sprachlich verkürzt durch folgendes Tafelbild gesichert werden:

---

[1] Vgl. dazu ausführlicher: Jacqueline Magnou: ‚Törleß' – Eine Variation über den Ödipus-Komplex? Einige Bemerkungen zur Struktur des Romans. In: Renate von Heydebrand (Hg.): Robert Musil. Darmstadt 1982 (= Wege der Forschung, Bd. 588), S. 296–318; Roland Kroemer: Ein endloser Knoten? Robert Musils „Verwirrungen des Zöglings Törleß" im Spiegel soziologischer, psychoanalytischer und philosophischer Diskurse. München 2004, S. 124–135

Törleß' Begehren im Handlungsverlauf

Mutter →

Unbewusst begehrt Törleß seine Mutter. Dieses Begehren darf er sich aufgrund des Inzestverbots (und der damit verbundenen Kastrationsdrohung) aber nicht bewusst eingestehen. So muss sich seine Libido im weiteren Handlungsverlauf andere Sexualobjekte, Substitutionen für die Mutter, suchen, auf die sie sich richten darf.

Božena →

Bei Božena kann Törleß sein Begehren einen Moment lang zulassen und lustvoll genießen. Sobald er aber einen Zusammenhang zwischen der Prostituierten und seiner Mutter erahnt, zerstört das wieder mächtig werdende Inzestverbot das kurz aufgeflackerte Begehren. Auch bei Božena darf er seiner Libido nicht freien Lauf lassen.

Basini

Durch die Intimität mit Basini findet Törleß' Begehren endlich ein geeignetes Sexualobjekt. Hinter dem Kameraden steht letztlich noch immer seine Mutter als eigentlich begehrtes Objekt. Dadurch, dass Törleß sein Begehren dennoch zulassen kann, schläft er symbolisch mit seiner Mutter und löst so seine ödipalen Verstrickungen.

Als Abschluss dieser Unterrichtseinheit ist folgender Auftrag (auch als Hausaufgabe) denkbar:

■ *Interpretieren Sie die letzten Sätze des Romans (von S. 199: „Seiner Mutter ..."* *bis S. 200: „Und er prüfte den leise parfümierten Geruch, der aus der Taille seiner Mutter aufstieg.") aus psychoanalytischer Perspektive. Inwiefern zeigt die Szene, dass Törleß den Ödipuskomplex, in den er während der gesamten Romanhandlung verstrickt war, nun überwunden hat? Achten Sie bei der Beantwortung insbesondere auf Törleß' Verhalten gegenüber seiner Mutter. Inwiefern hat sich sein Charakter verändert?*

Eine mögliche Antwort in aller Kürze: Nachdem Törleß den ödipalen Konflikt durch die symbolische Inzesthandlung mit Basini überwunden hat, kann er auch seiner Mutter, der insgeheim begehrten Person, ruhig gegenübertreten: „Seiner Mutter, die geglaubt hatte, einen überreizten und verwirrten jungen Menschen zu finden, fiel seine kühle Gelassenheit auf." (S. 199) Ruhig und gelassen bleibt er auch, als sie an dem Wald vorbeifahren, in dem das Haus Boženas steht. Das Zusammentreffen von Prostituierter und Mutter in seinem Bewusstsein regt ihn nun nicht mehr auf, auch der Wald selbst hat seine einstige Dunkelheit und Fremdheit verloren: „Er sah so unbedeutend und harmlos aus, ein verstaubtes Geranke von Weiden und Erlen." (S. 199) Alles weist darauf hin, dass Törleß der ödipalen Dreiecksstruktur seiner Kindheit letztlich entkommen konnte, und so kann er schließlich auch „den leise parfümierten Geruch, der aus der Taille seiner Mutter aufstieg" (S. 200), riechen, ohne in sexuelle Verwirrungen zu geraten. Er erkennt in seiner Mutter auch die begehrenswerte Frau, kann diese Erkenntnis nun aber ohne (Kastrations-)Ängste akzeptieren. Törleß ist erwachsen geworden.

Sigmund Freud (Lexikonartikel)

Freud, Sigmund (1856–1939), Neurologe und Psychiater, Begründer der Psychoanalyse. – F., der von 1859 bis zu seiner erzwungenen Emigration 1938 in Wien lebte, nahm dort 1873 das Medizinstudium auf und
5 spezialisierte sich auf Neuropathologie. 1885 wurde er zum Privatdozenten für Nervenkrankheiten ernannt. Im Rahmen einer Hypnosebehandlung von Anna O., einer Patientin des Arztes J. Breuer, „entdeckte" F. den für die Psychoanalyse konstitutiven
10 Unterschied zwischen bewussten Prozessen und dem Unbewussten, d. h. demjenigen Teil des Seelenlebens, der sich nicht dem Realitätsprinzip beugt und an dem die Fantasie und damit auch ästhetische Kreativität ihren Ursprung hat. 1895 veröffentlichte F. seine *Stu-*
15 *dien über Hysterie.* Hier zeigt sich bereits die für die Psychoanalyse charakteristische Emphase[1] auf der prägenden Kraft kindlicher Sexualität bzw. des Lustprinzips. In den 1980er-Jahren entwickelte F. die Grundzüge der Psychoanalyse, die er in seiner *Traum-*
20 *deutung* (1900) darlegte. In diesem Werk, das für die Übertragung psychoanalytischer Methoden auf literar. Texte grundlegend ist, macht F. die scheinbar chaotischen Traumproduktionen einer Deutung zugänglich, indem er sie als Ausdruck unbewusster
25 Ängste und Wünsche interpretiert. Dieser latente[2], verborgene Trauminhalt erscheint im manifesten[3] Traumtext bruchstückhaft und verschoben in Form einer Bildersprache. Den Nachweis der Wirkungen des Unbewussten im Alltagsleben, etwa in Form von
30 Fehlleistungen wie Vergessen, Versprechern und Druckfehlern, versuchte F. in der Studie *Zur Psychopathologie des Alltagslebens* (1904) zu erbringen. Erst mit *Drei Abhandlungen zur Sexualtheorie* und *Der Witz und seine Beziehungen zum Unbewussten* (beide 1905)
35 wurde die Psychoanalyse bekannt und gewann allmählich auch international Anhänger. F.s spätere Schriften demonstrieren die Verbindungen zwischen Psychoanalyse und Kulturtheorie. In *Totem und Tabu* (1913), einer psychologischen Deutung der Urgesell-
40 schaft, beschäftigt sich F. mit den Ursprüngen von Religion und Moral, in *Das Unbehagen in der Kultur* (1930) mit der Unterdrückung von Triebstrukturen zugunsten von Zivilisationsprozessen. – F.s Werk hatte großen Einfluss auf die moderne Kunst- und Lit. theorie. F. hat selbst verschiedene psychoanalytische
45 Interpretationen von Kunstwerken, insbes. von literar. Texten, vorgenommen. Das bekannteste Beispiel ist seine Deutung von Sophokles' *Oedipus Rex* und Shakespeares *Hamlet* in der *Traumdeutung.* Hier analysiert er die Art und Schwere der tragischen Katas-
50 trophe des König Ödipus sowie Hamlets Zögern bei der Rache für den Tod seines Vaters. Diese bis dahin lit.wissenschaftlich nicht erklärbaren Phänomene sowie die kathartische Wirkung (Katharsis) dieser Tragödien begründet er mit der Wirkkraft ödipaler[4] Fan-
55 tasien. – Aus diesen Thesen leitete die „klassische" Psychoanalytische Lit.wissenschaft drei verschiedene Ansätze ab: (a) einen psychobiologischen Ansatz, in dem das Werk als Symptom für die unbewussten Triebfantasien des Autors gesehen wird, (b) einen
60 textbezogenen Ansatz, in dem literar. Figuren einer Charakter(psycho)analyse unterzogen werden, und (c) einen rezipientenbezogenen Ansatz, in dem das ästhetische Vergnügen mit der Freisetzung des universell, also auch beim Rezipienten[5] wirkenden un-
65 bewussten Begehrens erklärt wird. In dem lit.theoretischen Aufsatz „Der Dichter und das Fantasieren" (1908) bestimmt F. literar.-kulturelle Kreativität als die sozial akzeptierte Sublimierung[6] unbewusster Energien. Indem er literar. Texte mit Tagträumen
70 gleichsetzt, werden die latenten Gehalte von Lit. mit den Methoden der psychoanalytischen Traumanalyse entschlüsselbar. [...]

Aus: Metzler Lexikon Literatur- und Kulturtheorie. Ansätze – Personen – Grundbegriffe. Herausgegeben von Ansgar Nünning. S. 165 f. © 2004 J. B. Metzlersche Verlagsbuchhandlung Carl Ernst Poeschel Verlag GmbH in Stuttgart

■ *Welche Entdeckungen Freuds werden im Lexikonartikel genannt? Was ist das Revolutionäre an der Psychoanalyse?*

■ *Auf der Grundlage der Theorie Freuds hat sich längst eine psychoanalytische Literaturwissenschaft herausgebildet. Welche drei Ansätze werden im Lexikonartikel genannt?*

---

[1] Nachdruck (in Reden)
[2] vorhanden, aber noch nicht in Erscheinung tretend
[3] offensichtlich, offenkundig, deutlich
[4] Entwicklungsphase des Kindes
[5] Leser, Hörer, Betrachter
[6] Erhöhung, Läuterung, Verfeinerung

Sigmund Freud über die dritte narzisstische Kränkung des Menschen

Mit dieser Hervorhebung des Unbewussten im Seelenleben haben wir aber die bösesten Geister der Kritik gegen die Psychoanalyse aufgerufen. Wundern Sie sich darüber nicht und glauben Sie auch nicht, dass
5 der Widerstand gegen uns nur an der begreiflichen Schwierigkeit des Unbewussten oder an der relativen Unzugänglichkeit der Erfahrungen gelegen ist, die es erweisen. Ich meine, er kommt von tiefer her. Zwei große Kränkungen ihrer naiven Eigenliebe hat die
10 Menschheit im Laufe der Zeiten von der Wissenschaft erdulden müssen. Die erste, als sie erfuhr, dass unsere Erde nicht der Mittelpunkt des Weltalls ist, sondern ein winziges Teilchen eines in seiner Größe kaum vorstellbaren Weltsystems. Sie knüpft sich für
15 uns an den Namen Kopernikus, obwohl schon die alexandrinische[1] Wissenschaft ähnliches verkündet hatte. Die zweite dann, als die biologische Forschung das angebliche Schöpfungsvorrecht des Menschen zunichte machte, ihn auf die Abstammung aus dem
20 Tierreich und die Unvertilgbarkeit seiner animalischen Natur verwies. Diese Umwertung hat sich in unseren Tagen unter dem Einfluss von Ch. Darwin, Wallace und ihren Vorgängern nicht ohne das heftigste Sträuben der Zeitgenossen vollzogen. Die dritte
25 und empfindlichste Kränkung aber soll die menschliche Größensucht durch die heutige psychologische Forschung erfahren, welche dem Ich nachweisen will, dass es nicht einmal Herr ist im eigenen Hause, sondern auf kärgliche Nachrichten angewiesen bleibt
30 von dem, was unbewusst in seinem Seelenleben vorgeht. Auch diese Mahnung zur Einkehr haben wir Psychoanalytiker nicht zuerst und nicht als die einzigen vorgetragen, aber es scheint uns beschieden, sie am eindringlichsten zu vertreten und durch Erfahrungsmaterial, das jedem einzelnen nahegeht, zu er-
35 härten. Daher die allgemeine Auflehnung gegen unsere Wissenschaft, die Versäumnis aller Rücksichten akademischer Urbanität[2] und die Entfesselung der Opposition von allen Zügeln unparteiischer Logik.

Aus: Sigmund Freud: Vorlesungen zur Einführung in die Psychoanalyse. Studienausgabe. Bd. 1. Frankfurt a. M.: Fischer 1969, S. 283 f.

■ *Welche drei Kränkungen des Menschen nennt Freud?*

■ *Was meint er damit, dass der Mensch „nicht einmal Herr ist im eigenen Hause"?*

■ *Warum bedeutet diese Einsicht eine narzisstische Kränkung des Menschen?*

---

[1] Alexandria: Stadt in Ägypten
[2] weltmännische Art, städtische Atmosphäre

Timotheus Schwake: Drei psychische Instanzen

Zentrales Element der Theorie Freuds ist sein Strukturmodell der psychischen Persönlichkeit. Vereinfacht dargestellt geht Freud von drei wesentlichen Instanzen aus, welche die Persönlichkeit prägen. Es
5 handelt sich dabei um Triebe (ES), die bewusste Persönlichkeit (ICH) sowie das Gewissen (ÜBER-ICH).
Das nach dem Lustprinzip funktionierende ES versteht Freud als angeboren, es ist das früheste psychische System. Vereinfacht gesagt ist es das mensch
10 liche Unbewusste, welches bei Freud v. a. aus Sexualtrieb sowie aus verdrängten Erlebnissen, Wahrnehmungen und Wünschen besteht. Insbesondere die triebhaften Wünsche werden aufgrund ihres anstößigen Charakters oder der von ihnen ausgehenden
15 Bedrohung verdrängt. Neben dem Sexualtrieb (Eros) wird das ES von Todes- und Gewalttrieben (Thanatos) beherrscht. Wesentlich ist, dass das ES als Sitz des Trieblebens der unbewusste Teil der Seele ist.
Die vom unbewussten ES geäußerten Triebwünsche
20 können in einer Kultur nicht realisiert, sondern müssen unterdrückt werden. Dieser Prozess wird durch das sog. ÜBER-ICH hervorgerufen, welches im Laufe der kindlichen Entwicklung als ein Gegenpart zum ES entsteht. Gesellschaftliche, anerzogene und verin
25 nerlichte (meist elterliche) Normen und Forderungen führen zu einer Zensur der Triebwünsche durch das ÜBER-ICH. Als das Gewissen des Menschen spricht es Verbote, moralische Gesetze und Tabus aus, ohne die eine Kultur niemals dauerhaft existieren könnte,
30 zu zerstörerisch wären die unzensierten Einflüsse des ES.
Mit der Kategorie des ICH meint Freud die bewusste Persönlichkeit, den Führer durch die Realität. Als Kontaktstelle zur Außenwelt, die nach dem Realitäts
35 prinzip funktioniert, ist es Aufgabe des ICH, zwischen ES, ÜBER-ICH und der Außenwelt zu vermitteln. Dabei befindet es sich dauerhaft im Konflikt mit den Ansprüchen des ES, den Befehlen des ÜBER-ICHs als auch den Forderungen der Realität. Infolgedessen muss sich das ICH verändern bzw. anpassen. Anders,
40 als es das Menschenbild der Aufklärung suggeriert, ist für Freud die Autonomie des ICH nur relativ, es gibt kaum eine Willensfreiheit. Denn indem es versucht, die triebhaften Wünsche des ES und die Ge- und Verbote des ÜBER-ICHs an die Außenwelt anzupas
45 sen und mit den tatsächlichen Lebensmöglichkeiten in Einklang zu bringen, ist es selbst stetig der Gefahr eines neurotischen Konflikts ausgesetzt. Ob man eine normale oder aber eine neurotisch-gestörte Persönlichkeit ausbildet, ist für Freud von der Art und Wei
50 se abhängig, wie erfolgreich das ICH diesen Kampf oder Balanceakt meistert.
Freud führt viele psychische Störungen auf eine sexualitätsfeindliche Erziehung in der frühen Kindheit zurück. Aufgrund der Macht des ÜBER-ICHs drücken
55 sich diese Störungen häufig in Träumen aus. Tagsüber bei vollem Bewusstsein kann das ÜBER-ICH seine Aufsichtsrolle gut erfüllen. In der Nacht jedoch versuchen die triebhaften, aufgestauten Wünsche des ES ins Bewusstsein zu dringen. Dies geschieht über den
60 Traum. Durch ihn erfüllen sich die bisher negierten Triebwünsche, allerdings findet auch hier noch eine Zensur durch das ÜBER-ICH statt. Durch Symbole, Verschiebung oder Entstellung achtet der Traum als „Hüter des Schlafs" darauf, dass der Schläfer nicht zu
65 sehr erschreckt wird. Eine Heilung des neurotischen Menschen kann für Freud nur durch die Bewusstmachung der verdrängten Wünsche erzielt werden. Zugleich muss es durch kulturelle Ersatzleistungen möglich sein, die destruktiven Wünsche in produktives
70 Gestalten umzuwandeln. Für Freud kann das z. B. die Kunst sein.

Aus: Timotheus Schwake: Unterrichtsmodell zu E.T.A. Hoffmann: Der Sandmann. EinFach Deutsch. Hg. von Johannes Diekhans. Paderborn 2006, S. 62

- *Erarbeiten Sie die Grundbegriffe des psychoanalytischen Persönlichkeitsmodells.*
- *Versuchen Sie, die drei Instanzen Ich, Über-Ich und Es in einer Grafik so anzuordnen, dass ihre gegenseitigen Abhängigkeiten deutlich werden.*

Freuds Beschreibung der drei Instanzen

Ein Sprichwort warnt davor, gleichzeitig zwei Herren zu dienen. Das arme Ich hat es noch schwerer, es dient drei gestrengen Herren, ist bemüht, deren Ansprüche und Forderungen in Einklang miteinander
5 zu bringen. Diese Ansprüche gehen immer auseinander, scheinen oft unvereinbar zu sein: kein Wunder, wenn das Ich so oft an seiner Aufgabe scheitert. Die drei Zwingherren sind die Außenwelt, das Über-Ich und das Es. Wenn man die Anstrengungen des Ichs
10 verfolgt, ihnen gleichzeitig gerecht zu werden, besser gesagt: ihnen gleichzeitig zu gehorchen, kann man nicht bereuen, dieses Ich personifiziert, es als ein besonderes Wesen hingestellt zu haben. Es fühlt sich von drei Seiten her eingeengt, von dreierlei Gefahren
15 bedroht, auf die es im Falle der Bedrängnis mit Angstentwicklung reagiert. Durch seine Herkunft aus den Erfahrungen des Wahrnehmungssystems ist es dazu bestimmt, die Anforderungen der Außenwelt zu vertreten, aber es will auch der getreue Diener des Es
20 sein, im Einvernehmen mit ihm bleiben, sich ihm als Objekt empfehlen, seine Libido[1] auf sich ziehen. In seinem Vermittlungsbestreben zwischen Es und Realität ist es oft genötigt, die unbewussten Gebote des Es mit seinen vorbewussten Rationalisierungen zu bekleiden, die Konflikte des Es mit der Realität zu 25 vertuschen, mit diplomatischer Unaufrichtigkeit eine Rücksichtnahme auf die Realität vorzuspiegeln, auch wenn das Es starr und unnachgiebig geblieben ist. Anderseits wird es auf Schritt und Tritt von dem gestrengen Über-Ich beobachtet, das ihm bestimmte 30 Normen seines Verhaltens vorhält, ohne Rücksicht auf die Schwierigkeiten von seiten des Es und der Außenwelt zu nehmen, und es im Falle der Nichteinhaltung mit den Spannungsgefühlen der Minderwertigkeit und des Schuldbewusstseins bestraft. So vom 35 Es getrieben, vom Über-Ich eingeengt, von der Realität zurückgestoßen, ringt das Ich um die Bewältigung seiner ökonomischen Aufgabe, die Harmonie unter den Kräften und Einflüssen herzustellen, die in ihm und auf es wirken, und wir verstehen, warum wir so 40 oft den Ausruf nicht unterdrücken können: Das Leben ist nicht leicht! Wenn das Ich seine Schwäche einbekennen muss, bricht es in Angst aus, Realangst vor der Außenwelt, Gewissensangst vor dem Über-Ich, neurotische Angst vor der Stärke der Leiden- 45 schaften im Es.

Aus: Sigmund Freud: Neue Folge der Vorlesungen zur Einführung in die Psychoanalyse. Studienausgabe. Bd. 1. Frankfurt a. M.: Fischer 1969, S. 514f.

■ *Beschreiben Sie das Dilemma des Ichs, von dem Freud hier spricht, in eigenen Worten.*

■ *Welchen drei „Herren" muss das Ich dienen? Ist eine optimale Lösung immer möglich?*

■ *Welche drei Ängste des Ichs beschreibt Freud? Überlegen Sie sich Situationen, in denen diese Ängste auftreten können.*

---
[1] Geschlechtstrieb

Sigmund Freud: Über einen besonderen Typus der Objektwahl beim Manne

Dem bewussten Denken des Erwachsenen erscheint die Mutter gern als Persönlichkeit von unantastbarer sittlicher Reinheit, und wenig anderes wirkt, wenn es von außen kommt, so beleidigend oder wird, wenn
5 es von innen aufsteigt, so peinigend empfunden wie ein Zweifel an diesem Charakter der Mutter. Gerade dieses Verhältnis von schärfstem Gegensatze zwischen der „Mutter" und der „Dirne" wird uns aber anregen, die Entwicklungsgeschichte und das unbe-
10 wusste Verhältnis dieser beiden Komplexe zu erforschen, wenn wir längst erfahren haben, dass im Unbewussten häufig in Eines zusammenfällt, was im Bewusstsein in zwei Gegensätze gespalten vorliegt. Die Untersuchung führt uns dann in die Lebenszeit
15 zurück, in welcher der Knabe zuerst eine vollständigere Kenntnis von den sexuellen Beziehungen zwischen den Erwachsenen gewinnt, etwa in die Jahre der Vorpubertät. Brutale Mitteilungen von unverhüllt herabsetzender und aufrührerischer Tendenz
20 machen ihn da mit dem Geheimnis des Geschlechtslebens bekannt, zerstören die Autorität der Erwachsenen, die sich als unvereinbar mit der Enthüllung ihrer Sexualbetätigung erweist. Was in diesen Eröffnungen den stärksten Einfluss auf den Neueinge-
25 weihten nimmt, das ist deren Beziehung zu den eigenen Eltern. Dieselbe wird oft direkt von dem Hörer abgelehnt, etwa mit den Worten: Es ist möglich, dass deine Eltern und andere Leute so etwas miteinander tun, aber von meinen Eltern ist es ganz unmöglich.
30 Als selten fehlendes Korollar[1] zur „sexuellen Aufklä-

rung" gewinnt der Knabe auch gleichzeitig die Kenntnis von der Existenz gewisser Frauen, die den geschlechtlichen Akt erwerbsmäßig ausüben und darum allgemein verachtet werden. Ihm selbst muss diese Verachtung ferne sein: Er bringt für diese Unglückli- 35 chen nur eine Mischung von Sehnsucht und Grausen auf, sobald er weiß, dass auch er von ihnen in das Geschlechtsleben eingeführt werden kann, welches ihm bisher als der ausschließliche Vorbehalt der „Großen" galt. Wenn er dann den Zweifel nicht mehr 40 festhalten kann, der für seine Eltern eine Ausnahme von den hässlichen Normen der Geschlechtsbetätigung fordert, so sagt er sich mit zynischer Korrektheit, dass der Unterschied zwischen der Mutter und der Hure doch nicht so groß sei, dass sie im Grunde 45 das Nämliche tun. Die aufklärenden Mitteilungen haben nämlich die Erinnerungsspuren seiner frühinfantilen Eindrücke und Wünsche in ihm geweckt und von diesen aus gewisse seelische Regungen bei ihm wieder zur Aktivität gebracht. Er beginnt die Mutter 50 selbst in dem neugewonnenen Sinne zu begehren und den Vater als Nebenbuhler, der diesem Wunsche im Wege steht, von neuem zu hassen; er gerät, wie wir sagen, unter die Herrschaft des Ödipuskomplexes. Er vergisst es der Mutter nicht und betrachtet es im 55 Lichte einer Untreue, dass sie die Gunst des sexuellen Verkehres nicht ihm, sondern dem Vater geschenkt hat.

Aus: Sigmund Freud: Studienausgabe. Bd. 5. Sexualleben. 2., korrigierte Auflage. Frankfurt a. M.: Fischer 1976, S. 185–195; hier: S. 191 f.

---

[1] Zugabe

■ *Was fällt nach Freud im Unbewussten zusammen, was im Bewusstsein streng voneinander getrennt ist?*

■ *Welches Bild hat der Knabe von seiner eigenen Mutter?*

■ *Inwiefern ist die Kenntnis der Existenz von Prostituierten für die Entwicklung von Knaben von Bedeutung?*

Sigmund Freud über die Inzestschranke

Wenn die Zärtlichkeit der Eltern zum Kinde es glücklich vermieden hat, den Sexualtrieb desselben vorzeitig, das heißt ehe die körperlichen Bedingungen der Pubertät gegeben sind, in solcher Stärke zu wecken,
5 dass die seelische Erregung in unverkennbarer Weise zum Genitalsystem durchbricht, so kann sie ihre Aufgabe erfüllen, dieses Kind im Alter der Reife bei der Wahl des Sexualobjekts zu leiten. Gewiss läge es dem Kinde am nächsten, diejenigen Personen selbst zu
10 Sexualobjekten zu wählen, die es mit einer sozusagen abgedämpften Libido[1] seit seiner Kindheit liebt. Aber durch den Aufschub der sexuellen Reifung ist die Zeit gewonnen worden, neben anderen Sexualhemmnissen die Inzestschranke aufzurichten, jene mora-
15 lischen Vorschriften in sich aufzunehmen, welche die geliebten Personen der Kindheit als Blutsverwandte ausdrücklich von der Objektwahl ausschließen. Die Beachtung dieser Schranke ist vor allem eine Kulturforderung der Gesellschaft, welche sich gegen
20 die Aufzehrung von Interessen durch die Familie wehren muss, die sie für die Herstellung höherer sozialer Einheiten braucht, und darum mit allen Mitteln dahin wirkt, bei jedem einzelnen, speziell beim Jüngling, den in der Kindheit allein maßgebenden
25 Zusammenhang mit seiner Familie zu lockern.

Die Objektwahl wird aber zunächst in der Vorstellung vollzogen, und das Geschlechtsleben der eben reifenden Jugend hat kaum einen anderen Spielraum, als sich in Fantasien, das heißt in nicht zur Ausführung bestimmten Vorstellungen zu ergehen. In diesen 30 Fantasien treten bei allen Menschen die infantilen Neigungen, nun durch den somatischen[2] Nachdruck verstärkt, wieder auf, und unter ihnen in gesetzmäßiger Häufigkeit und an erster Stelle die meist bereits durch die Geschlechtsanziehung differenzierte Sexu- 35 alregung des Kindes für die Eltern, des Sohnes für die Mutter und der Tochter für den Vater. Gleichzeitig mit der Überwindung und Verwerfung dieser deutlich inzestuösen Fantasien wird eine der bedeutsamsten, aber auch schmerzhaftesten, psychischen Leis- 40 tungen der Pubertätszeit vollzogen, die Ablösung von der Autorität der Eltern, durch welche erst der für den Kulturfortschritt so wichtige Gegensatz der neuen Generation zur alten geschaffen wird.

Aus: Sigmund Freud: Drei Abhandlungen zur Sexualtheorie. In: Ders.: Studienausgabe. Bd. 5. Sexualleben. 2., korrigierte Auflage. Frankfurt a. M.: Fischer 1976, S. 37–145; hier: S. 128 ff.

---

[1] Geschlechtstrieb

[2] körperlich

■ *Was versteht Freud unter der Inzestschranke?*

■ *Worauf richten sich inzestuöse Fantasien von Pubertierenden? Und warum suchen sie sich diese Objekte?*

■ *Inwiefern ist es für die Entwicklung eines Menschen von so großer Bedeutung, sich von diesen Fantasien zu lösen? Welche Folgen hat eine solche Loslösung?*

Philosophische Perspektive – Krisenzeit um 1900

In dieser Erarbeitungsphase sollen die Schülerinnen und Schüler erkennen, dass Musils Roman nicht nur eine Internats- und Pubertätsgeschichte erzählt. Er spiegelt auch den tiefgreifenden Epochenwandel um 1900 wider, in dem die bisherige Selbstverständlichkeit traditioneller Welt- und Wirklichkeitsbeschreibungen ins Wanken geriet. Ein Vergleich bestimmter Romanpassagen mit Texten Friedrich Nietzsches, des für diesen Epochenwandel bedeutendsten Philosophen, soll zeigen, dass sich die damals zentralen Fragen und Probleme in den *Törleß* eingeschrieben haben und die Verwirrungen der Titelfigur mit bestimmen. Im Einzelnen geht es um folgende Punkte:

- Nietzsches Bedeutung für das Denken um 1900
- Sprachskepsis: Das Fremdwerden der Worte
- Vernunftkritik: Die gescheiterte Aufklärung
- Der „Tod Gottes": Perspektivismus anstelle einer absoluten Wahrheit

6.1 Friedrich Nietzsche

Die Konzentration auf nur einen Philosophen dient der Übersichtlichkeit. Jeder Versuch, das intellektuelle Klima um 1900 facettenreicher abzubilden, würde den Rahmen dieses Bausteins sprengen. Die Wahl Friedrich Nietzsches hat aber auch inhaltliche Gründe. So ist Nietzsches Werk für Musil, wie für die meisten Schriftsteller seiner Generation,[1] wegweisend für seine literarische Arbeit. Er selbst nennt Nietzsche einen der „Ausgangspunkte"[2] und „stärksten Denkeinflüsse"[3] und gesteht: „Alles, was ich sage, hat viel besser schon [...] Nietzsche gesagt. Ich werde nicht nur davon überwältigt, wenn ich solche Stellen wiedersehe, sondern ich muss auch annehmen, dass ein tatsächlicher Einfluss im Spiel ist."[4] Dieser Einfluss – so soll in den nachfolgenden Erarbeitungsschritten deutlich werden – ist bereits im „Törleß"-Roman erkennbar.

Nietzsches Werk lässt sich in seiner Komplexität nicht auf ein paar Seiten bzw. in ein paar Unterrichtsstunden darstellen. Daher kann und soll es in diesem ersten Erarbeitungsschritt nicht darum gehen, den Schülerinnen und Schülern Detailinformationen über sein Leben und Werk zu vermitteln. Sie sollen vielmehr eine grundsätzliche Ahnung von Nietzsches philosophie- und kulturgeschichtlicher Bedeutung gewinnen. Dazu soll den Lernenden zunächst jeweils ein Satz oder Aphorismus von Nietzsche ausgeteilt werden (siehe **Arbeitsblatt 21**, S. 137). Anschließend erhalten sie folgenden Arbeitsauftrag:

---

[1] „Eigentlich hat alles, was meine Generation diskutierte [...]", so Gottfried Benn, „sich bereits bei Nietzsche ausgesprochen und erschöpft, definitive Formulierung gefunden, alles weitere war Exegese." (Gottfried Benn: Gesammelte Werke. Bd. I. Wiesbaden 1959–61, S. 482) – Musil selbst schreibt: „Nietzsche hat durch sein Beispiel ein Denken in Möglichkeiten dieser Generation gelehrt." (Robert Musil: Tagebücher II [Anmerkungen]. Hg. v. Adolf Frisé. Reinbek bei Hamburg 1983, S. 849)

[2] Robert Musil: Gesammelte Werke in neun Bänden. Hg. v. Adolf Frisé, Reinbek bei Hamburg 1978. Bd. 7, S. 882

[3] Ebd., S. 923

[4] Ebd., S. 900

■ *Lesen Sie den kurzen Text Nietzsches und fassen Sie seine Aussage in eigenen Worten zusammen. Interpretieren Sie seine Sätze. Was fällt Ihnen dazu ein, welche Assoziationen haben Sie bei der Lektüre?*

Im Anschluss an diese Aufgabe lesen die Schülerinnen und Schüler nun der Reihe nach die Sätze auf ihren Karten vor und danach ihre Arbeitsergebnisse. Der Lehrer fordert die Lernenden auf, sich sofort zu melden, sobald sie bestimmte Sätze Nietzsches anders lesen und interpretieren. So entsteht im Idealfall eine angeregte Diskussion, in der nicht zuletzt deutlich wird, welche Perspektivenvielfalt Nietzsches Denken zulässt. Während der Diskussion können Antworten und Assoziationen der Schülerinnen und Schüler stichpunktartig an die Tafel geschrieben werden:

Nietzsche

Tod Gottes	amoralisch	Jenseits von Gut und Böse
Umwertung aller Werte	Moral ist eine Konstruktion	metaphysikkritisch
Vernunftkritik	alles ist relativ	Mensch ist fremd in der Welt
Abschied von der Wahrheit	irrational	religionskritisch
	Nihilismus	Christentum ist Sklavenmoral

Zur Vertiefung kann danach das **Arbeitsblatt 22**, S. 138 herangezogen werden, auf dem Nietzsches Bedeutung für den Epochenumbruch um 1900 in knapper Form zusammengefasst ist. Die Lernenden sollen insbesondere erkennen, dass Nietzsches Philosophie für eine radikale Hinterfragung aller damals herrschenden (gesellschaftlichen und wissenschaftlichen) Überzeugungen steht. Ob Moral, Religion, Metaphysik, Vernunft o. Ä. – nichts blieb von seinem skeptischen Blick verschont.

Als Abschluss dieser Erarbeitungsphase und als Vorbereitung auf die nächsten Schritte könnte den Schülerinnen und Schülern folgender Auftrag gestellt werden, der im Rahmen eines Unterrichtsgesprächs bearbeitet werden soll:

■ *Robert Musil hat sich während der Arbeit am „Törleß" intensiv mit Nietzsche beschäftigt. Sie haben mittlerweile bereits eine Ahnung von dessen Philosophie gewonnen. Haben Sie eine Idee, inwiefern sein Denken auch in Musils Roman erkennbar wird? Dabei können Sie sich auf bestimmte Romanpassagen, aber auch auf die gesamte Handlung oder auf Törleß' Verwirrungen beziehen. Nehmen Sie für Ihre Antwort auch das Arbeitsblatt 22 zur Hand und vergegenwärtigen Sie sich noch einmal, welche Themen Nietzsches Philosophie bestimmen.*

Nietzsches Einfluss auf Musil ist in etlichen Romanpassagen erkennbar. Beispielsweise in der Szene, in der Törleß unter dem freien Himmel liegt und ein Gefühl für die Sinnlosigkeit der Welt und seiner Existenz gewinnt. Wenn er hier unter einer „riesigen, durchsichtigen Leiche" (S. 92) liegt, drängt sich förmlich die Assoziation an Nietzsches Diktum vom „Tod Gottes" auf. Auch die zentralen Themen aus Nietzsches Werk, etwa moral- und sprachskeptische, erkenntnisphilosophische, metaphysik- und vernunftkritische Überlegungen, lassen sich unschwer im Roman, nicht zuletzt auch in Törleß' vergeblicher Suche nach letztgültigen Antworten entdecken. Drei dieser Themenkomplexe, die auch allgemein das intellektuelle Spannungsfeld um 1900 bestimmten – nämlich Sprachskepsis, Vernunftkritik und der Abschied vom metaphysischen Glauben an eine einzig gültige Wahrheit –, sollen in den folgenden Erarbeitungsschritten vorgestellt werden.

6.2 Sprachskepsis

Um die Jahrhundertwende erreichte die in den vorangegangenen Jahren gewachsene Sprachkrise ihren Höhepunkt. Wurde die Sprache bislang wie ein selbstverständliches Instrument eingesetzt, mit dem man die Welt einteilen und beschreiben kann, rückte sie nun selbst in den Fokus der Betrachtung. Gerade die Philosophie, die ebenfalls ein weitgehend unreflektiertes Verhältnis zur Sprache gehabt hatte, erkannte ihr Versäumnis. Nietzsche war einer der Ersten, die sich kritisch den Wörtern und der Grammatik zuwandten. Schon 1873 betonte er in seiner Schrift „Ueber Wahrheit und Luege im aussermoralischen Sinne", dass Wahrheit stets ein Produkt sprachlicher Konventionen sei, „ein bewegliches Heer von Metaphern".[1] 1901/1902 erschien Fritz Mauthners Buch „Beträge zu einer Kritik der Sprache" und steht damit am Beginn der im 20. Jahrhundert immer bedeutender werdenden Sprachphilosophie. Im Zuge des sog. *Linguistic Turns* („sprachliche Wende") wandte sich der philosophische Blick nun von den „Dingen in der Welt" ab und richtete sich verstärkt auf deren sprachliche Repräsentanten, die Wörter. Immer stärker wurde das Bewusstsein, dass unsere Weltsicht untrennbar mit unserem Sprachgebrauch verknüpft ist. „Die Grenzen meiner Sprache sind die Grenzen meiner Welt", konstatiert Ludwig Wittgenstein, einer der einflussreichsten Sprachphilosophen des 20. Jahrhunderts.

Doch nicht nur in der Philosophie, auch in der Literatur wuchs gegen 1900 die Skepsis gegenüber der Sprache. 1902 erschien Hugo von Hofmannsthals berühmter „Chandos-Brief", in dem ein ehemaliger Poet zu erklären versucht, weshalb er seine literarische Tätigkeit eingestellt habe. Er empfinde tiefes Misstrauen gegenüber den Worten. In besonderen Momenten eröffne sich ihm eine geheimnisvolle Sicht auf die Welt; die alltäglichsten Dinge erschienen ihm dann so fremd, dass sie durch Sprache nicht mehr zu beschreiben seien.

Die gleiche Erfahrung macht Törleß. Auch in seinen Verwirrungen steht das Problem der Sprache im Zentrum. Darauf weist bereits das dem Roman vorangestellte Eingangsmotto hin, in dem es heißt: „Sobald wir etwas aussprechen, entwerten wir es seltsam. Wir glauben in die Tiefe der Abgründe hinabgetaucht zu sein, und wenn wir wieder an die Oberfläche kommen, gleicht der Wassertropfen an unseren bleichen Fingerspitzen nicht mehr dem Meere, dem er entstammt." (S. 7) Das Zitat stammt aus der Essaysammlung „Der Schatz der Armen" des belgischen Dichters und Dramatikers Maurice Maeterlinck. Es wirkt wie eine Paraphrase von Törleß' Dilemma: Immer wieder versucht er, seine vagen Ahnungen in Worte zu fassen, in eine sprachlich-logische Form zu bringen und ihnen dadurch ihr Geheimnis zu nehmen. „Er hatte das Bedürfnis, rastlos nach einer Brücke, einem Zusammenhange, einem Vergleich zu suchen – zwischen sich und dem, was wortlos vor seinem Geiste stand." (S. 92) Doch immer wieder scheitert er an diesem Versuch. Er muss feststellen, dass die gewählten Begriffe mit seinen Empfindungen niemals ganz übereinstimmen: „Es war ein Versagen der Worte, das ihn da quälte, ein halbes Bewusstsein, dass die Worte nur zufällige Ausflüchte für das Empfundene waren." (S. 92)

Die Unterrichtseinheit könnte mit einem kurzen Schülerreferat oder einem Lehrervortrag über die Sprachskepsis um 1900 eingeleitet werden. Hofmannsthals „Chandos-Brief" (siehe **Zusatzmaterial 3**, S. 150) ließe sich als besonders wichtiges Beispiel ausführlicher darstellen. Die Lernenden erfahren so, dass sich neben Musils „Törleß" auch andere literarische Werke mit dem Problem der Sprache befassten, dass es also symptomatisch für den damaligen Epochenwandel war.[2]

---

[1] Friedrich Nietzsche: Ueber Wahrheit und Lüge im außermoralischen Sinne. In: Ders.: Sämtliche Werke. Kritische Studienausgabe in 15 Einzelbänden. Hg. v. Giorgio Colli und Mazzino Montinari. München 1988. Bd. 1, S. 873–890; hier: S. 880

[2] Literaturempfehlung für das Referat: Hugo von Hofmannsthal: Ein Brief. Reitergeschichte. Ausgewählt und eingeleitet von Hans-Ulrich Lindken. Stuttgart u. a. 1994. (Dieses Buch enthält neben dem Primärtext auch Texte zur Sprachkrise um 1900)

An die Sprachskepsis speziell in Musils Roman könnten die Schülerinnen und Schüler über das Eingangsmotto von Maeterlinck herangeführt werden, beispielsweise durch folgenden Schreibauftrag:

> ■ *Lesen Sie das Motto auf Seite 7, das dem Roman vorangestellt ist. Versuchen Sie, in eigenen Sätzen wiederzugeben, welches Problem Maeterlinck beschreibt. Kennen Sie Situationen, in denen Sie selbst schon mit diesem Problem konfrontiert waren?*

Nach der festgesetzten Zeit lesen einige der Schülerinnen und Schüler ihre Antworten vor. In dem darauf folgenden Gespräch sollte allen klar werden, dass Maeterlinck hier die Ohmacht der Sprache beschreibt. Immer wieder gibt es Augenblicke, in denen schmerzhaft deutlich wird, dass Worte dem eigentlich Empfundenen nicht wirklich gerecht werden. Die Sprache versagt in solchen Momenten. Es ist nicht möglich, seinem Gesprächspartner – ja sogar sich selbst – sprachlich vollständig zu vermitteln, was einen gerade bewegt. Besonders spürbar werden diese Grenzen der Sprache bei sehr starken Gefühlen: ob nun bei sehr positiven wie Freude oder Verliebtheit oder bei negativen wie Angst oder Trauer. An dieser Stelle könnte eine kurze, vielleicht zweiminütige Partnerarbeit durchgeführt werden:

> ■ *Versuchen Sie Ihrem Nachbarn bestimmte Gefühle und Wahrnehmungen zu beschreiben. Beschreiben Sie ihm beispielsweise, was Angst ist oder auch eine Farbempfindung wie Blau. Achten Sie dabei genau auf die Worte, die Sie verwenden. Ihr Nachbar soll schließlich beurteilen, ob und inwiefern Ihnen die Beschreibung wirklich gelungen ist.*

Vermutlich werden die meisten der Lernenden mit Erstaunen feststellen, wie schwierig – ja, unmöglich – es ist, psychische Vorgänge durch Sprache adäquat zu kommunizieren. So dürfte es kaum gelingen, einem von Geburt an Blinden auch nur eine Ahnung davon zu vermitteln, was eine Farbe ist. Gerade in solchen Situationen stößt man auf die Grenzen der Sprache.

Auffällig ist die Metaphorik, die Maeterlinck in seinem sprachskeptischen Textabschnitt verwendet. Er wählt das Bild des Meeres, dessen geheimnisvolle Schätze wir niemals bergen können. Sobald wir sie nämlich an das Tageslicht (der Sprache) gehoben haben, haben sie ihren Wert verloren. Die Kluft zwischen der durch Worte nicht fassbaren Welt und der Sprache wird durch verschiedene Dichotomien (Begriffspaare) beschrieben. Die Schülerinnen und Schüler erhalten folgenden Auftrag:

> ■ *Welche Metaphorik verwendet Maeterlinck, um den Gegensatz zwischen der Welt und der Sprache zu beschreiben?*

Die gewonnenen Dichotomien können in folgendem Tafelbild zusammengefasst werden:

Maeterlincks Eingangsmotto:
Der Gegensatz zwischen Welt und Sprache

Welt		Sprache
Tiefe der Abgründe		Oberfläche
Meer	↔	Wassertropfen
Schatzgrube wunderbarer Schätze		falsche Steine und Glasscherben
im Finstern		Tageslicht

Als Überleitung auf die Textanalyse des „Törleß" kann folgender Frageimpuls für die Fortsetzung des Unterrichtsgesprächs dienen:

■ *Was könnten die Gründe dafür sein, dass Musil seinem Roman das Zitat Maeterlincks vorangestellt hat? Was ginge verloren, wenn das Zitat nicht am Anfang des Textes stünde?*

Zwei Antworten liegen nahe: Zum einen bereitet das Zitat den Leser bereits zu Beginn auf das zentrale Grundthema des „Törleß", eben die Sprachskepsis, vor. Musil selbst betont in einem Brief, dass sein Roman eine „bestimmte Idee" illustriere: „Um nicht missverstanden zu werden, habe ich ein Wort von Maeterlinck, das ihr am nächsten kommt, vorausgesetzt."[1] Zum anderen dient das Motto auch als eine Art sprachskeptische Warnung zu Beginn des eigenen Werkes. Denn auch für den literarischen Text „Törleß", der ja ebenfalls aus nicht mehr als aneinandergereihten Wörtern besteht, gilt das Problem sprachlicher Grenzen. Insofern unternimmt Musil mit seinem Roman den paradox anmutenden Versuch, *über die Grenzen der Sprache mit sprachlichen Mitteln zu sprechen.* Durch die Sätze Maeterlincks sensibilisiert er den Leser gleichsam im Voraus für das Problematische dieses Unterfangens. Das Motto, so konstatiert Karl Pestalozzi, „fordert den Leser auf, im Ausgesprochenen das Unaussprechbare zu ahnen, das dem dargestellten Vorgang per definitionem eigen ist, und sich der grundsätzlichen Undarstellbarkeit bewusst zu sein."[2]
An dieser Stelle ist folgender Schreibauftrag (auch als Hausaufgabe) denkbar:

■ *Finden Sie in Musils Roman mindestens eine Textstelle, in der eine ähnliche Sprachskepsis formuliert ist wie in Maeterlincks Sätzen. Wie wird das Problem der Sprache beschrieben? In welchem emotionalen Zustand befindet sich Törleß in dieser Situation?*

Aus der Vielzahl der in Frage kommenden Romanstellen sollen im folgenden Überblick nur ein paar hervorgehoben werden, in denen die Sprachskepsis besonders deutlich formuliert ist. Allen diesen Textpassagen ist gemein, dass Törleß im jeweiligen Moment emotional besonders involviert ist. Das Bewusstsein für die Grenzen der Sprache entsteht gerade durch seinen vergeblichen Versuch, seine Gefühle auszudrücken.
Ein (beispielsweise auf einer Folie gedruckter) Überblick über die Textstellen, denen problemlos weitere hinzugefügt werden können, könnte folgendermaßen ausschauen:

Sprachskepsis im „Törleß" – einige zentrale Textstellen

S. 23: „die Worte sagten es nicht; so arg, wie es die Worte machen, ist es gar nicht; es ist etwas ganz Stummes, – ein Würgen in der Kehle, ein kaum merkbarer Gedanke, und nur dann, wenn man es durchaus mit Worten sagen wollte, käme es so heraus; aber dann ist es auch nur mehr entfernt ähnlich, wie in einer riesigen Vergrößerung, wo man nicht nur alles deutlicher sieht, sondern auch Dinge, die gar nicht da sind ...."
S. 77: „Törleß vermochte nichts zu denken; er sah .... Er sah hinter seinen geschlossenen Augen wie mit einem Schlage ein tolles Wirbeln von Vorgängen [...]: Aber er sah sie, ohne

1 Robert Musil: Briefe 1901–1942. Hg. v. Adolf Frisé. Reinbek bei Hamburg 1981, S. 47 (im Juli 1907 an Matthias Di Gaspero). – In dem geplanten, später aber fallengelassenen Vorwort zum *Törleß* schreibt Musil: „Wer die Wahrheit dieser Worte [Maeterlincks] an sich erlebt hat, wird dieses Buch verstehen. Und selbst, wenn er darin nur einen missglückten Versuch erblicken sollte, wird er ihn verzeihen." (Robert Musil: Tagebücher II [Anmerkungen]. Hg. v. Adolf Frisé. Reinbek bei Hamburg 1983, S. 841)
2 Karl Pestalozzi: Metaphysische Klaustrophobie. Maeterlinck als Schlüssel zu Musils „Törless". In: Günter Abel und Jörg Salaquarda (Hg.): Krisis der Metaphysik. Festschrift für Wolfgang Müller-Lauter. Berlin 1989, S. 498–520; hier: S. 518.

zu sehen, ohne Vorstellungen, ohne Bilder; so als ob nur seine Seele sie sähe; sie waren so deutlich, dass er von ihrer Eindringlichkeit tausendfach durchbohrt wurde, aber, als ob sie an einer Schwelle Halt machten, die sie nicht überschreiten konnten, wichen sie zurück, sobald er nach Worten suchte, um ihrer Herr zu werden."

S. 88 f.: „,Das Unendliche!' Törleß kannte das Wort aus dem Mathematikunterrichte. Er hatte sich nie etwas Besonderes darunter vorgestellt. Es kehrte immer wieder; irgend jemand hatte es einst erfunden, und seither war es möglich, so sicher damit zu rechnen wie nur mit irgend etwas Festem. Es war, was es gerade in der Rechnung galt; darüber hinaus hatte Törleß nie etwas gesucht./Und nun durchzuckte es ihn wie mit einem Schlage, dass an diesem Worte etwas furchtbar Beunruhigendes hafte. Es kam ihm vor wie ein gezähmter Begriff, mit dem er täglich seine kleinen Kunststückchen gemacht hatte und der nun plötzlich entfesselt worden war. Etwas über den Verstand Gehendes, Wildes, Vernichtendes schien durch die Arbeit irgendwelcher Erfinder hineingeschläfert worden zu sein und war nun plötzlich aufgewacht und wieder furchtbar geworden. Da, in diesem Himmel, stand es nun lebendig über ihm und drohte und höhnte."

S. 91 f.: „Ihm fiel ein, dass er einstens, als er mit seinem Vater vor einer jener Landschaften stand, unvermittelt gerufen hatte: o es ist schön, – und verlegen wurde, als sich sein Vater freute. Denn er hätte ebenso gut sagen mögen: es ist schrecklich traurig. Es war ein Versagen der Worte, das ihn da quälte, ein halbes Bewusstsein, dass die Worte nur zufällige Ausflüchte für das Empfundene waren."

S. 128: „Eigentlich war es ja immer nur ein und dasselbe Gefühl gewesen. Und ganz eigentlich überhaupt kein Gefühl, sondern mehr ein Erdbeben ganz tief am Grunde, das gar keine merklichen Wellen warf und vor dem doch die ganze Seele so verhalten mächtig erzitterte, dass die Wellen selbst der stürmischsten Gefühle daneben wie harmlose Kräuselungen der Oberfläche erscheinen./Wenn ihm dieses eine Gefühl zu verschiedenen Zeiten dennoch verschieden zu Bewusstsein gekommen war, so hatte dies darin seinen Grund, dass er zur Ausdeutung dieser Woge, die den ganzen Organismus überflutete, nur über die Bilder verfügte, welche davon in seine Sinne fielen, – so wie wenn von einer unendlich sich in die Finsternis hinein erstreckenden Dünung nur einzelne losgelöste Teilchen an den Felsen eines beleuchteten Ufers in die Höhe spritzen, um gleich darauf hilflos aus dem Kreise des Lichtes wieder zu versinken. Diese Eindrücke waren daher unbeständig, wechselnd, von einem Bewusstsein ihrer Zufälligkeit begleitet. Nie konnte Törleß sie festhalten, denn wie er genauer zusah, fühlte er, dass diese Repräsentanten an der Oberfläche in gar keinem Verhältnis zu der Wucht der dunklen, ungehobenen Masse standen, die zu vertreten sie vorgaben."

→ Gemeinsamkeit: Starke Gefühle. Der Versuch, diese Gefühle anderen oder sich selbst durch Sprache mitzuteilen, scheitert.

Je nach der zur Verfügung stehenden Zeit und der gewünschten thematischen Gewichtung können im weiteren Verlauf einzelne der obigen Textpassagen genauer betrachtet und diskutiert werden:

Falls der Baustein 5 in die Unterrichtskonzeption nicht oder nur peripher einbezogen worden ist, bietet sich ein Gespräch über die *erste Textstelle* (S. 23) an, in der es um die Ohnmacht der Sprache angesichts sexueller Gefühle geht. Als Törleß die Bäuerinnen in den Hinterhöfen sieht und in sexuelle Verwirrung gerät, wird zum ersten Mal im Roman sein Problem erwähnt, starke Gefühle nicht adäquat ausdrücken zu können.

Besonders prägnant ist das Problem der Sprache auch in der *vierten Textstelle* (S. 91 f.) dargestellt, in der sich Törleß an eine Kindheitsszene erinnert, in der ihm plötzlich die Austauschbarkeit von eigentlich völlig entgegengesetzten Begriffen bewusst wird. Anstelle von „schön" hätte er beim Anblick der Landschaft ebenso gut „schrecklich traurig" sagen können: „Es war ein Versagen der Worte, das ihn da quälte, ein halbes Bewusstsein, dass die Worte nur zufällige Ausflüchte für das Empfundene waren." Gerade wegen der Alltäglichkeit dieser Situation bietet sich hier die Frage an die Lernenden an, ob sie eine ähnliche Erfahrung auch schon einmal selbst gemacht haben. Es dürfte sich ein interessantes Unterrichtsgespräch entwickeln.

Um wieder an den Beginn der Unterrichtseinheit anzuknüpfen, könnte man die *fünfte Textstelle* (S. 128) mit dem anfangs analysierten Eingangsmotto vergleichen. Erinnern Wendungen wie „Erdbeben ganz tief am Grunde", „harmlose Kräuselungen der Oberfläche", „Wellen der stürmischsten Gefühle" oder „losgelöste Teilchen an den Felsen eines beleuchteten Ufers" schon sehr stark an Maeterlincks Bildmetaphorik, so liest sich der letzte Satz der Romanpassage, in dem es um Törleß' Eindrücke geht, geradezu wie eine Paraphrase des Mottos: „Nie konnte Törleß sie festhalten, denn wie er genauer zusah, fühlte er, dass diese Repräsentanten an der Oberfläche in gar keinem Verhältnis zu der Wucht der dunklen, ungehobenen Masse standen, die zu vertreten sie vorgaben." Der Einfluss Maeterlincks auf Musil ist auch an dieser Stelle unverkennbar.

Haben viele Dichter und Philosophen um die Jahrhundertwende die Grenzen der Sprache lediglich konstatiert (und nicht selten beklagt), so bietet Nietzsche in etlichen seiner Texte auch eine Erklärung dafür.[1] Besonders prägnant formuliert er seine Sprachkritik in einem Aphorismus aus „Menschliches, Allzumenschliches" (**Arbeitsblatt 23**, S. 139), mit dessen Lektüre der Unterrichtsverlauf fortgeführt werden könnte. Die Schülerinnen und Schüler erhalten folgenden Schreibauftrag:

■ *Lesen Sie Nietzsches Aphorismus aus „Menschliches, Allzumenschliches". Fassen Sie seine Hauptgedanken in eigenen Sätzen zusammen.*

Die Sprache, so Nietzsche, diente dem Menschen dafür, sich in der Welt in scheinbarer Sicherheit einzurichten; sie ist daher die Voraussetzung für jede Kultur. Solange er die Begriffe und Namen der Dinge für ewige Wahrheiten („aeterna veritates") gehalten hat, meinte der Mensch, mit der Sprache ein Instrument der Welterkenntnis zu haben, das ihn vom Tier unterscheide. Er glaubte, durch die Sprache die Wahrheit der Welt erkennen und beschreiben zu können. Dass er den Dingen lediglich Begriffe zuwies und sie dadurch in ein selbst konstruiertes Raster einordnete, war ihm nicht bewusst. Diesen Irrtum erkennen die Menschen zwar allmählich, doch die Entwicklung der Vernunft, die ebenfalls auf dem Glauben an die Sprache beruht, ist nicht mehr rückgängig zu machen.

Nachdem einige der Antworten der Schülerinnen und Schüler vorgelesen und diskutiert worden sind, kann das Unterrichtsgespräch mit folgendem Frageimpuls noch einmal auf Musils Roman gelenkt werden:

■ *Versuchen Sie, Törleß' Verwirrungen vor dem Hintergrund der eben besprochenen Sprachkritik Nietzsches zu beschreiben. Woran leidet er in den Momenten, wenn ihm die Ohnmacht der Sprache deutlich wird?*

Auch Törleß ist das Konstruierte der Sprache bewusst. Schon als Junge, als ihn der Anblick einer Landschaft stark fasziniert, muss er erkennen, dass er sein Gefühl mit keinem Adjektiv richtig beschreiben kann. „Es war ein Versagen der Worte, das ihn da quälte, ein halbes Bewusstsein, dass die Worte nur zufällige Ausflüchte für das Empfundene waren." (S. 92) Während der Handlung gerät Törleß immer wieder in Situationen, in denen ihm diese Ohnmacht der Sprache deutlich wird – ob nun in der Konfrontation mit dem Diebstahl Basinis (S. 63–69), unter dem freien Himmel beim Blick in die Unendlichkeit (S. 87–93), im Ge-

---

[1] Am ausführlichsten in seinem frühen Aufsatz „Ueber Wahrheit und Lüge im außermoralischen Sinn". Für den Unterricht bietet sich aber aus Zeitgründen eher die Betrachtung eines einzelnen Aphorismus an.

spräch mit dem Mathematiklehrer (S. 105–110) oder beim Versuch, seine Verwirrungen in dem Essay „de natura hominum" (S. 124–131) aufzuschreiben. Die Sprache ist lediglich ein Hilfsmittel, eine soziale Konstruktion, um sich in der Gesellschaft und der Welt zu orientieren, keinesfalls aber ein Instrument zur ‚wahren' Welterkenntnis.

6.3 Vernunftkritik

Eng verbunden mit der Sprachskepsis ist die gegen Ende des 19. Jahrhunderts immer stärker werdende Kritik an einem übersteigerten Rationalismus. Wurde die Vernunft, und mit ihr das transzendentale Ich, noch 100 Jahre zuvor von der Aufklärung und insbesondere der Transzendentalphilosophie Immanuel Kants ins Zentrum gerückt, so deckten nun immer mehr ihrer Kritiker – allen voran Freud und Nietzsche – ihre blinden Flecken auf. Für Nietzsche war die Überzeugung der Aufklärung, die Welt und die menschliche Existenz durch intellektuelle Mittel erklären und ordnen zu können, ein folgenschwerer Irrtum. Erst allmählich erkenne der Mensch die Grenzen seines Verstandes: „Wenn er hier zu seinem Schrecken sieht, wie die Logik sich an diesen Grenzen um sich selbst ringelt und endlich sich in den Schwanz beißt – da bricht die neue Form der Erkenntniss durch, die tragische Erkenntnis".[1] Diese tragische Erkenntnis ist mit der Einsicht des Menschen verbunden, in einer Welt zu leben, die ihm und seiner Vernunft letztlich immer fremd bleiben wird.

Die um die Jahrhundertwende gewachsene Skepsis gegenüber einem einseitigen rationalen Weltbild lässt sich auch in Musils Erstlingsroman entdecken. Besonders deutlich wird sie in der Episode, in der Törleß auf das Problem der imaginären Zahlen stößt (S. 102–124). Diese Episode besteht aus fünf einzelnen Szenen:

1. Gespräch mit Beineberg (S. 102–105)
2. Gespräch mit dem Mathematiklehrer (S. 105–110)
3. Beschäftigung mit Kant (S. 110–113)
4. Fortsetzung des Gesprächs mit Beineberg (S. 113–118)
5. Gefühlter Triumph über den Lehrer und Kant (S. 118–124)

Es bietet sich an, diese Unterrichtsphase direkt mit der Interpretation der relevanten Romanpassagen zu beginnen. Die Schülerinnen und Schüler haben damit die Möglichkeit, die Problematik der imaginären Zahlen gleichsam auf ‚Augenhöhe' mit Törleß zu verfolgen und ihn bei seinen Lösungsversuchen Schritt für Schritt zu begleiten. Zusätzlich können auch Texte Kants und Nietzsches zur Vertiefung und Veranschaulichung hinzugezogen werden.

1. Eingeleitet wird die Episode mit dem Gespräch zwischen Törleß und Beineberg über die imaginären Zahlen (S. 102–105). Im Mathematikunterricht ist Törleß plötzlich das Problematische dieses Wertes, also der Wurzel aus −1, aufgefallen: „Die gibt es doch gar nicht", meint er zu Beineberg. „Jede Zahl, ob sie nun positiv ist oder negativ, gibt zum Quadrat erhoben etwas Positives. Es kann daher gar keine wirkliche Zahl geben, welche die Quadratwurzel von etwas Negativem wäre." (S. 103) Beinebergs Erklärung, dass diese Zahlen eben deshalb nur imaginäre, keine reellen seien, ist für Törleß keine Lösung. Ihn beunruhigt, dass man mit diesen Werten dennoch ganz konkret rechnen kann und am Ende zu korrekten Ergebnissen gelangt: „Für mich hat so eine Rechnung etwas Schwindliges; als ob es ein Stück des Weges weiß Gott wohin ginge. Das eigentlich Unheimliche ist mir aber die Kraft, die in solch einer Rechnung steckt und einen so festhält, dass man doch wieder richtig landet." (S. 104) Die Zahlen scheinen für Törleß während der Rechnung die Grenzen des Rationalen zu überschreiten und kurzfristig in eine irrationale Welt einzutreten. Gerade weil er geglaubt

---

[1]   Friedrich Nietzsche: Die Geburt der Tragödie. In: Ders.: Sämtliche Werke. Kritische Studienausgabe in 15 Einzelbänden. Hg. v. Giorgio Colli und Mazzino Montinari. München 1988. Bd. 1, S. 9–156; hier: S. 101

hat, zumindest in der Mathematik, dem Inbegriff des Rationalen, auf festem Boden zu stehen, ist er durch die imaginären Zahlen verwirrt. Er muss feststellen, dass *nichts* sicher und klar ist – nicht einmal die Welt der Mathematik.

Nachdem die Schülerinnen und Schüler das Gespräch zwischen Törleß und Beineberg (S. 102–105) gelesen haben, könnte das Unterrichtsgespräch durch folgende Fragen eingeleitet und gelenkt werden:

- *Was ist die mathematische Besonderheit der imaginären Zahlen?*

- *Warum beunruhigen Törleß diese Zahlen?*

- *Der mathematische Exkurs kommt im Roman sehr überraschend. Warum hat ihn Musil wohl eingebaut? Wofür steht hier die Mathematik?*

Den Lernenden sollte in der anschließenden Diskussion insbesondere klar werden, dass die Episode eine zentrale Bedeutung im Roman einnimmt, da in ihr auch die scheinbare Sicherheit der Mathematik, und damit auch aller rationalen Wissenschaften, ins Wanken gerät. Hätte Musil auf die Episode verzichtet, könnte man Törleß' Verwirrungen allzu leicht mit dem bloßen Hinweis auf psychologische Probleme eines Pubertierenden zu erklären versuchen. So aber gewinnen Törleß' Fragen eine grundsätzliche philosophische Dimension.

Die durch das Unterrichtsgespräch gewonnenen Ergebnisse könnten wie folgt an der Tafel festgehalten werden:

Die imaginäre Zahl: Wurzel aus –1

- Eine Zahl, die mit sich selbst multipliziert wird, muss positiv sein. Deshalb ist die Wurzel aus –1 keine reelle, sondern eine imaginäre Zahl.

- Törleß beunruhigt, dass diese Zahlen trotzdem in Rechnungen eingesetzt werden können und zu korrekten Ergebnissen führen.

- Die Mathematik als rationale und sichere Welt, in die mit den imaginären Zahlen plötzlich etwas scheinbar Irrationales eintritt.

Zur Vertiefung dieses Unterrichtsschritts kann auch das **Arbeitsblatt 24**, S. 140 verwendet werden, auf dem ein Abschnitt aus Musils Essay „Der mathematische Mensch" abgedruckt ist. Musil beschreibt hier – noch eindrücklicher als im Roman – das Problem, das auch Törleß erkannt hat: Auch wenn unserer gesamter Alltag, insbesondere die Technik, die wir wie selbstverständlich Tag für Tag nutzen, auf den Grundlagen mathematischer Berechnungen beruht, ist doch alles wesentlich unsicherer und unfester, als wir gemeinhin glauben. Denn die Mathematiker haben längst erkannt, dass sich in den tiefsten Grundlagen ihrer Disziplin Probleme und Paradoxien auftun, die auf mathematischem Weg nicht mehr eindeutig zu lösen sind. „Man muss daraufhin annehmen, dass unser Dasein bleicher Spuk ist; wir leben es, aber eigentlich nur auf Grund eines Irrtums, ohne den es nicht entstanden wäre."

2. Nachdem ihm Beineberg nicht weiterhelfen konnte, sucht Törleß das Gespräch mit dem Mathematiklehrer (S. 105–110). Da die imaginären Zahlen für ihn nun keine langweiligen, trockenen Dinge aus dem Unterricht mehr darstellen, sondern in seinen unmittelbaren Lebensbezug eingetreten sind und ihn stark irritieren, erscheint ihm auch die Mathematik plötzlich interessant: „Er hatte jetzt einen ganz neuen Respekt vor der Mathematik, da sie ihm nun einmal aus einer toten Lernaufgabe unversehens etwas sehr Lebendiges geworden zu sein schien." (S. 105) So hofft er, der Mathematiklehrer könnte seine Fragen bezüglich der imaginären Zahlen beantworten und damit womöglich auch seine anderen Verwir-

rungen lösen. Doch schon als er dessen Arbeitszimmer, einen „einfenstrige[n] Raum" (S. 106) (also mit einem einseitigen Blick auf die Außenwelt) betritt, ahnt er, dass seine Hoffnung voreilig war: „ein mit Tintenflecken übertropfter Schreibtisch stand in der Nähe des Fensters und an der Wand ein Sofa, das mit einem gerippten, grünen, kratzigen Stoff überzogen war und Quasten hatte." (S. 106) Gerade weil Törleß eine faszinierende Welt erwartet hat, stößt ihn die alltägliche, biedere Einrichtung ab. Eine noch größere Enttäuschung ist der Lehrer selbst. Törleß „bemerkte ein Paar grober weißer Wollsocken und darüber, dass die Bänder der Unterhose von der Wichse der Zugstiefel schwarz gescheuert waren." (S. 107) So überrascht es kaum noch, dass auch das Gespräch enttäuschend verläuft. Der Lehrer lässt Törleß nicht einmal ganz zu Ende sprechen, als er auch schon eine Antwort parat hat. Er versucht gar nicht erst, das mathematische Problem zu erklären, sondern flüchtet sich in Allgemeinplätze und Vertröstungen. Erst wenn Törleß in der Mathematik weiter vorangekommen sei, könne er die imaginären Zahlen besser verstehen, bis dahin aber müsse er einfach glauben, dass es mit diesen Werten ihre mathematische Richtigkeit hat. Für Törleß' Problematik hat der Lehrer offensichtlich überhaupt kein Verständnis. Er steht so tief und so einseitig in der rationalen Welt der Mathematik, dass ihm jedes *Gefühl* für das Rätselhafte der imaginären Zahlen vollkommen fremd ist.

Die Schülerinnen und Schüler bilden 4er-Gruppen und erhalten folgenden Auftrag:

■ *Lesen Sie die Episode beim Mathematiklehrer (S. 105–110) und beantworten Sie dann stichpunktartig folgende Fragen: Was erhofft sich Törleß vom Gespräch mit dem Mathematiklehrer? Weshalb erscheint ihm die Mathematik auf einmal interessant? Wie werden der Mathematiklehrer und seine Wohnung beschrieben? Warum kann er Törleß nicht weiterhelfen?*

■ *Beschreiben Sie auch das Gespräch zwischen den beiden. Findet es auf gleicher Augenhöhe statt? Geht der Lehrer wirklich auf Törleß' Fragen ein? Worin unterscheiden sich Törleß und der Lehrer?*

Während die einzelnen Gruppen ihre Antworten vorlesen, könnten die Ergebnisse an der Tafel stichpunktartig gesichert werden:

Törleß' Gespräch mit dem Mathematiklehrer (S. 105–110)

● Törleß erhofft sich eine Lösung seines mathematischen Problems (und damit auch der Verwirrungen)
● Der Mathematiklehrer kann nicht weiterhelfen, ist gefangen in seiner spießbürgerlichen, scheinbar sicheren Welt
● Kein Gespräch, nur Scheinantworten und Vertröstungen

Törleß ist neugierig ↔ der Lehrer hat jede Neugier auf die Welt verloren

Damit sich die Schülerinnen und Schüler noch besser in Törleß' Perspektive hineinversetzen können, wäre folgender zusätzlicher Arbeitsauftrag (auch gut als Hausaufgabe) denkbar:

■ *Stellen Sie sich vor, Törleß schreibt einen Brief an einen guten Freund, in dem er von dem Besuch beim Mathematiklehrer erzählt. Schreiben Sie diesen Brief. Gehen Sie dabei sowohl darauf ein, was Törleß anfangs vom Lehrer erhofft, als auch auf seine Enttäuschung am Ende des Gesprächs. Beschreiben Sie auch den Lehrer und seine Wohnung.*

3. Nach dem Gespräch mit dem Mathematiklehrer folgt Törleß' kurze Auseinandersetzung mit einem Buch Immanuel Kants (S. 110–113), auf das der Lehrer – eher aus Verlegenheit – hingewiesen hat. Doch Törleß muss bald erkennen, dass ihn die Lektüre überfordert, schon nach zwei Seiten gibt er frustriert auf.

Zunächst bietet sich ein kurzes Referat (oder ein Lehrervortrag) über Kant und die Aufklärung an, in dem die Schülerinnen und Schüler erfahren, wofür Kant und sein Denken philosophie- und kulturgeschichtlich stehen. Besonders wichtig für diese Unterrichtsphase ist Kants Betonung der Vernunft, mit deren Hilfe der Mensch seine Welt und sein Leben sowohl theoretisch als auch praktisch – so die Überzeugung der Aufklärung – erklären und ordnen kann. Alternativ zu einem Referat oder Vortrag könnte auch nur eine der bekanntesten und wichtigsten Definitionen von Kant auf Folie präsentiert werden, nämlich seine Definition der Aufklärung:[1]

Immanuel Kant: „Beantwortung der Frage: Was ist Aufklärung?"

„Aufklärung ist der Ausgang des Menschen aus seiner selbst verschuldeten Unmündigkeit. Unmündigkeit ist das Unvermögen, sich seines Verstandes ohne Leitung eines anderen zu bedienen. Selbstverschuldet ist diese Unmündigkeit, wenn die Ursache derselben nicht am Mangel des Verstandes, sondern der Entschließung und des Mutes liegt, sich seiner ohne Leitung eines andern zu bedienen. Sapere aude! Habe Mut, dich deines eigenen Verstandes zu bedienen! ist also der Wahlspruch der Aufklärung."

Nach einer kurzen allgemeinen Besprechung dieser Definition sollen die Schülerinnen und Schüler in 4er-Gruppen folgende Fragen beantworten:

■ *Stellen Sie dar, wie Kant im „Törleß" auf den Seiten 110–112 beschrieben wird. Welche Funktion hat er hier für die bürgerliche Gesellschaft? Was hätte Kant wohl selbst von dieser ihm zugeschriebenen Rolle gehalten?*

Zu erarbeiten ist, dass Kant im Roman nicht für einen Philosophen der Aufklärung steht, der die Menschen zum eigenen Denken und Urteilen aufruft, sondern im Gegenteil für eine Instanz, auf die man sich nur noch berufen muss, ohne selbst nachdenken zu müssen – als „letztes Wort der Philosophie" (S. 110). Auch in der Welt von Törleß' Eltern nimmt Kant die Stellung „eines unheimlichen Heiligen" (S. 111) ein. Seine Bücher „in Papas Arbeitszimmer" (S. 111) waren „das Heiligtum einer Gottheit, der man nicht gerne naht und die man nur verehrt, weil man froh ist, dass man sich dank ihrer Existenz um gewisse Dinge nicht mehr zu kümmern braucht" (S. 111). Das Ideal der Aufklärung wird von Musil hier also karikiert, ins Gegenteil verkehrt.

Vor diesem Hintergrund ist es kein Wunder, dass Törleß voller Vorfreude und Spannung mit der Lektüre Kants beginnt, ist er doch davon überzeugt, „dass von Kant die Probleme der Philosophie endgültig gelöst seien" (S. 111). So hofft Törleß nun, dass Kant nicht nur sein Problem der imaginären Zahlen, sondern darüber hinaus alle seine Verwirrungen lösen kann. Umso enttäuschter ist Törleß bald darauf. Kants Sprache ist zu kompliziert für ihn, schon nach wenigen Seiten muss er kapitulieren, „vor lauter Klammern und Fußnoten verstand er kein Wort, und wenn er gewissenhaft mit den Augen den Sätzen folgte, war ihm, als drehe eine alte, knöcherne Hand ihm das Gehirn in Schraubenwindungen aus dem Kopfe" (S. 113). So viel er sich zuvor von der Lektüre erhofft hat, so enttäuscht ist er nun: „Schweiß stand auf seiner Stirne", am gleichen Abend „mochte er das Buch schon nicht mehr anrühren" (S. 113).

---

1   Immanuel Kant: Beantwortung der Frage: Was ist Aufklärung? In: Ders.: Werke in zehn Bänden. Hg. v. Wilhelm Weischedel. Darmstadt 1983. Bd. 9, S. 53–61; hier: S. 53

Um den Schülerinnen und Schülern einen Eindruck von Törleß' Leseerfahrung zu vermitteln, kann das **Arbeitsblatt 25**, S. 141 herangezogen werden, auf dem die Einleitung von Kants „Kritik der reinen Vernunft" abgedruckt ist.

■ *Lesen Sie die Einleitung von Kants „Kritik der reinen Vernunft". Welchen Eindruck haben Sie von dem Text? Geht es Ihnen ähnlich wie Törleß (S. 113)? Verstehen Sie Kants Ausführungen? Haben Sie den Text gern gelesen?*

Vermutlich äußern die Schülerinnen und Schüler ähnliche Verständnisprobleme, wie sie auch Törleß hat. Im weiteren Verlauf soll es weniger (oder gar nicht) darum gehen, Kants Sätze inhaltlich zu besprechen und zu interpretieren, als vielmehr genauer auf die Art seiner Sprache zu achten: Insbesondere sind hier die kompliziert gebauten, hypotaktischen Satzgefüge zu nennen, die ein Verständnis sehr schwierig machen, weil durch sie immer wieder der rote Faden der Gedankenführung aus dem Blickfeld zu geraten droht.

■ *Spekulieren Sie etwas: Hätte Törleß bei Kant eine Lösung seiner Verwirrungen gefunden, wenn er nur geduldiger gewesen wäre und Kants Text zu Ende gelesen hätte? Begründen Sie Ihre Meinung.*

Es ist sehr zu bezweifeln, dass Törleß in Kants Texten eine Lösung seiner Verwirrungen finden könnte. Denn wie er bald selbst erkennen wird, basieren diese Verwirrungen nur zu einem geringen Teil auf philosophischen, intellektuellen Problemen, sie entstehen eher durch sinnlich-sexuelle Erregungen. Kants trockener Rationalismus ist hierfür natürlich eine denkbar ungeeignete Adresse.

Zur Vertiefung könnte man hier das **Arbeitsblatt 26**, S. 142 hinzuziehen, auf dem zwei Texte Nietzsches und Musils abgedruckt sind, in denen beide starke – und erstaunlich ähnliche – Kritik an der einseitig rationalen Philosophie Kants üben. So wirft Nietzsche Kant vor, zeit seines Lebens zwar ein „Gelehrter" und „großer Denker", niemals aber ein „Philosoph" gewesen zu sein, denn dazu müsse man auch ein „wirklicher Mensch" sein. Und Musil kritisiert an Kant ganz ähnlich, dass dieser ein rational durchdrungenes, philosophisches System errichtet – aber niemals die eigentliche Wahrheit über die Welt und das Leben erkannt habe, lasse sich diese Wahrheit doch niemals in einem System fassen und darstellen.

4. Nach der enttäuschenden Kant-Lektüre kommt es zur Fortsetzung des Gesprächs zwischen Törleß und Beineberg über die imaginären Zahlen (S. 113: „In dieser Stimmung traf ihn Beineberg ..." bis S. 118: „‚nun, wir werden ja sehen, werden ja sehen ....'"). Erneut wird deutlich, dass Beineberg nicht der geeignete Gesprächspartner für Törleß ist. Er nimmt das mathematische Problem lediglich zum Anlass für seine abgehobenen esoterischen Schwärmereien, die ihn schließlich zur Vorstellung führen, dass selbst die Schwerkraft nicht unüberwindbar sei.[1] Törleß kann mit diesen Spekulationen wenig anfangen und fasst den Unterschied zwischen sich und Beineberg prägnant zusammen: „wenn mich die Mathematik quält, so suche ich dahinter ganz etwas anderes als du, gar nichts Übernatürliches, gerade das Natürliche suche ich, – verstehst du? gar nichts außer mir, – in mir suche ich etwas; in mir! etwas Natürliches! Das ich aber trotzdem nicht verstehe! Das empfindest du aber geradeso wenig wie der von der Mathematik ... ach, lass mich mit deiner Spekulation für jetzt in Ruhe!" (S. 118) Dieser Unterschied zwischen den zwei Zöglingen wird allerdings schon in früheren Gesprächen, insbesondere in ihrem ersten Gespräch auf dem Dachboden (S. 74–86), deutlich. (Eine Analyse dieses ersten Gesprächs findet sich im Baustein 4.2.)

---

[1] „Alles ist unsicher, was sie behaupten. Alles geht natürlich zu, sagen sie; – wenn ein Stein fällt, so sei das die Schwerkraft, warum soll es aber nicht ein Wille Gottes sein, und warum soll derjenige, der ihm wohlgefällig ist, nicht einmal davon entbunden sein, das Los des Steines zu teilen?" (S. 116f.)

5. In der letzten Szene der Episode findet Törleß schließlich doch noch zu seinem Triumph (S. 118–124). Nachdem ihm seine Gesprächspartner und auch Kants Buch bei der Lösung seiner Verwirrungen nicht weiterhelfen konnten, liegt er nun im Bett und schläft bald darauf ein. Er träumt von dem Mathematiklehrer und Kant „mit dem sehr, sehr dicken Buch unter dem Arm" (S. 120). Der bisherige Ernst des Romans weicht einen Moment lang der grotesken Beschreibung der beiden „Männchen": „Bei jedem Schritte blieben sie stehen und legten das Buch auf die Erde. Und Törleß hörte die piepsige Stimme seines Lehrers sagen: Wenn dem so sein soll, finden wir das Richtige auf Seite zwölf, Seite zwölf verweist uns weiter an Seite zweiundfünfzig, dann gilt aber auch das, was auf Seite einunddreißig bemerkt wurde, und unter dieser Voraussetzung [...]. Dabei standen sie über das Buch gebückt und griffen mit den Händen hinein, dass die Blätter stoben. [...] Dann kamen abermals ein paar Schritte vorwärts". (S. 120) Es ist offensichtlich, dass hier Kants „mit weitschweifigem pedantischen Pompe vorgetragen[e]"[1] Transzendentalphilosophie karikiert ist, sein Kritizismus, der sich nur vorsichtig, jeden einzelnen Schritt absichernd, an die Grenzen des rationalen Denkens vortastet. Der Traum stellt einen Wendepunkt in Törleß' Entwicklung dar. Nach dem Aufwachen erkennt er auf einmal, dass ein einseitiger Rationalismus die Welt nicht wirklich erklären kann. Törleß fühlt sich dem Lehrer und Kant nun sogar überlegen: „Er kam sich unendlich gesichert gegen diese gescheiten Menschen vor, und zum ersten Male fühlte er, dass er in seiner Sinnlichkeit [...] etwas hatte, das ihm keiner zu nehmen vermochte, das auch keiner nachzumachen vermochte, etwas, das ihn wie eine höchste, versteckteste Mauer gegen alle fremde Klugheit schützte." (S. 123) Er begreift, dass seine Verwirrungen nicht rational lösbar sind. Deshalb kann ihm der Mathematiklehrer nicht helfen, und deshalb bringt ihm auch Kants Philosophie nichts, selbst wenn er sich geduldiger auf sie einließe. Seine Verwirrungen haben etwas mit seiner Sinnlichkeit, mit seinen Gefühlen, mit seinem Körper zu tun.

Nach der gemeinsamen Lektüre der letzten Szene (S. 118–124) könnte das Unterrichtsgespräch durch folgende Fragen eingeleitet werden:

■ *Warum fühlt sich Törleß dem Lehrer und Kant plötzlich überlegen? Was hat er auf einmal erkannt?*

Zur Vertiefung könnte mit den Schülerinnen und Schülern an dieser Stelle Nietzsches Text „Von den Verächtern des Leibes" (**Arbeitsblatt 27**, S. 143) besprochen werden. Nietzsche stellt hier eine tiefere Vernunft vor als jene von Kant proklamierte – die Vernunft der Natur, des eigenen Körpers: „Es ist mehr Vernunft in deinem Leibe, als in deiner besten Weisheit." So ist Nietzsches Text nicht zuletzt eine scharfe Kritik gegen die Epoche der Aufklärung, die eine – bloß kopfgesteuerte – Vernunft ins Zentrum gestellt, dabei aber die Körperlichkeit (und Sexualität) explizit oder implizit abgewertet hat. Auch Törleß beginnt diese tiefere Vernunft des Leibes in dem Moment zu spüren, als er die Bedeutung der Sinnlichkeit für seine Verwirrungen erkennt und einsieht, dass er sie durch Vernunft und Verstand niemals wird lösen können.

Die gesamte Episode über die imaginären Zahlen könnte folgendermaßen an der Tafel zusammengefasst werden:

---

[1] So Kant selbst über seine Philosophie, in selbstironischem Bezug auf seine Kritiker. (Immanuel Kant: Prolegomena zu einer jeden künftigen Metaphysik, die als Wissenschaft wird auftreten können. In: Ders.: Werke in zehn Bänden. Hg. v. Wilhelm Weischedel. Darmstadt 1983. Bd. 5, S. 109–264; hier: S. 182)

Die Episode über die imaginären Zahlen (S. 102–124)

1. Gespräch mit Beineberg (S. 102–105): Mathematisches Problem wird eingeführt; Beineberg kann nicht weiterhelfen.

↓

2. Gespräch mit dem Mathematiklehrer (S. 105–110): Auch hier findet Törleß keine Lösung.

↓

3. Beschäftigung mit Kant (S. 110–113): Törleß gibt die komplizierte Lektüre bald frustriert auf.

↓

4. Fortsetzung des Gesprächs mit Beineberg (S. 113–118): Auch diesmal hilft Beinebergs Esoterik nicht weiter.

↓

5. Gefühlter Triumph über den Lehrer und Kant (S. 118–124): Törleß erkennt die Grenzen von Vernunft und Verstand sowie die Bedeutung der Sinnlichkeit.

6.4 Der „Tod Gottes"

Die zwei vorangegangenen Erarbeitungsschritte haben gezeigt, welch tiefgreifende Erschütterungen der Epochenwandel um 1900 mit sich brachte. Alte Gewissheiten wurden plötzlich hinterfragt, überlieferte Wahrheiten kritisiert oder abgelehnt. Auch Sprache und Vernunft, bislang die wichtigsten Orientierungsmöglichkeiten des Menschen, hatten ihre Selbstverständlichkeit verloren; ihnen war – spätestens seit Nietzsche – nicht mehr ohne weiteres zu trauen. So wuchs um die Jahrhundertwende der Zweifel daran, ob die Welt letztgültig erklärbar ist. Der Mensch verlor das Gefühl der ontologischen Geborgenheit und fühlte sich immer mehr in eine sinnlose Welt geworfen. In einer solchen Zeit ist auch der Glaube an Gott, d. h. an eine sinngebende und absolute Instanz, bedroht. Nietzsches Verkündigung vom „Tod Gottes" ist denn auch der symptomatische Ausdruck für die Grundlagenkrise um 1900. In seinem berühmten Diktum formuliert sich nicht nur die Abkehr von allen religiösen, speziell christlichen Heilsvorstellungen, sondern auch allgemein die Skepsis gegenüber der metaphysischen Hoffnung auf eine einzige, universell gültige Wahrheit.

Auch in Musils Erstlingsroman spiegeln sich diese Zweifel wider. Es fällt auf, dass Törleß während seiner existenziellen Verunsicherung zwar von den verschiedensten Seiten Hilfe erhofft, theologische Antworten aber nicht in Betracht zieht. So wendet er sich auf dem Höhepunkt seiner Verwirrungen zwar an den Mathematiklehrer, nicht aber an den Religionslehrer. Der „Pfaffe" (S. 104), wie ihn Beineberg einmal spöttisch nennt, tritt erst während Törleß' Rede vor dem Lehrerkollegium auf, hier aber als die Karikatur eines naiven ‚Seelsorgers', der die Tragweite der angesprochenen philosophischen Probleme nicht erkennt (S. 190 f. und S. 197). Auch der Religionsunterricht stellt für Törleß lediglich eine Möglichkeit dar, sich in Logik und Rhetorik zu üben, wirklich ernst nehmen kann er ihn aber nicht: „Religion? Ach ja. Das wird wieder etwas werden ....", meint er im Gespräch mit Beineberg. „Ich glaube, wenn ich so recht im Zug bin, könnte ich gerade so gut beweisen, dass zweimal zwei fünf ist, wie dass es nur einen Gott geben kann" (S. 29). So spielt der christliche Glaube keine entscheidende Rolle im Roman. Im Gegenteil, wie vehement sich Musil gegen alle religiösen Antworten stellt, zeigen zwei Episoden, die im Unterrichtsverlauf genauer betrachtet werden können: die Fürsten-Episode (S. 12–14) und die Himmelsszene (S. 87–93).

Es bietet sich an, mit der Analyse der Fürsten-Episode zu beginnen, da sie am Anfang des Romans steht und in der Vergangenheit spielt. Sie erzählt von Törleß' kurzer Freundschaft mit dem Fürsten H. Dieser Zögling, der von „einem doctor theologiae und Ordensgeistlichen" (S. 12) ins Internat gebracht worden ist und an dem das „Schweigen eines alten Landedelschlosses und frommer Übungen" (S. 13) noch zu haften scheint, repräsentiert den christlichen Glauben. Törleß ist diese Welt zu fremd, als dass die Freundschaft lange anhalten könnte. Zwar lebt er in der ersten Zeit des Kennenlernens „wie in einer Idylle", und die Gegenwart des Fürsten wird ihm „zur Quelle eines feinen psychologischen Genusses" (S. 13). Dann aber geraten die beiden in Streit über religiöse Dinge und gehen im Zorn auseinander.

Der Unterricht kann mit der gemeinsamen Lektüre der Fürsten-Episode (S. 12–14) eingeleitet werden. Danach erhalten die Schülerinnen und Schüler folgenden Auftrag:

■ *Führen Sie aus, woran die Freundschaft zwischen den beiden Zöglingen zerbricht. Worin unterscheiden sich Törleß und der Fürst H. voneinander?*

■ *Weshalb hat Musil diesen Rückblick auf die Freundschaft wohl an den Anfang des Romans gestellt? Was ginge verloren, wenn er fehlte?*

Die Fürsten-Episode ist für den Gesamttext vor allem deshalb von Bedeutung, weil in ihr Törleß' Skepsis gegenüber dem christlichen Glauben zum Ausdruck kommt. Törleß, „der aus einem bürgerlich-freidenkenden Hause stammte" (S. 13), kann mit der Religiosität des Fürsten wenig anfangen. Zunächst fasziniert sie ihn zwar und lässt den Freund noch interessanter erscheinen, schließlich aber kommt es in einem Gespräch über religiöse Dinge zum Streit. Törleß überschüttet den Fürsten „mit dem Spotte des Vernünftigen" (S. 14), mit dem „hölzerne[n] Zollstab des Verstandes" (S. 14) zerstört er die Freundschaft. Der Fürst wendet sich im Zorn von ihm ab und verlässt einige Zeit später das Konvikt. Mit der Fürsten-Episode liefert Musil – so ließe sich interpretieren – demnach gleich zu Anfang eine Begründung dafür, weshalb religiöse Erklärungen für die im Roman dargestellten Probleme keine Rolle spielen. Hätte Musil auf die Episode verzichtet, bliebe beim Leser, zumindest unbewusst, die Frage offen, weshalb Törleß keine Hilfe im christlichen Glauben sucht.

Nach der Besprechung der Antworten kann die Fürsten-Episode in folgendem Tafelbild zusammengefasst werden:

Die Fürsten-Episode (S. 12–14)
Törleß' Skepsis gegenüber dem christlichen Glauben

Im Rückblick erzählt: Törleß freundet sich mit dem Fürstensohn H. an.

Fürst H.		**Törleß**
christlicher Glaube		Skepsis/Verstand/Vernunft
Geborgenheit	↔	Unsicherheit
Antworten		Zweifel

→ Die Freundschaft zerbricht am „hölzerne[n] Zollstab des Verstandes" (S. 14).
   Der Prinz verlässt nach einiger Zeit das Konvikt.

Anschließend könnte man ein allgemeines Gespräch mit den Schülerinnen und Schülern über ihre Erfahrungen mit Religion und Glauben führen. Können sie Törleß' Haltung gegenüber dem Fürsten nachvollziehen? Was hätten sie an seiner Stelle getan? Kennen sie vielleicht selbst Situationen – ob nun im Freundeskreis oder in der Familie –, in denen es wegen religiöser Fragen zum Streit gekommen ist? Lässt sich über solche Fragen überhaupt sinnvoll diskutieren? Manche aus der Klasse sind womöglich auch bereit, über ihre eigene Einstellung zur Religion zu reden. Vielleicht sind manche innerlich zerrissen, fühlen den Zwiespalt zwischen Glauben und Zweifel. Selbstverständlich sollte ein Gespräch über solch persönliche Dinge nur auf der Basis freiwilliger Wortmeldungen stattfinden, niemand darf zur Antwort gezwungen werden.

Noch interessanter, da metaphorisch gestaltet, ist die Kritik am Glauben in der Himmelsszene, ungefähr in der Mitte des Romans (S. 87–93). Wenige Tage nach dem ersten längeren Gespräch mit Beineberg auf dem Dachboden sucht Törleß die Stille und Abgeschiedenheit des Parks, um Klarheit über seine Fragen zu gewinnen. Er legt sich auf den Boden und blickt in den Himmel, als ihn der Gedanke an das Unendliche auf einmal erschreckt. Ihm wird plötzlich bewusst, dass sich hinter dem scheinbar harmlosen Begriff, den er schon so häufig im Mathematikunterricht gehört hat, etwas Unfassbares und Bedrohliches verbirgt. Dieses Unendlichkeitserlebnis ist für ihn eine Art Katalysator für die darauf folgenden Verwirrungen. Es scheint, als wäre ein innerer Damm gebrochen: Scheinbar völlig ungeordnet stürmen plötzlich Erinnerungen und Bilder, Gedanken und Gefühle auf Törleß ein. Er meint, nahe an einer Erklärung für seine Verwirrungen zu sein, aber schließlich kehren seine Reflexionen doch immer wieder „ohne Erlösung zurück" (S. 92).
Bereits das Wort „Erlösung", das vor allem im christlichen Kontext verwendet wird, weist darauf hin, dass es in der Szene auch um Religion bzw. Religions*kritik* geht. Wie ein nach Gott Suchender blickt Törleß in den Himmel, „[a]ls könnte er ihm vielleicht doch noch durch einen Zufall sein Geheimnis entreißen" (S. 92). Doch der Himmel – im kindlichen Glauben, aber auch in der christlichen Metaphorik der Ort Gottes – schweigt. Törleß erhält keine Antworten, er fühlt sich allein gelassen und einsam. Von der Religion, so ließe sich diese Textpassage interpretieren, kann er keine Antworten erwarten, der Glaube an Gott ist ihm nicht möglich.

Die Religionsskepsis kommt vor allem im letzten Abschnitt der Himmelsszene zum Ausdruck (von: S. 91: „Und so hatten alle diese Erinnerungen ..." bis S. 93: „... in einer zeitlosen schweigenden Welt ..."). Es bietet sich für den Unterricht daher an, nach einer kurzen Zusammenfassung der gesamten Parkszene im Rahmen eines Unterrichtsgesprächs (Warum geht Törleß in den Park, was erlebt er dort? etc.) nur diese Passage gemeinsam zu lesen. Nach der Lektüre könnte den Schülerinnen und Schülern folgender Auftrag gegeben werden:

■ *Fassen Sie die gelesene Szene in eigenen Worten zusammen. Was erlebt Törleß? Wie fühlt er sich? Welche Atmosphäre wird beschrieben?*

■ *Kennen Sie ähnliche Situationen?*

Vermutlich werden die Schülerinnen und Schüler vor allem auf Törleß' Einsamkeit und Ohnmacht hinweisen. Er fühlt sich unter dem schweigenden Himmel allein gelassen, weiß sich im Chaos seiner Verwirrungen nicht mehr zu orientieren. Nirgendwo findet er Unterstützung. Von seinen Eltern, die in ihrer bürgerlichen Welt kein Verständnis für seine existenziellen Probleme haben, erwartet er längst keine Antworten mehr. Und auch Beinebergs esoterische Spinnereien können ihm nicht weiterhelfen. So ist Törleß ganz auf sich selbst zurückgeworfen. Er findet nirgendwo mehr Halt in der Wirklichkeit. Selbst leblose Dinge wie eine Mauer werden ihm auf einmal unheimlich. Die gesamte Welt erscheint ihm plötzlich fremd und sinnlos.

Für diesen Unterrichtsschritt ist vor allem die in der Textpassage eingeschriebene Religionskritik wichtig. Sollten die Schülerinnen und Schüler nicht selbst auf diesen Subtext kommen, könnte man sie gezielt auf die Bedeutung des Wortes „Erlösung" (S. 92) ansprechen oder auch nach der möglichen Metaphorik des Satzes „Der Himmel schwieg" (S. 92) fragen. Sicherlich werden sie dann bald selbst die christliche Metaphorik erkennen.

Erst nach dieser gemeinsamen Erarbeitung sollte ein Text aus Maeterlincks „Schatz der Armen" für die weitere Textinterpretation hinzugezogen werden (**Arbeitsblatt 28**, S. 144). In dem Essay „Vom tiefen Leben" beschreibt Maeterlinck den besonderen Augenblick, in dem der Mensch plötzlich mit dem Gedanken an die Unendlichkeit konfrontiert wird und dadurch eine Ahnung von der Existenz Gottes gewinnt. In diesem Moment öffnet sich für den Menschen gleichsam der Himmel, er kommt in Kontakt mit einer transzendenten Wahrheit. Es deutet alles darauf hin, dass Musil diese Stelle gekannt, sie aber in seinem Erstlingsroman inhaltlich in ihr Gegenteil gewendet hat: Ist die Konfrontation mit der Unendlichkeit für Maeterlinck ein Weg zu Gott, so führt sie bei Musil zur Erkenntnis der Sinnlosigkeit der Welt.

Für den Unterricht ist ein Vergleich der beiden Textstellen auch deshalb sinnvoll, um den Schülerinnen und Schülern vor Augen zu führen, dass sich Schriftsteller – die häufig auch intensive Leser sind – immer wieder von anderen Autoren inspirieren lassen und Textpassagen von diesen in ihre eigenen Texte übernehmen und mehr oder weniger stark abwandeln. In der Literaturwissenschaft spricht man hierbei von der „Intertextualität" der Literatur: Jedes literarische Werk ist – bewusst oder unbewusst – beeinflusst von anderen Werken; den „reinen", völlig unbeeinflussten Text kann es nicht geben. Im Fall der Himmelsszene des „Törleß"-Romans ist der Nachweis eines Einflusses durch Maeterlinck recht einfach: Zum einen lässt sich anhand des Tagebuchs belegen, dass Musil schon vor der Arbeit am Erstlingsromans Maeterlincks Essaysammlung „Der Schatz der Armen" gelesen hat. Zum anderen sind die beiden Textstellen zu ähnlich, als dass ein bloßer Zufall wahrscheinlich wäre.

„Im Leben eines Jeden gibt es einen Tag", schreibt Maeterlinck, „an dem der Himmel sich von selbst erschließt, und von diesem Augenblick an rechnet meist die wahre geistige Persönlichkeit eines Wesens. In diesem Augenblicke bildet sich ohne Zweifel das ewige, unsichtbare Antlitz, das wir unbewusst den Engeln und Seelen zeigen. Aber für die meisten Menschen öffnet sich der Himmel derart nur durch Zufall. Sie haben das Antlitz nicht gewählt, an dem die Engel sie im Unendlichen wiedererkennen; noch wissen sie diese Züge zu veredeln oder zu läutern." Für Maeterlinck bietet der Blick in den Himmel eine Möglichkeit, die Grenzen des Alltags zu überschreiten und sich der ‚wahren' Existenz bewusst zu werden. Erst in dieser Grenzsituation gewinne der Mensch eine Ahnung von einer transzendenten Sphäre mit „Engeln" und „Seelen", erkenne plötzlich „eine göttliche Hand", die über sein Leben wache. „Was wartet Ihr, dass der Himmel sich beim Krachen des Blitzes erschließe? Man muss auf die glücklichen Minuten lauern, wo er sich im Schweigen öffnet, und er öffnet sich unablässig." – Ganz anders bei Musil: „[Törleß] hatte die Augen wieder auf den Himmel gerichtet. Als könnte er ihm vielleicht noch durch einen Zufall sein Geheimnis entreißen und an ihm erraten, was ihn allerorten verwirrte. Aber er wurde müde, und das Gefühl einer tiefen Einsamkeit schloss sich über ihm zusammen. Der Himmel schwieg." (S. 92) Der Unterschied könnte nicht größer sein: *Öffnet* sich der Himmel bei Maeterlinck, so *schließt* er sich bei Musil. Meint Maeterlinck, im Himmel das schützende Antlitz Gottes zu erblicken, so fühlt sich Törleß „wie ein kleines lebendes Pünktchen unter dieser riesigen, durchsichtigen Leiche" (S. 92). Erkennen die Menschen bei Maeterlinck, „dass sie *nicht* allein unter dem Himmel" sind, so fühlt Törleß, „dass er unter diesem unbewegten, stummen Gewölbe *ganz* allein" (S. 92) ist.

Nach der gemeinsamen Lektüre des Textausschnittes auf **Arbeitsblatt 28**, S. 144 könnte ein – zunächst allgemein gehaltenes – Gespräch über Maeterlincks Essay durch folgenden Frageimpuls eingeleitet werden:

■ *Was ist Maeterlincks Hauptaussage? Woran will er den Leser erinnern?*

Die Schülerinnen und Schüler sollten erkennen, dass Maeterlinck den Leser auf die spirituelle Seite eines jeden Menschen hinweist. Erst wenn sich der Mensch dieser Seite in besonderen Situationen bewusst wird, ist er wirklich erwacht, ist bereit für ein höheres und achtsameres Leben. Nun erst begreift er das Rätselhafte seiner Existenz und der gesamten Wirklichkeit, und er spürt die Gegenwart Gottes. Dabei müssen diese besonderen Situationen keineswegs große, schicksalhafte Ereignisse sein, manchmal reichen bereits kleine Momente – ein Blick in den Himmel, ein Kuss, eine Träne o. Ä. –, um den Menschen aus seinen Alltagsroutinen zu reißen und ihm die Augen für das Wunder der Welt zu öffnen.

In einem nächsten Schritt könnte das Gespräch auf die persönliche Meinung der Schüler gelenkt werden:

■ *Wie beurteilen Sie Maeterlincks Text? Was halten Sie von seinen Gedanken?*

Vermutlich werden viele der Lernenden äußern, dass sie Probleme mit Maeterlincks Sätzen haben. Selbst wenn sie seine Überlegungen über den Alltag und eine achtsamere Lebensführung inhaltlich teilen sollten, dürfte sie sein pathetischer, salbungsvoller Stil doch irritieren. Vielleicht weisen manche Schülerinnen und Schüler auch auf die Parallelen zwischen Maeterlincks Ausführungen und jenen Beinebergs hin. Und wirklich: Wenn Maeterlinck andeutet, „dass höhere Wesen uns unsichtbar umgeben", wenn er von „Engeln und Seelen" spricht, kann man sich leicht auch Beineberg vorstellen, wie er auf dem Dachboden gerade seine spiritistischen Vorträge hält. Diese Parallelen könnten durch Textvergleiche genauer herausgearbeitet werden.[1]

Schließlich kann im Rahmen von Arbeitsgruppen zu je 3 – 4 Schülern folgender Arbeitsauftrag durchgeführt werden:

■ *Vergleichen Sie die Himmelsszene im „Törleß" (v. a. S. 91 – 93) mit Maeterlincks Beschreibungen. Was sind die Gemeinsamkeiten, was die Unterschiede?*

Wie oben bereits dargestellt, geht es in beiden Texten um die Konfrontation des Menschen mit der Unendlichkeit. Bei Maeterlinck allerdings bietet der Blick in den Himmel die Möglichkeit, Gottes Gegenwart zu spüren, bei Musil hingegen steht der Himmel für die Absurdität der Welt.

Nachdem die einzelnen Schülergruppen ihre Ergebnisse vorgetragen haben, kann der Vergleich durch folgendes Tafelbild in Form einer Gegenüberstellung relevanter Zitate zusammengefasst werden:

---

[1] Zu Beinebergs spiritistischen Vorstellungen siehe vor allem Baustein 4.2.

Der Blick in den Himmel

bei Maeterlinck	**bei Musil**
(„Vom tiefen Leben")	(„Törleß")

Gemeinsamkeit: Konfrontation mit der Unendlichkeit
Unterschiede (anhand gegensätzlicher Zitate):

Der Himmel „öffnet sich unablässig". (S. 137)	„das Gefühl einer tiefen Einsamkeit schloss sich über ihm zusammen." (S. 92)
„Die Einen finden ganz plötzlich, dass sie nicht allein unter dem Himmel sind". (S. 135) ↔	„Und Törleß fühlte, dass er unter diesem unbewegten, stummen Gewölbe ganz allein sei". (S. 92)
„In diesem Augenblick bildet sich ohne Zweifel das ewige, unsichtbare Antlitz, das wir unbewusst den Engeln und Seelen zeigen." (S. 135)	„er fühlte sich wie ein kleines, lebendes Pünktchen unter dieser riesigen, durchsichtigen Leiche." (S. 92)

Religiosität/Spiritualität	**Atheismus/Nihilismus**

Die Unterrichtsdiskussion ließe sich durch folgende Frage weiterführen:

■ *Welche Gründe könnte Musil dafür gehabt haben, das Himmelsmotiv von Maeterlinck zu übernehmen, es aber inhaltlich in sein Gegenteil zu wenden?*

Eine mögliche Antwort wäre der Hinweis darauf, dass Musils Religionskritik im „Törleß" gerade durch diesen intertextuellen Aspekt besonders scharf und spöttisch erscheint. Maeterlincks Essaysammlung „Der Schatz der Armen" war um 1900 auch im deutschsprachigen Raum überaus populär, sodass Musil damit rechnen konnte, dass etliche Leser seines Erstlingsromans bei der Himmelsszene, zumindest unbewusst, auch den Essay Maeterlincks im Kopf haben. Dass Maeterlincks religiös-spiritistische Überlegungen im „Törleß" ins Gegenteil gewendet werden, muss manchem Leser – und dies war vom Autor womöglich intendiert – wie eine Provokation erschienen sein.

Als Abschluss dieses Unterrichtsschrittes könnten sich die Schülerinnen und Schüler auch selbst literarisch versuchen. Von den zwei folgenden intertextuellen Aufgaben sollten sie je nach Vorliebe eine auswählen. (Dieser Auftrag ist auch als Hausarbeit denkbar):

■ *Schreiben Sie eine kurze Romanszene, in der der Fürst H. unter dem freien Himmel liegt und angesichts der Unendlichkeit auf einmal die Gegenwart Gottes spürt. Dabei können Sie Sätze und Begriffe sowohl Musils als auch Maeterlincks übernehmen und modifizieren.*

■ *Schreiben Sie einen kurzen Essay im Stil Maeterlincks, in dem ein Mensch in der Konfrontation mit der Unendlichkeit plötzlich an der Sinnhaftigkeit der Welt zu zweifeln beginnt. Auch hier können Sie Sätze und Begriffe Musils und Maeterlincks übernehmen.*

Die in der Himmelsszene des „Törleß" erkennbare Religionskritik ist symptomatisch für den Epochenumbruch um 1900. Am prägnantesten hat Nietzsche die Skepsis gegenüber allen transzendenten und metaphysischen Hoffnungen in seiner Verkündigung vom „Tod Gottes" formuliert. Wenn der Himmel – für religiöse Menschen der (metaphorische) Ort Gottes – im „Törleß" schließlich zu einer „riesigen, durchsichtigen Leiche" (S. 92) wird, dann liegt die Vermutung nahe, dass Musil Nietzsches Diktum ganz bewusst in ein literarisches Bild umgewandelt hat. Törleß, der auf dem Höhepunkt seiner Verwirrungen unter dem schweigenden Himmel liegt und vergeblich nach Antworten sucht, repräsentiert somit den Menschen am Anfang des 20. Jahrhunderts, der sich zunehmend in eine absurde Welt geworfen sah.

Den „Tod Gottes" hat Nietzsche zum ersten Mal 1882 in der „Fröhlichen Wissenschaft" dem „tollen Menschen" (siehe **Arbeitsblatt 29**, S. 145) in den Mund gelegt. Die Parabel gehört bis heute zu einem der zentralen Texte des neuzeitlichen Atheismus. Vor dem Hintergrund des wachsenden Rationalismus wird der Glaube an einen christlichen Gott Ende des 19. Jahrhunderts immer fragwürdiger. Nietzsche konstatiert als Beobachter und Kritiker seiner Zeit, dass die Menschen durch ihre fortschreitende kulturelle und wissenschaftliche Entwicklung ihren einstigen Glauben selbst untergraben. Viele seiner Zeitgenossen könnten nicht mehr an eine transzendente Macht glauben. Mit dem „Tod Gottes" meint Nietzsche allerdings nicht nur das Ende aller christlichen Erlösungshoffnungen, sondern, damit eng verbunden, ganz allgemein die Abkehr vom Glauben an eine einzige universelle Wahrheit. Der Mensch in der Moderne kennt keinen archimedischen Punkt mehr, an dem frühere Generationen noch Halt und Orientierung gefunden haben: „Wohin bewegen wir uns? Fort von allen Sonnen? Stürzen wir nicht fortwährend? Und rückwärts, seitwärts, vorwärts, nach allen Seiten? Gibt es noch ein Oben und ein Unten? Irren wir nicht wie durch ein unendliches Nichts?" So steht der Mensch an der Schwelle einer neuen Epoche – einer nihilistischen Epoche, in der jede religiöse und metaphysische Hoffnung obsolet geworden ist.

Nach der gemeinsamen Lektüre der Parabel vom „tollen Menschen" kann das Unterrichtsgespräch durch folgende Fragen initiiert und gelenkt werden:

- *Was meint Nietzsche damit, dass die Menschen Gott getötet hätten?*

- *Welche Konsequenzen hat der „Tod Gottes" nach Nietzsche für die Menschheit?*

- *Wofür steht „Gott" in Nietzsches Parabel?*

Die Ergebnisse lassen sich in folgendem Tafelbild zusammenfassen:

Nietzsches Diktum von „Gottes Tod"

Zuerst geäußert in der Parabel vom „tollen Menschen"
(in: „Die fröhliche Wissenschaft", 1882)

- Die Menschen haben Gott (durch ihre Rationalität) selbst getötet, sie können nicht mehr an ihn glauben.
- Dieses Ereignis und dessen Konsequenzen sind den meisten Menschen noch gar nicht wirklich bewusst.
- Durch den Tod Gottes gibt es keine Orientierung, kein Oben und Unten, keinen „archimedischen Punkt" mehr.
- Der Mensch der Moderne lebt in einer sinnlosen Welt.

→ **Das Zeitalter des Nihilismus ist in Europa angebrochen.**

Im Anschluss könnte man mit den Schülerinnen und Schülern darüber diskutieren, inwiefern Nietzsches Diktum vom „Tod Gottes" auch heute noch relevant ist. Fühlen sich die Lernenden manchmal ähnlich orientierungslos wie Törleß unter dem freien Himmel? Was sagt ihnen ganz persönlich Nietzsches Parabel vom „tollen Menschen"? Welche Bedeutung hat die Kirche in unserer Zeit noch? Leben wir in einer Zeit des wachsenden Werteverlusts?

Als Hausaufgabe ist folgender Auftrag denkbar:

> ■ *Interpretieren Sie die Himmelsszene im „Törleß" (S. 87–93) vor dem Hintergrund von Nietzsches Parabel vom „Tod Gottes" in der „Fröhlichen Wissenschaft". Inwiefern repräsentiert Törleß hier den modernen Menschen, der in eine sinnlose Welt geworfen ist?*

Als Abschluss dieses Bausteins – aber auch des gesamten Unterrichts über den „Törleß" – kann die Lehrkraft zwei Aphorismen Nietzsches an die Tafel schreiben, in denen der Relativismus seiner Philosophie ausgedrückt ist:

Nietzsches „Perspektivismus"

„Tatsachen gibt es nicht, nur Interpretationen."

„Es gibt vielerlei Augen [...] und folglich gibt es vielerlei ‚Wahrheiten', und folglich gibt es keine Wahrheit."

In dem Gespräch über die Tafelanschrift werden die Schülerinnen und Schüler vermutlich von allein darauf kommen, dass diese Sätze die Konsequenzen von Nietzsches Philosophie auf den Punkt bringen. Sein Denken verabschiedet sich von der metaphysischen Vorstellung, dass es die eine, einzig richtige Wahrheit gibt. Die Beschreibung der Welt ist immer abhängig von der eingenommenen Perspektive. Mag man aus dem einen Blickwinkel auch zu einer bestimmten Weltbeschreibung gelangen, so kann die Welt aus einem anderen Blickwinkel wieder völlig anders erscheinen. Es gibt, so Nietzsche, keine objektiven, vom Menschen unabhängigen Tatsachen, sondern nur Interpretationen.

Das Abschlussgespräch sollte dann allmählich auf Musils Roman gelenkt werden. Denn auch Törleß muss im Lauf der Handlung erkennen, dass es „die Wahrheit", die einzig richtige Antwort auf seine Fragen, nicht gibt. Je nach den Bezugspersonen, mit denen er sich über seine Verwirrungen austauscht – ob nun mit den Eltern, mit Beineberg, Reiting, Basini oder mit dem Mathematiklehrer –, erhält er andere Erklärungen. Falsch ist keine dieser Erklärungen, allerdings auch nicht „wahrer" als die anderen. Vor diesem Hintergrund könnte man sagen, dass Törleß seine Verwirrungen erst dann überwunden hat, nachdem er den Relativismus jeder Perspektive erkannt hat – oder um es paradox auszudrücken: nachdem er erkannt hat, dass die Verwirrungen letztlich nicht endgültig und eindeutig zu lösen sind.

Der Perspektivismus, den Nietzsche in den obigen Sätzen ausdrückt, gilt natürlich auch – und gerade – für die Interpretation eines literarischen Werkes. Wie die Schülerinnen und Schüler bei der Analyse des „Törleß" selbst bemerkt haben, gibt es verschiedene Möglichkeiten, sich einem Text zu nähern. Je nach der gewählten Perspektive gelangt man zu anderen Ergebnissen. Dabei stehen sich die verschiedenen Interpretationen gleichberechtigt gegenüber.

Aphorismen Nietzsches

Gott ist tot! Gott bleibt tot! Und wir haben ihn getötet! Wie trösten wir uns, die Mörder aller Mörder?
Die fröhliche Wissenschaft

Der Einwand, der Seitensprung, das fröhliche Misstrauen, die Spottlust sind Anzeichen der Gesundheit: Alles Unbedingte gehört in die Pathologie.
Jenseits von Gut und Böse

Ich würde nur an einen Gott glauben, der zu tanzen verstünde.
Also sprach Zarathustra

Nachdem ich lange genug den Philosophen zwischen die Zeilen und auf die Finger gesehen habe, sage ich mir: Man muss noch den größten Teil des bewussten Denkens unter die Instinkt-Tätigkeiten
5 rechnen.
Jenseits von Gut und Böse

Zu den Dingen, welche einen Denker in Verzweiflung bringen können, gehört die Erkenntnis, dass das Unlogische für den Menschen nötig ist, und dass aus dem Unlogischen vieles Gutes entsteht.
Menschliches, Allzumenschliches

Der Mensch ist gegen sich selbst, gegen Auskundschaft und Belagerung durch sich selbst, sehr gut verteidigt, er vermag gewöhnlich nicht mehr von sich als seine Außenwerke wahrzunehmen. Die
5 eigentliche Festung ist ihm unzugänglich, selbst unsicher, es sei denn, dass Freunde und Feinde die Verräter machen und ihn selbst auf geheimen Wegen hinführen.
Menschliches, Allzumenschliches

In irgendeinem abgelegenen Winkel des in zahllosen Sonnensystemen flimmernd ausgegossenen Weltalls gab es einmal ein Gestirn, auf dem kluge Tiere das Erkennen erfanden. Es war die hoch-
5 mütigste und verlogenste Minute der „Weltgeschichte": aber doch nur eine Minute. Nach wenigen Atemzügen der Natur erstarrte das Gestirn, und die klugen Tiere mussten sterben.
Über Luege und Wahrheit im außermoralischen Sinn

Die Bestie in uns will belogen werden; Moral ist Notlüge, damit wir von ihr nicht zerrissen werden. Ohne die Irrtümer, welche in den Annahmen der Moral liegen, wäre der Mensch Tier geblieben.
Menschliches, Allzumenschliches

Ich misstraue allen Systematikern und gehe ihnen aus dem Weg. Der Wille zum System ist ein Mangel an Rechtschaffenheit.
Götzen-Dämmerung

Der Heilige, an dem Gott sein Wohlgefallen hat, ist der ideale Kastrat ... Das Leben ist zu Ende, wo das „Reich Gottes" anfängt.
Götzen-Dämmerung

Ich fürchte, wir werden Gott nicht los, weil wir noch an die Grammatik glauben ...
Götzen-Dämmerung

Ja, so sollte es auf der Grabschrift der Universitätsphilosophie heißen: „Sie hat niemanden betrübt."
Schopenhauer als Erzieher

Nein, gerade Tatsachen gibt es nicht, nur Interpretationen. Wir können kein Faktum „an sich" feststellen: vielleicht ist es ein Unsinn, so etwas zu wollen. „Es ist alles subjektiv" sagt ihr: aber schon
5 das ist *Auslegung*, das „Subjekt" ist nichts Gegebenes, sondern etwas Hinzu-Erdichtetes, Dahinter-Gestecktes.
Nachlass

Roland Kroemer: Über Friedrich Nietzsches Bedeutung um 1900

Die Philosophie Friedrich Nietzsches (1844–1900) spiegelt symptomatisch den soziokulturellen Epochenumbruch gegen Ende des 19. Jahrhunderts wider, der mit fundamentalen Erschütterungen des traditionellen Welt- und Wirklichkeitsbildes verbun-
5 den ist. Wie kein anderer Denker seiner Zeit sagte Nietzsche althergebrachten Überzeugungen den Kampf an und hinterfragte ihre scheinbare Selbstverständlichkeit. Bereits die Titel seiner Bücher – etwa
10 „Menschliches, Allzumenschliches", „Jenseits von Gut und Böse", „Götzen-Dämmerung" oder „Der Antichrist – Fluch auf das Christentum" – geben die Richtung seines Denkens an. Halbwahrheiten oder falsche Kompromisse waren seine Sache nicht. „Wie
15 man mit dem Hammer philosophiert" lautet der programmatische Untertitel eines Werks. In einer Gesellschaft, die einerseits noch tief von christlichen Idealen geprägt war, die andererseits, vor dem Hintergrund der Aufklärung und im Zuge rasanter wissenschaft-
20 licher und technischer Fortschritte, so stark wie nie zuvor an die Möglichkeiten von Vernunft und Verstand geglaubt hat, mussten Nietzsches „Unzeitgemäße Betrachtungen" (so der Obertitel von vier frühen Büchern) wie eine Kriegserklärung erscheinen.
25 Sein Denken wirkte deshalb so provokant, weil es auf die Grundstrukturen der Gesellschaft abzielte. Was zunächst noch als die Hirngespinste eines Außenseiters abgetan und verdrängt werden konnte, erwies sich bald als die visionäre Vorwegnahme radikaler
30 soziokultureller Umwälzungen, deren Konsequenzen bis heute in allen gesellschaftlichen und wissenschaftlichen Bereichen ablesbar sind. Nietzsche ist der Prophet der Moderne, einer Epoche, in der eins-

tige Gewissheiten zunehmend fragwürdig geworden sind. So betonte er – in bewusster Abkehr von Imma- 35 nuel Kant und dessen Transzendentalphilosophie – den Relativismus aller moralischen Werte: Was in einer Zeit als gut und richtig gilt, kann in einer anderen Zeit schlecht und falsch sein. Moral hat keine universelle Gültigkeit, sondern beruht lediglich auf 40 menschlicher Konvention und ist daher stets abhängig von individuellen wie kulturellen Faktoren. Auch die Religion, insbesondere das Christentum, hat Nietzsche scharf angegriffen. Für ihn entpuppt sich die christliche „Nächstenliebe" als *Sklavenmoral*, mit 45 der die Schwachen die Starken unterdrücken. Der Glaube an Gott und eine transzendente (übersinnliche) Welt ist für ihn einer der tragischsten Irrtümer der Geschichte, lenke er den Menschen doch von einem ausgefüllten und das Diesseits bejahenden Le- 50 ben ab. „Gott ist tot!" – dieses berühmte Diktum fasst Nietzsches Philosophie wohl am prägnantesten zusammen. In ihm formulieren sich nicht nur ein radikaler Atheismus und die Ablehnung aller religiösen Heilsversprechungen, sondern die generelle Verab- 55 schiedung von der Vorstellung einer absoluten Wahrheit. In seinem Buch „Götzen-Dämmerung" erklärt Nietzsche: „Das, was Götze auf dem Titelblatt heißt, ist ganz einfach das, was bisher Wahrheit genannt wurde. Götzen-Dämmerung – auf deutsch: es geht zu 60 Ende mit der alten Wahrheit ..." Der moderne Mensch findet keinen Halt mehr an früheren Gewissheiten, die Welt ist ihm fremd und unsicher geworden. Der „unheimlichste aller Gäste" steht nun vor der Tür, der *Nihilismus*: „Die radikale Ablehnung von Wert, 65 Sinn und Wünschbarkeit."

■ *Was macht das Besondere der Philosophie Nietzsches aus?*

■ *Was sind die Hauptthemen seiner Philosophie?*

■ *Weshalb wirkte Nietzsches Denken zu seiner Zeit wie eine Provokation?*

Nietzsche über die Sprache

Die Sprache als vermeintliche Wissenschaft. – Die Bedeutung der Sprache für die Entwicklung der Kultur liegt darin, dass in ihr der Mensch eine eigene Welt neben die andere stellte, einen Ort, welchen er
5 für so fest hielt, um von ihm aus die übrige Welt aus den Angeln zu heben und sich zum Herrn derselben zu machen. Insofern der Mensch an die Begriffe und Namen der Dinge als an aeternae veritates[1] durch lange Zeitstrecken hindurch geglaubt hat, hat er sich
10 jenen Stolz angeeignet, mit dem er sich über das Tier erhob: er meinte wirklich in der Sprache die Erkenntnis der Welt zu haben. Der Sprachbildner war nicht so bescheiden, zu glauben, dass er den Dingen eben nur Bezeichnungen gebe, er drückte vielmehr, wie er wähnte, das höchste Wissen über die Dinge mit den 15 Worten aus; in der Tat ist die Sprache die erste Stufe der Bemühung um die Wissenschaft. Der Glaube an die gefundene Wahrheit ist es auch hier, aus dem die mächtigsten Kraftquellen geflossen sind. Sehr nachträglich – jetzt erst – dämmert es den Menschen auf, 20 dass sie einen ungeheuren Irrtum in ihrem Glauben an die Sprache propagiert haben. Glücklicherweise ist es zu spät, als dass es die Entwicklung der Vernunft, die auf jenem Glauben beruht, wieder rückgängig machen könnte. – 25

---

[1] aeternae veritates = ewige Wahrheiten

Aus: Friedrich Nietzsche: Menschliches, Allzumenschliches. In: Ders.: Sämtliche Werke. Kritische Studienausgabe in 15 Einzelbänden. Hg. v. Giorgio Colli und Mazzino Montinari. München 1988. Bd. 2, S. 9–704; hier: S. 30 f.

■ *Welche Funktion hat nach Nietzsche die Sprache für den Menschen?*

■ *Von welchem „Stolz" des Menschen gegenüber dem Tier spricht Nietzsche?*

■ *Inwiefern handelt es sich beim Glauben des Menschen an die Sprache letztlich um einen Irrtum?*

Robert Musil: Der mathematische Mensch (Essay, Auszug)

Die Mathematik ist Tapferkeitsluxus der reinen Ratio[1], einer der wenigen, die es heute gibt. Auch manche Philologen[2] treiben Dinge, deren Nutzen sie wohl selbst nicht einsehen, und die Briefmarken- oder Kra-
5 wattensammler noch mehr. Aber das sind harmlose Launen, die sich fern von den ernsten Angelegenheiten unseres Lebens abspielen, während die Mathematik gerade dort einige der amüsantesten und schärfsten Abenteuer der menschlichen Existenz um-
10 schließt. Ein kleines Beispiel hierfür sei angefügt: Man kann sagen, dass wir praktisch völlig von den – ihr selbst gleichgültiger gewordenen – Ergebnissen dieser Wissenschaft leben. Wir backen unser Brot, bauen unsre Häuser und treiben unsre Fuhrwerke
15 durch sie. Mit Ausnahme der paar von Hand gefertigten Möbel, Kleider, Schuhe und der Kinder erhalten wir alles unter Einschaltung mathematischer Berechungen. Dieses ganze Dasein, das um uns läuft,

rennt, steht, ist nicht nur für seine Einsehbarkeit von der Mathematik abhängig, sondern ist effektiv durch 20 sie entstanden, ruht in seiner so und so bestimmten Existenz auf ihr. Denn die Pioniere der Mathematik hatten sich von gewissen Grundlagen brauchbare Vorstellungen gemacht, aus denen sich Schlüsse, Rechnungsarten, Resultate ergaben, deren bemächtig- 25 ten sich die Physiker, um neue Ergebnisse zu erhalten, und endlich kamen die Techniker, nahmen oft bloß die Resultate, setzten neue Rechnungen darauf und es entstanden die Maschinen. Und plötzlich, nachdem alles in schönste Existenz gebracht war, ka- 30 men die Mathematiker – jene, die ganz innen herumgrübeln, – darauf, dass das ganze Gebäude in der Luft stehe. Aber die Maschinen liefen! Man muss daraufhin annehmen, dass unser Dasein bleicher Spuk ist; wir leben es, aber eigentlich nur aufgrund eines Irr- 35 tums, ohne den es nicht entstanden wäre. Es gibt heute keine zweite Möglichkeit so fantastischen Gefühls wie die des Mathematikers.

---

[1] Vernunft
[2] Sprach- und Literaturwissenschaftler

■ *Was ist für Musil das Faszinierende an der Mathematik?*

■ *Warum meint er, unser Dasein sei „bleicher Spuk" und wir lebten es nur „aufgrund eines Irrtums"?*

■ *Überlegen Sie sich andere Beispiele, in denen eine ähnliche Kluft zwischen Mathematik und Alltag deutlich wird, wie sie Musil hier beschreibt.*

Einleitung von Kants „Kritik der reinen Vernunft"

I. Von dem Unterschiede der reinen und empirischen[1] Erkenntnis

Dass alle unsere Erkenntnis mit der Erfahrung anfange, daran ist gar kein Zweifel; denn wodurch sollte
5 das Erkenntnisvermögen sonst zur Ausübung erweckt werden, geschähe es nicht durch Gegenstände, die unsere Sinne rühren und teils von selbst Vorstellungen bewirken, teils unsere Verstandestätigkeit in Bewegung bringen, diese zu vergleichen, sie zu ver-
10 knüpfen oder zu trennen, und so den rohen Stoff sinnlicher Eindrücke zu einer Erkenntnis der Gegenstände zu verarbeiten, die Erfahrung heißt? *Der Zeit nach* geht also keine Erkenntnis in uns vor der Erfahrung vorher, und mit dieser fängt alle an.
15 Wenn aber gleich alle unsere Erkenntnis *mit* der Erfahrung anhebt, so entspringt sie darum doch nicht eben alle *aus* der Erfahrung. Denn es könnte wohl sein, dass selbst unsere Erfahrungserkenntnis ein Zusammengesetztes aus dem sei, was wir durch Eindrü-
20 cke empfangen, und dem, was unser eigenes Erkenntnisvermögen (durch sinnliche Eindrücke bloß veranlasst) aus sich selbst hergibt, welchen Zusatz wir von jenem Grundstoffe nicht eher unterscheiden, als bis lange Übung uns darauf aufmerksam und zur Ab-
25 sonderung desselben geschickt gemacht hat.
Es ist also wenigstens eine der näheren Untersuchung noch benötigte und nicht auf den ersten Anschein sogleich abzufertigende Frage: ob es ein dergleichen von der Erfahrung und selbst von allen Eindrücken
30 der Sinne unabhängiges Erkenntnis gebe. Man nennt solche Erkenntnisse *a priori*, und unterscheidet sie von den *empirischen*, die ihre Quellen a posteriori nämlich in der Erfahrung, haben.

---

[1]   auf Erfahrung beruhend

Jener Ausdruck ist indessen noch nicht bestimmt ge-
35 nug, um den ganzen Sinn, der vorgelegten Frage angemessen, zu bezeichnen. Denn man pflegt wohl von mancher aus Erfahrungsquellen abgeleiteten Erkenntnis zu sagen, dass wir ihrer a priori fähig oder teilhaftig sind, weil wir sie nicht unmittelbar aus der Erfahrung, sondern aus einer allgemeinen Regel, die
40 wir gleichwohl selbst doch aus der Erfahrung entlehnt haben, ableiten. So sagt man von jemand, der das Fundament seines Hauses untergrub: er konnte es a priori wissen, dass es einfallen würde, d. i. er
45 durfte nicht auf die Erfahrung, dass es wirklich einfiele, warten. Allein gänzlich a priori konnte er dieses doch auch nicht wissen. Denn dass die Körper schwer sind, und daher, wenn ihnen die Stütze entzogen wird, fallen, musste ihm doch zuvor durch Erfahrung bekannt werden.
50 Wir werden also im Verfolg unter Erkenntnissen a priori nicht solche verstehen, die von dieser oder jener, sondern die schlechterdings von aller Erfahrung unabhängig stattfinden. Ihnen sind empirische Erkenntnisse, oder solche, die nur a posteriori, d. i.
55 durch Erfahrung, möglich sind, entgegengesetzt. Von den Erkenntnissen a priori heißen aber die jenigen rein, denen gar nichts Empirisches beigemischt ist. So ist z. B. der Satz: Eine jede Veränderung hat ihre Ursache, ein Satz a priori, allein nicht rein, weil Ver-
60 änderung ein Begriff ist, der nur aus der Erfahrung gezogen werden kann.

Aus: Immanuel Kant: Kritik der reinen Vernunft. In: Ders.: Werke in zehn Bänden. Hg. v. Wilhelm Weischedel. Darmstadt 1983. Bd. 3, S. 45f.

■ *Welchen Eindruck haben Sie von dem Text? Geht es Ihnen ähnlich wie Torleß? Verstehen Sie Kants Ausführungen? Haben Sie den Text gern gelesen?*

Nietzsche und Musil über Kant

Nietzsche über Kant:

„Ein Gelehrter kann nie ein Philosoph werden; denn selbst Kant vermochte es nicht, sondern blieb bis zum Ende trotz dem angeborenen Drange seines Genius in einem gleichsam verpuppten Zustande. Wer da glaubt, dass ich mit diesem Worte Kanten Unrecht tue, weiss nicht, was ein Philosoph ist, nämlich nicht nur ein großer Denker, sondern auch ein wirklicher Mensch; und
5 wann wäre je aus einem Gelehrten ein wirklicher Mensch geworden?"

Aus: Friedrich Nietzsche: Schopenhauer als Erzieher. In: Ders.: Sämtliche Werke. Kritische Studienausgabe in 15 Einzelbänden. Hg. v. Giorgio Colli und Mazzino Montinari. München 1988. Bd. 1, S. 335–427; hier: S. 409 f.

■ *Beschreiben Sie Nietzsches Gegensatz zwischen Philosophen und Gelehrten in eigenen Worten.*

■ *Zu wessen Seite hat sich Nietzsche wohl selbst gezählt? Begründen Sie Ihre Meinung.*

Musil über Kant:

„Das Unerträgliche philosoph.[ischer] Systeme beruht auf dem Irrtum Endgültiges durch Spekulation finden zu wollen. Das gelingt nur Professoren. Ansonsten ist solches ein Beruhigungsprozess aus dem Bereiche der Kunst. Man will gar nicht die Wahrheit./Wenn Kant wirklich die Wahrheit erkannt hätte, so hätte er kein philosoph.[isches] System darauf gebaut. Wenn sich die
5 Wahrheit durch ein solches ausdrücken ließe, wie müsste da die Welt aussehen. Wir Unersättlichen stünden entweder längst auf dem Standpunkt Kants, oder hätten unser Leben nie bis heute ertragen. Aber Kant hätte eben kein philos.[ophisches] System errichtet, wenn er die Wahrheit erkannt hätte. Er war ein Grübler u. Analytiker, aber das Weltbild schloss sich ihm nicht zusammen. Die Wahrheit erkannten nur die Religionsstifter u. die Künstler, die da handelten:
10 Die Wahrheit kennen wir nicht, wenn wir es auch glauben, aber etwas in uns schließt sich zu einem Ganzen zusammen./Wenn N.[ietzsche] aus seinen Aphorismen[1] ein System gebaut hätte, wie haltlos wäre es."

Aus: Robert Musil: „Tagebücher". Herausgegeben von Adolf Frisé. Copyright © 1976, 1983 by Rowohlt Verlag GmbH, Reinbek bei Hamburg

---

[1] knapp formulierte, verstreute Gedanken

■ *Was ist für Musil das Problematische an philosophischen Systemen?*

■ *Was wirft er der Philosophie Kants vor?*

■ *Welche Vorstellung von Wahrheit wird in Musils Textausschnitt deutlich?*

■ *Was verstehen Sie unter Wahrheit?*

■ *Vergleichen Sie die beiden Texte miteinander und fassen Sie in eigenen Worten zusammen, inwiefern sich Nietzsches und Musils Ansicht über Kant und dessen Philosophie sehr ähnelt.*

Friedrich Nietzsche: Von den Verächtern des Leibes

Den Verächtern des Leibes will ich mein Wort sagen.
Nicht umlernen und umlehren sollen sie mir, sondern nur ihrem eignen Leibe Lebewohl sagen – und
also stumm werden.

5 „Leib bin ich und Seele" – so redet das Kind. Und
warum sollte man nicht wie die Kinder reden?

Aber der Erwachte, der Wissende sagt: Leib bin ich
ganz und gar, und nichts außerdem; und Seele ist nur
ein Wort für ein Etwas am Leibe.

10 Der Leib ist eine große Vernunft, eine Vielheit mit
einem Sinne, ein Krieg und ein Frieden, eine Herde
und ein Hirt.

Werkzeug deines Leibes ist auch deine kleine Vernunft, mein Bruder, die du „Geist" nennst, ein kleines

15 Werk- und Spielzeug deiner großen Vernunft.

„Ich" sagst du und bist stolz auf dies Wort. Aber das
Größere ist, woran du nicht glauben willst – dein Leib
und seine große Vernunft: die sagt nicht Ich, aber tut
Ich.

Was der Sinn fühlt, was der Geist erkennt, das hat 20
niemals in sich sein Ende. Aber Sinn und Geist möch-
ten dich überreden, sie seien aller Dinge Ende: so
eitel sind sie.

Aus: Friedrich Nietzsche: Also sprach Zarathustra. In: Ders.: Sämtliche Werke.
Kritische Studienausgabe in 15 Einzelbänden. Hg. v. Giorgio Colli und Mazzino
Montinari. München 1988. Bd. 4, S. 39

■ *Was meint Nietzsche damit, der Leib sei „eine große Vernunft"?*

■ *Was versteht er dagegen unter der „kleinen Vernunft"?*

■ *Fassen Sie Nietzsches Kritik in eigenen Worten zusammen. Ist sie auch heute noch berech-
tigt?*

■ *Was hätte wohl Kant von Nietzsches Text gehalten?*

Die Himmelsszene bei Maeterlinck

XII vom tiefen Leben

Es ist gut, die Menschen daran zu erinnern, dass der geringste unter ihnen „das Vermögen hat, nach einem göttlichen Vorbilde, das er nicht wählt, eine große moralische Persönlichkeit zu meißeln, die zu
5 gleichen Teilen aus ihm und seinem Ideal besteht; und dass es sicherlich dieses ist, was voll und wirklich lebt."

Jedermann muss sich eine besondere Möglichkeit zu höherem Leben in der bescheidenen Wirklichkeit des
10 Alltags suchen. Es gibt kein edleres Ziel für unser Leben. Was uns voneinander unterscheidet, das sind die Beziehungen, die wir zum Unendlichen haben. Der Held ist nur darum größer als der Elende, der ihm zur Seite schreitet, weil er zu einer gewissen Zeit sei-
15 nes Daseins ein lebhafteres Bewusstsein von einer dieser Beziehungen gehabt hat. Wenn es wahr ist, dass die Schöpfung nicht beim Menschen stehen bleibt und dass höhere Wesen uns unsichtbar umgeben, so sind diese Wesen nur deshalb höher als wir,
20 weil sie zur Unendlichkeit Beziehungen haben, die wir nicht einmal ahnen können.

Es ist uns gegeben, diese Beziehungen zu vermehren. Im Leben eines Jeden gibt es einen Tag, an dem der Himmel sich von selbst erschließt, und von diesem Augenblicke an rechnet meist die wahre geistige Per-
25 sönlichkeit eines Wesens. In diesem Augenblicke bildet sich ohne Zweifel das ewige, unsichtbare Antlitz, das wir unbewusst den Engeln und Seelen zeigen. Aber für die meisten Menschen öffnet sich der Himmel derart nur durch Zufall. Sie haben das Antlitz
30 nicht gewählt, an dem die Engel sie im Unendlichen wiedererkennen; noch wissen sie diese Züge zu veredeln oder zu läutern. Sie sind nur vom Zufall einer Freude, einer Trübsal, eines Schreckens oder eines Gedankens geboren.
35
Denn in der Tat geboren werden wir an dem Tage, wo wir zum ersten Male tief empfinden, dass es etwas Ernstes und Unerwartetes im Leben gibt. Die Einen finden ganz plötzlich, dass sie nicht allein unter dem Himmel sind; und die Anderen werden bei einem
40 Kusse, den sie geben, einer Träne, die sie vergießen, plötzlich gewahr, dass „die Quelle alles Besten und Heiligen von Gott bis zur Welt hinter einer Nacht voll allzu ferner Sterne liegt"; ein Dritter sieht eine göttliche Hand sich zwischen seine Freude und sein Un-
45 glück strecken, und ein Vierter hat begriffen, dass die Toten recht haben.

Aus: Maurice Maeterlinck: Der Schatz der Armen. Jena 1906, 134f.

■ *Was ist Maeterlincks Hauptaussage? Woran will er den Leser erinnern?*

■ *Wie beurteilen Sie Maeterlincks Text? Was halten Sie von seinen Gedanken?*

Nietzsches Parabel vom „tollen Menschen"

125. *Der tolle Mensch.* – Habt ihr nicht von jenem tollen Menschen gehört, der am hellen Vormittage eine Laterne anzündete, auf den Markt lief und un-aufhörlich schrie: „Ich suche Gott! Ich suche Gott!"
5 – Da dort gerade Viele von Denen zusammenstanden, welche nicht an Gott glaubten, so erregte er ein großes Gelächter. Ist er denn verloren gegangen? sagte der Eine. Hat er sich verlaufen wie ein Kind? sagte der Andere. Oder hält er sich versteckt? Fürchtet
10 er sich vor uns? Ist er zu Schiff gegangen? ausgewandert? – so schrieen und lachten sie durcheinander. Der tolle Mensch sprang mitten unter sie und durch-bohrte sie mit seinen Blicken. „Wohin ist Gott? rief er, ich will es euch sagen! Wir haben ihn getötet, – ihr
15 und ich! Wir Alle sind seine Mörder! Aber wie haben wir dies gemacht? Wie vermochten wir das Meer aus-zutrinken? Wer gab uns den Schwamm, um den ganzen Horizont wegzuwischen? Was taten wir, als wir diese Erde von ihrer Sonne losketteten? Wohin
20 bewegt sie sich nun? Wohin bewegen wir uns? Fort von allen Sonnen? Stürzen wir nicht fortwährend? Und rückwärts, seitwärts, vorwärts, nach allen Sei-ten? Gibt es noch ein Oben und ein Unten? Irren wir nicht wie durch ein unendliches Nichts? Haucht uns
25 nicht der leere Raum an? Ist es nicht kälter geworden? Kommt nicht immerfort die Nacht und mehr Nacht? Müssen nicht Laternen am Vormittage angezündet werden? Hören wir noch Nichts von dem Lärm der Totengräber, welche Gott begraben? Riechen wir
30 noch Nichts von der göttlichen Verwesung? – auch Götter verwesen! Gott ist todt! Gott bleibt tot! Und wir haben ihn getötet! Wie trösten wir uns, die Mör-der aller Mörder? Das Heiligste und Mächtigste, was die Welt bisher besaß, es ist unter unseren Messern verblutet, – wer wischt dies Blut von uns ab? Mit 35 welchem Wasser könnten wir uns reinigen? Welche Sühnfeiern, welche heiligen Spiele werden wir erfin-den müssen? Ist nicht die Größe dieser Tat zu groß für uns? Müssen wir nicht selber zu Göttern werden, um nur ihrer würdig zu erscheinen? Es gab nie eine 40 größere Tat, – und wer nur immer nach uns geboren wird, gehört um dieser Tat willen in eine höhere Ge-schichte, als alle Geschichte bisher war!" – Hier schwieg der tolle Mensch und sah wieder seine Zu-hörer an: auch sie schwiegen und blickten befremdet 45 auf ihn. Endlich warf er seine Laterne auf den Boden, dass sie in Stücke sprang und erlosch. „Ich komme zu früh, sagte er dann, ich bin noch nicht an der Zeit. Dies ungeheure Ereigniss ist noch unterwegs und wandert, – es ist noch nicht bis zu den Ohren der 50 Menschen gedrungen. Blitz und Donner brauchen Zeit, das Licht der Gestirne braucht Zeit, Taten brau-chen Zeit, auch nachdem sie getan sind, um gesehen und gehört zu werden. Diese Tat ist ihnen immer noch ferner, als die fernsten Gestirne, – und doch 55 haben sie dieselbe gethan!" – Man erzählt noch, dass der tolle Mensch des selbigen Tages in verschiedene Kirchen eingedrungen sei und darin sein Requiem aeternam deo[1] angestimmt habe. Hinausgeführt und zur Rede gesetzt, habe er immer nur dies entgegnet: 60 „Was sind denn diese Kirchen noch, wenn sie nicht die Grüfte und Grabmäler Gottes sind?" –

Aus: Friedrich Nietzsche: Die fröhliche Wissenschaft. In: Ders.: Sämtliche Werke. Kritische Studienausgabe in 15 Einzelbänden. Hg. v. Giorgio Colli und Mazzino Montinari. München 1988. Bd. 3, S. 343–651; hier: 480ff.

---

[1] Totenmesse für den ewigen Gott

■ *Was meint Nietzsche damit, dass die Menschen Gott getötet hätten?*

■ *Welche Konsequenzen hat der „Tod Gottes" nach Nietzsche für die Menschheit?*

■ *Wofür steht „Gott" in Nietzsches Parabel?*

Walter Jens: Sadistische Spiele auf dem Dachboden (Auszug)

Der Schwerpunkt dieser Dinge: Gemeint ist damit die Zerstörung einer scheinbar geordneten, unverrückbaren, moralischen Normen folgenden Bürgerwelt, gespiegelt in den sadistischen Spielen einer Reihe von

5 Internatszöglingen aus den oberen Schichten, die sich einem der Ihren gegenüber (einem sozial schlechter Gestellten, der zum Dieb wird) wie Experimentatoren in einem Konzentrationslager aufführen – anno 1906, wohlgemerkt!

10 Die *Verwirrungen des Zöglings Törless* – das ist keine Pubertätsgeschichte, kein Pendant zu Wedekinds *Frühlings Erwachen*, Emil Straußens *Freund Hein*, Hesses *Unterm Rad*; hier wird vielmehr, am Beispiel von vier jungen Menschen, des charmanten Sadisten Rei-

15 ting, des Mystagogen[1] und eleganten Folterers Beineberg, des erniedrigten Opfers Basini und des Registrators Törless, der sich auf die Folterungen einlässt, um, in der Rolle des Musilschen „Monsieur le vivisecteur[2]", neue, ungeahnte, bis dahin verbotene Erkenntnisse

20 auszukosten ..., hier wird die Geschichte eines Quasi-Mords aus der Perspektive des Ästheten geschildert, dem gerade das Grauenhafteste zur Beförderung seines Fühl- und Erkenntnisvermögens zu dienen hat. Nicht die Faktizität, das krude „Was", sondern das „Wie", die gedankliche Bewältigung der sadistischen 25 Spiele auf dem Dachboden, ist für Musil entscheidend: wobei es charakteristisch ist, dass die wirklichen Geschehnisse in der Vorstellung des Helden auf der gleichen Realitätsebene wie Philosopheme[3] oder mathematische Gleichungen liegen. Das Aus- 30 peitschen eines Menschen, Kants Philosophie, imaginäre Zahlen: alles hat für den jungen Törless ein und dieselbe Bedeutung. Wirklichkeit und Traum, die Sache und das Nachdenken über die Sache gehören untrennbar zusammen: Nicht nur Reiting und Beine- 35 berg – auch Törless ließe sich, vierzig Jahre nach seiner Präsentation durch Robert Musil, auf der Seite philosophierender Scharfrichter denken: angeekelt zwar von einfallslosen Brutalitäten, aber zu gleicher Zeit erfüllt vom Lustgefühl des Ästheten, dem Hoch- 40 verrat des Geistes am Geist Tribut gezollt zu haben.

Aus: Walter Jens: Sadistische Spiele auf dem Dachboden: *Die Verwirrungen des Zöglings Törless*. In: Marcel Reich-Ranicki (Hg.): Romane von gestern – heute gelesen. Band I. 1900–1918. Erweiterte, aktualisierte Auflage. Frankfurt a.M.: Fischer 1996, S. 55–63; hier: 55f.

---

[1] mystische Lehren ideologisch predigend
[2] Ausdruck Musils: Herr wissenschaftlicher Versuchsanordnungen
[3] philosophische Aussage bzw. Lehre

Roland Kroemer: Törleß' Sozialisationsprobleme

Am Anfang der soziologischen Interpretation des *Törleß* sollen Überlegungen zur primären und sekundären Sozialisation[1] im Vordergrund stehen. Zuvor ein paar allgemeine Erläuterungen: Im Einklang mit den
[5] Ergebnissen der philosophischen Anthropologie[2] geht die Soziologie von der ‚Instinktarmut' und ‚Weltoffenheit' des Menschen aus, die ihn zwingen, seine Umwelt im gesellschaftlichen Prozess selbst zu erzeugen. Im Gegensatz zum triebdeterminierten Tier
[10] kommt der Mensch nicht mit einem vorgegebenen Verhaltensprogramm auf die Welt. Das neugeborene Kind ist nicht gleich zu Beginn Mitglied der Gesellschaft, sondern muss die soziale Wirklichkeit – insbesondere die herrschenden Handlungsmuster,
[15] Werte- und Normvorstellungen – in der Phase der primären Sozialisation verinnerlichen, internalisieren. Diese Internalisierung[3] ist „das Fundament erstens für das Verständnis unserer Mitmenschen und zweitens für das Erfassen der Welt als einer sinnhaften
[20] und gesellschaftlichen Wirklichkeit".[4] Bei dieser Wirklichkeitsvermittlung kommen den direkten Bezugspersonen während der Sozialisation, meist den Eltern, besondere Bedeutung zu: als ‚signifikante[5] Andere' (Mead) repräsentieren sie gegenüber dem Kind
[25] die Gesellschaft. Durch symbolisch vermittelte Interaktion[6] und Kommunikation, also vor allem sprachlich, lernt das Kind allmählich, die Rollenerwartungen und Einstellungen der Eltern zu übernehmen, d. h., es internalisiert sie und macht sie sich zu eigen.
[30] In dieser Phase entwickelt sich auch die Identität des Kindes: Durch seine Identifikation mit den signifikanten Anderen wird es fähig, sich als sich selbst und mit sich selbst zu identifizieren. Das Kind erhält seinen Platz in der Welt. „Man ist, was man ist, insoweit
[35] man Mitglied dieser Gemeinschaft ist. Das Rohmaterial, aus dem sich dieses bestimmte Individuum entwickelt, wäre keine Identität, bestünden nicht seine Beziehungen zu anderen Mitgliedern der Gemeinschaft. So wird man sich der eigenen Identität bewusst".[7] Wichtig hierbei sind die zwei komplemen- [40] tären[8] Anteile, in die sich die menschliche Identität nach Mead aufteilt: zum einen in das ‚Me' als die gesellschaftliche Dimension des Ich, als Summe aller durch Rollenübernahme erworbenen Elemente. „Das ‚Me' ist ein von Konventionen und Gewohnheiten [45] gelenktes Wesen. Es ist immer vorhanden. Es muss jene Gewohnheiten, jene Reaktionen in sich haben, über die auch alle anderen verfügen; der Einzelne könnte sonst nicht Mitglied in einer Gesellschaft sein."[9] Dieser angepassten, normkonformen Instanz [50] steht ein spontaner, impulsiver, gleichsam aus dem ‚Unbewussten' auftauchender Ich-Anteil gegenüber: das ‚I' macht das Individuelle des Menschen aus. Durch Sprache und Gedanken nicht fassbar, nur aufblitzend, um einen Moment danach wieder ver- [55] schwunden zu sein, reagiert es auf die Handlungen des ‚Me' und sorgt dadurch für permanente Oszillation[10]. „Die Möglichkeiten des ‚I' gehören zu den tatsächlichen Ereignissen und machen in gewissem Sinn den faszinierendsten Teil unserer Erfahrung aus. [60] In diesem Bereich finden neue Entwicklungen statt, und hier liegen unsere wichtigsten Werte. Wir versuchen ständig, diese Identität zu verwirklichen."[11] Gerade in der Phase der Sozialisation, sowohl der primären als auch der späteren sekundären, steht das [65] Wechselspiel zwischen ‚Me' und ‚I' im Zentrum der Identitätsbildung. Nur wenn die beiden Instanzen sich nicht gegenseitig behindern, sich nicht auf Kosten der jeweils anderen in den Vordergrund schieben, sondern ein ausgewogenes Verhältnis zueinander fin- [70] den, ist eine ausgeglichene Persönlichkeit, das ‚self', möglich. Eine entscheidende Phase der Sozialisation markiert dabei das erwachende Bewusstsein für den ‚generalisierten[12] Anderen': das Kind lernt, von konkreten Situationen und Menschen, von den signifi- [75] kanten Anderen, zu abstrahieren. Es identifiziert sich

---

[1] Prozess der Einordnung des Individuums in die Gesellschaft
[2] Wissenschaft vom Menschen und seiner Entwicklung
[3] Verinnerlichung
[4] Peter L. Berger und Thomas Luckmann: Die gesellschaftliche Konstruktion der Wirklichkeit. Eine Theorie der Wissenssoziologie. Frankfurt a.M. 1993, S. 140
[5] kennzeichnend, bedeutend
[6] Wechselbeziehung zwischen Menschen und Gruppen
[7] George Herbert Mead: Geist, Identität und Gesellschaft. Aus der Sicht des Sozialbehaviorismus. Mit einer Einleitung herausgegeben von Charles W. Morris. 9. Auflage. Frankfurt a.M. 1993, S. 244
[8] ergänzend
[9] Ebd., S. 241
[10] Schwingung
[11] Ebd., S. 248
[12] verallgemeinerten

mit einer Allgemeinheit der Anderen, d.h. mit einer Gesellschaft und ihrer etablierten intersubjektiven[1] Wirklichkeit. Die gesellschaftlichen Normen und
80 Werte sind in Gestalt des generalisierten Anderen ab sofort im Bewusstsein präsent. Nur kraft dieser allgemeinen Identifikation gewinnt die Selbstidentifikation des Kindes Festigkeit und Dauer. Doch obwohl die primäre Sozialisation dann erfolgreich abgeschlossen
85 ist, wenn das Kind von den konkreten Bezugspersonen zu abstrahieren gelernt und ein Gefühl für die Rollenerwartung der allgemeinen, ,gesichtslosen' Gesellschaft erlangt hat, bleiben die in den ersten Jahren verinnerlichten Sichtweisen auch weiterhin domi-
90 nant. Das Kind „internalisiert die Welt seiner signifikanten Anderen nicht als eine unter vielen möglichen Welten, sondern als die Welt schlechthin, die einzige vorhandene und fassbare. Darum ist, was an Welt in der primären Sozialisation internalisiert wird, so viel
95 fester im Bewusstsein verschanzt als Welten, die auf dem Wege der sekundären Sozialisation internalisiert werden. Wie weit auch immer das ursprüngliche Gefühl der Unausweichlichkeit späterer Ernüchterung weichen mag: die Erinnerung an eine nie wiederkeh-
100 rende Gewissheit früher Morgenröte der Wirklichkeit bleibt der ersten Welt der Kindheit verhaftet."[2]

Aus Sicht der eben skizzierten Theorie beginnt für Törleß mit dem Eintritt ins Internat die Phase der sekundären Sozialisation. Nach der Internalisierung
105 der gesellschaftlichen Werte und Normen im Elternhaus wird Törleß nun mit dem Reglement einer Institution konfrontiert. „Die Institutionen stehen dem Individuum als objektive Faktizitäten unabweisbar gegenüber. Sie sind *da*, außerhalb der Person, und
110 beharren in ihrer Wirklichkeit, ob wir sie leiden mögen oder nicht."[3] Törleß hat das rollenspezifische Wissen eines Zöglings zu verinnerlichen und sich in die neue Ordnung des Internats einzufügen. Er erfährt den Eintritt, der ihn „viele Tränen" (S. 9) kosten
115 wird, wie ein Schock. Lange Zeit gelingt es ihm nicht, sich in der neuen Umgebung – „in so ferner, unwirtlicher Fremde" (S. 8) – zu integrieren. „Denn fast seit dem Augenblicke, da sich das Tor des Institutes unwiderruflich hinter ihm geschlossen hatte, litt der
120 kleine Törleß an fürchterlichem, leidenschaftlichem Heimweh. Weder die Unterrichtsstunden, noch die Spiele auf den großen üppigen Wiesen des Parkes, noch die anderen Zerstreuungen, die das Konvikt seinen Zöglingen bot, vermochten ihn zu fesseln; er beteiligte sich kaum an ihnen." (S. 9) Die Welt der 125 primären Sozialisation, die einstige Geborgenheit bei den Eltern, ist ihm noch zu präsent, als dass er sich mit den im Institut herrschenden Verhaltensnormen und Rollenvorstellungen problemlos identifizieren könnte. Berger/Luckmann betonen, dass die Eingliederung 130 des Individuums in eine Institution missglücken kann, „wenn krasse Widersprüche zwischen der primären und der sekundären Sozialisation bestehen."[4] Törleß leidet an der Diskrepanz[5] zwischen dem friedlichen, bürgerlichen Haus der Eltern, die 135 ihn lieben und „sich für ihn in Stücke reißen lassen" würden (S. 11), und dem rauen Internatsalltag im Kreis der Kameraden mit der „Nötigung steter Bereitschaft zu Streitigkeiten und Faustkämpfen". (S. 17) Lange Zeit lebt er in einer Art Niemandsland zwi- 140 schen den beiden Welten, fühlt sich keiner der beiden ganz zugehörig.

In dieser Phase sind die Briefe, abgesehen von den sporadischen Besuchen, die einzige Möglichkeit, Kontakt zu den Eltern aufzunehmen. Für Törleß än- 145 dert sich die Bedeutung dieser Briefe – im Roman *das* Symbol für die vertraute, aber verlorengegangene Sicherheit des Elternhauses – parallel zu seiner psychischen Entwicklung. An Törleß' Umgang mit den Briefen lässt sich das Ausmaß seiner gesellschaftlichen 150 Entfremdung ablesen. Anfangs ermöglicht ihm die Korrespondenz mit den Eltern, für ein paar Stunden der „lähmende[n] Gewalt der Enge" (S. 29) zu entfliehen und in der Vorstellung in die Welt der Kindheit zurückzukehren. „Sie ist und bleibt die ,heimatliche 155 Welt', die wir noch in fernste Regionen des Lebens, wo wir keineswegs heimisch sind, mit uns nehmen."[6] Vom Elternhaus weit entfernt, erlangt Törleß zumindest in der Schrift ein Gefühl der einstigen Identität: „Er schrieb Briefe nach Hause, beinahe täglich, und 160 er lebte nur in diesen Briefen; alles andere, was er tat, schien ihm nur ein schattenhaftes, bedeutungsloses Geschehen zu sein, gleichgültige Stationen wie die Stundenziffern eines Uhrblattes. Wenn er aber schrieb, fühlte er etwas Auszeichnendes, Exklusives 165 in sich; wie eine Insel voll wunderbarer Sonnen und Farben hob sich etwas in ihm aus dem Meere grauer Empfindungen heraus, das ihn Tag um Tag kalt und gleichgültig umdrängte." (S. 9) Aus der Sicht Meads ist hier der Kampf zwischen den Anforderungen des 170 sozial angepassten ,Me' und dem individuellen ,I' dargestellt, das sich gegen die Konformität[7] des Inter-

---

[1] dem Bewusstsein mehrerer Personen gemeinsam
[2] Berger, Luckmann: a.a.O., S. 145
[3] Ebd., S. 64
[4] Ebd., S. 183
[5] Widersprüchlichkeit
[6] Ebd., S. 146
[7] Übereinstimmung

natslebens wehrt und die eigenen Impulse zu entfalten versucht. Eine Weile lang kämpft Törleß um seine
175 Individualität. Schon bald aber, als das Heimweh „weniger heftig wurde", verschwindet dieser Antrieb, nun entsteht das Gefühl der „Leere" und Einsamkeit. „Zu dieser Zeit verloren sich die leidenschaftlichen Spuren der im Erwachen gewesenen Seele wieder aus
180 seinen Briefen, und an ihre Stelle traten ausführliche Beschreibungen des Lebens im Institute und der neugewonnenen Freunde." (S. 11)
Nur scheinbar gelingt es Törleß, sich in die Internatsordnung einzufügen. „Er selbst fühlte sich dabei ver-
185 armt und kahl, wie ein Bäumchen, das nach der noch fruchtlosen Blüte den ersten Winter erlebt." (S. 11) In Wirklichkeit hat er die Rollenerwartungen der Lehrer und der Kameraden so wenig internalisiert, dass er ihnen und sich selbst distanziert, fast wie ein Frem-
190 der gegenübersteht. Törleß identifiziert sich nicht mit der Rolle des Zöglings, er *spielt* sie. „So entsteht die Möglichkeit, einen Teil des Selbst und die dazugehörige Wirklichkeit gleichsam beiseite zu stellen, da sie nur für die jeweils rollenspezifische Situa-
195 tion relevant sind."[1] Diese Rollendistanz sorgt für Törleß' wachsende Entfremdung. „Von alldem, was wir den ganzen Tag lang in der Schule tun, – was davon hat eigentlich einen Zweck?", fragt er Beineberg einmal. „Wovon hat man etwas? Ich meine et-
200 was für sich haben, – du verstehst? Man weiß am Abend, dass man wieder einen Tag gelebt hat, dass man so und so viel gelernt hat, man hat dem Stundenplan genügt, aber man ist dabei leer geblieben, – innerlich meine ich, man hat sozusagen einen ganz
205 innerlichen Hunger". (S. 30) Konfrontiert mit dem starren Internatsleben, das ihm in seinem mono-

---

[1] Ebd., S. 153

tonen Ablauf sinnlos erscheint, kann Törleß das Gefühl eines ausgewogenen, gesellschaftlich integrierten Ich nicht entwickeln. „Es schien damals, dass er überhaupt keinen Charakter habe." (S. 16) Sobald es die 210 Zeit zulässt, versinkt er in Selbstreflexionen. „Er saß oft lange – in finsterem Nachdenken – gleichsam über sich selbst gebeugt." (S. 18) Kein Wunder, dass der Alltag auf Törleß in dieser Zeit langweilig und farblos erscheint. Gleich in der Bahnhofsszene am Anfang 215 heißt es: „Gegenstände und Menschen hatten etwas Gleichgültiges, Lebloses, Mechanisches an sich, als seien sie aus der Szene eines Puppentheaters genommen." (S. 7) Besonders der Bahnhofsvorstand wirkt wie die Karikatur automatisierten Verhaltens: „Von 220 Zeit zu Zeit, in gleichen Intervallen, trat [er] aus seinem Arbeitszimmer heraus, sah mit der gleichen Wendung des Kopfes die weite Strecke hinauf nach den Signalen der Wächterhäuschen [...]; mit ein und derselben Bewegung des Armes zog er sodann seine 225 Taschenuhr hervor, schüttelte den Kopf und verschwand wieder". (S. 7 f.) Er scheint bei der monotonen Ausübung seines Dienstes, bei der strikten Erfüllung des Zeitplans, jeder Individualität beraubt und erinnert an Figuren, „die aus alten Turmuhren 230 treten, wenn die Stunde voll ist." (S. 8) Doch auch der Schulbetrieb wird von der Zeit reglementiert. Es ist bezeichnend, dass Törleß gerade das Glockenzeichen am Ende eines Tages fürchtet, denn „er erlebte ja nichts, und sein Leben dämmerte in steter Gleich- 235 gültigkeit dahin, aber dieses Glockenzeichen fügte dem auch noch den Hohn hinzu und ließ ihn in ohnmächtiger Wut über sich selbst, über sein Schicksal, über den begrabenen Tag erzittern." (S. 21)

Aus: Roland Kroemer: Ein endloser Knoten? Robert Musils „Verwirrungen des Zöglings Törleß" im Spiegel soziologischer, psychoanalytischer und philosophischer Diskurse. München 2004, S. 28–33 (leicht gekürzt und modifiziert)

Hugo von Hofmannsthal: Ein Brief (1901/1902)

Dies ist der Brief, den Philipp Lord Chandos, jüngerer Sohn des Earl of Bath, an Francis Bacon, später Lord Verulam und Viscount St. Albans, schrieb, um sich bei diesem Freund wegen des gänzlichen Verzichtes
5 auf literarische Betätigung zu entschuldigen. [...]
Um mich kurz zu fassen: Mir erschien damals in einer Art von andauernder Trunkenheit das ganze Dasein als eine große Einheit: geistige und körperliche Welt schien mir keinen Gegensatz zu bilden, ebenso wenig
10 höfisches und tierisches Wesen, Kunst und Unkunst, Einsamkeit und Gesellschaft; in allem fühlte ich Natur, in den Verirrungen des Wahnsinns ebenso wohl wie in den äußersten Verfeinerungen eines spanischen Zeremoniells; in den Tölpelhaftigkeiten junger Bauern
15 nicht minder als in den süßesten Allegorien; und in aller Natur fühlte ich mich selber; wenn ich auf meiner Jagdhütte die schäumende laue Milch in mich hineintrank, die ein struppiges Mensch einer schönen, sanftäugigen Kuh aus dem Euter in einen Holzeimer nie-
20 dermolk, so war mir das nichts anderes, als wenn ich, in der dem Fenster eingebauten Bank meines Studio sitzend, aus einem Folianten süße und schäumende Nahrung des Geistes in mich sog. Das eine war wie das andere; keines gab dem andern weder an traumhafter
25 überirdischer Natur, noch an leiblicher Gewalt nach, und so gings fort durch die ganze Breite des Lebens, rechter und linker Hand; überall war ich mitten drinnen, wurde nie ein Scheinhaftes gewahr: Oder es ahnte mir, alles wäre Gleichnis und jede Kreatur ein Schlüs-
30 sel der andern, und ich fühlte mich wohl den, der imstande wäre, eine nach der andern bei der Krone zu packen und mit ihr so viele der andern aufzusperren, als sie aufsperren könnte. [...]
Mein Fall ist, in Kürze, dieser: Es ist mir völlig die
35 Fähigkeit abhanden gekommen, über irgendetwas zusammenhängend zu denken oder zu sprechen.
Zuerst wurde es mir allmählich unmöglich, ein höheres oder allgemeineres Thema zu besprechen und dabei jene Worte in den Mund zu nehmen, deren sich
40 doch alle Menschen ohne Bedenken geläufig zu bedienen pflegen. Ich empfand ein unerklärliches Unbehagen, die Worte „Geist", „Seele" oder „Körper" nur auszusprechen. Ich fand es innerlich unmöglich, über die Angelegenheiten des Hofes, die Vorkomm-
45 nisse im Parlament, oder was Sie sonst wollen, ein Urteil herauszubringen. Und dies nicht etwa aus Rücksichten irgendwelcher Art, denn Sie kennen meinen bis zur Leichtfertigkeit gehenden Freimut: sondern die abstrakten Worte, deren sich doch die
50 Zunge naturgemäß bedienen muss, um irgendwelches Urteil an den Tag zu geben, zerfielen mir im Munde wie modrige Pilze. [...]

Allmählich aber breitete sich die Anfechtung aus wie ein um sich fressender Rost. Es wurden mir auch im familiären und hausbackenen Gespräch alle die Ur- 55 teile, die leichthin und mit schlafwandelnder Sicherheit abgegeben zu werden pflegen, so bedenklich, dass ich aufhören musste, an solchen Gesprächen irgend teilzunehmen. [...] Mein Geist zwang mich, alle Dinge, die in einem solchen Gespräch vorkamen, in einer 60 unheimlichen Nähe zu sehen: so wie ich einmal in einem Vergrößerungsglas ein Stück von der Haut meines kleinen Fingers gesehen hatte, das einem Blachfeld mit Furchen und Höhlen glich, so ging es mir nun mit den Menschen und ihren Handlungen. 65 Es gelang mir nicht mehr, sie mit dem vereinfachenden Blick der Gewohnheit zu erfassen. Es zerfiel mir alles in Teile, die Teile wieder in Teile, und nichts mehr ließ sich mit einem Begriff umspannen. Die einzelnen Worte schwammen um mich; sie gerannen zu Augen, 70 die mich anstarrten und in die ich wieder hineinstarren muss: Wirbel sind sie, in die hinabzusehen mich schwindelt, die sich unaufhaltsam drehen und durch die hindurch man ins Leere kommt. [...]
Seither führe ich ein Dasein, das Sie, fürchte ich, 75 kaum begreifen können, so geistlos, so gedankenlos fließt es dahin; ein Dasein, das sich freilich von dem meiner Nachbarn, meiner Verwandten und der meisten Land besitzenden Edelleute dieses Königreiches kaum unterscheidet und das nicht ganz ohne freu- 80 dige und belebende Augenblicke ist. Es wird mir nicht leicht, Ihnen anzudeuten, worin diese guten Augenblicke bestehen; die Worte lassen mich wiederum im Stich. Denn es ist ja etwas völlig Unbenanntes und auch wohl kaum Benennbares, das in solchen Augen- 85 blicken, irgendeine Erscheinung meiner alltäglichen Umgebung mit einer überschwellenden Flut höheren Lebens wie ein Gefäß erfüllend, mir sich ankündt. Ich kann nicht erwarten, dass Sie mich ohne Beispiel verstehen, und ich muss Sie um Nachsicht für die 90 Albernheit meiner Beispiele bitten. Eine Gießkanne, eine auf dem Felde verlassene Egge, ein Hund in der Sonne, ein ärmlicher Kirchhof, ein Krüppel, ein kleines Bauernhaus, alles dies kann das Gefäß meiner Offenbarung werden. Jeder dieser Gegenstände und 95 die tausend anderen ähnlichen, über die sonst ein Auge mit selbstverständlicher Gleichgültigkeit hinweggleitet, kann für mich plötzlich in irgendeinem Moment, den herbeizuführen auf keine Weise in meiner Gewalt steht, ein erhabenes und rührendes Ge- 100 präge annehmen, das auszudrücken mir alle Worte zu arm erscheinen. [...]
Ich fühlte in diesem Augenblick mit einer Bestimmtheit, die nicht ganz ohne ein schmerzliches Beigefühl

105 war, dass ich auch im kommenden und im folgenden und in allen Jahren dieses meines Lebens kein englisches und kein lateinisches Buch schreiben werde: und dies aus dem einen Grund, dessen mir peinliche Seltsamkeit mit ungeblendetem Blick dem vor Ihnen
110 harmonisch ausgebreiteten Reiche der geistigen und leiblichen Erscheinungen an seiner Stelle einzuordnen ich Ihrer unendlichen geistigen Überlegenheit überlasse: nämlich weil die Sprache, in welcher nicht nur zu schreiben, sondern auch zu denken mir viel-
115 leicht gegeben wäre, weder die lateinische noch die englische noch die italienische und spanische ist, sondern eine Sprache, in welcher die stummen Dinge zu mir sprechen, und in welcher ich vielleicht einst

im Grabe vor einem unbekannten Richter mich verantworten werde. 120
Ich wollte, es wäre mir gegeben, in die letzten Worte dieses voraussichtlich letzten Briefes, den ich an Francis Bacon schreibe, alle die Liebe und Dankbarkeit, alle die ungemessene Bewunderung zusammenzupressen, die ich für den größten Wohltäter meines 125 Geistes, für den ersten Engländer meiner Zeit im Herzen hege und darin hegen werde, bis der Tod es bersten macht.

A.D. 1603, diesen 22. August.   Phi. Chandos

Aus: Hugo von Hofmannsthal: Ein Brief. Reitergeschichte. Ausgewählt und eingeleitet von Hans-Ulrich Lindken. Stuttgart u. a. 1994, S. 3–16.

Klausurvorschläge und Facharbeiten

Klausuren

Thema 1

■ *Analysieren Sie, inwieweit im Romanbeginn (S. 7–19) bereits der Keim für die dann folgenden Verwirrungen von Törleß angelegt ist. Suchen und interpretieren Sie eine typische Textstelle, in der die Verwirrung von Törleß besonders stark ausgeprägt ist. Wie lösen sich seine Verwirrungen? Welche Charaktereigenschaften helfen Törleß bei der Lösung?*

Thema 2

■ *Analysieren Sie, auf welche unterschiedliche Weise die drei Täter Reiting, Beineberg und Törleß sich an der Misshandlung Basinis beteiligen und was ihr jeweiliger Antrieb dabei ist. Welche Rolle spielt Moral für die drei Täter? Vergleichen Sie die Tätertypen. Wie würden Sie Basini zu helfen versuchen, wenn sich dieser Ihnen anvertrauen würde? Orientieren Sie sich an folgenden Textstellen: Reiting: S. 54–56, 66–67, 163–164: Beineberg, S. 67–68, 78–85, 164–169; Törleß: S. 56–58, 63–66, 85–86, 98–101, 148–149.*

Thema 3

■ *Beziehen Sie die fünf Elemente des Erzählmodells von Petersen in wenigen Sätzen auf den Roman. Analysieren Sie danach speziell die Rückschau zu Beginn des Romans (S. 9–18) und die Vorausschau gegen Ende des Romans (S. 158–160) entlang des Modells. Welche Funktion üben diese beiden Einschübe aus? Formulieren Sie ein Resümee: Was fällt Ihnen am Erzähler besonders auf, wie steht er zu Törleß?*

Thema 4

■ *Analysieren Sie entlang des Auftritts von Törleß vor dem Schulgremium (S. 189–196) den Hauptgedanken des Romans. Inwieweit wird er hier zum „ganzen Menschen" (vgl. Zitat auf S. 194)? Beschreiben Sie die Verwirrung von Törleß entlang einer frei wählbaren Romansequenz und die Lösung der Verwirrung am Romanende in möglichst eigenen Worten. Wie könnte nach dem Austritt aus dem Konvikt die Zukunft von Törleß aussehen?*

Thema 5

■ *Interpretieren Sie die Schlussszene des Romans (S. 199 f.) aus psychoanalytischer Perspektive. Stellen Sie, auch anhand anderer Schlüsselszenen, dar, dass und inwiefern Törleß letztlich einen ödipalen Konflikt überwinden konnte, der während der gesamten Romanhandlung eine geheime Ursache seiner Verwirrungen war.*